elefante

tradução
Igor Peres

revisão da tradução
Lucía Santalices

edição
Tadeu Breda

preparação
Paula Carvalho

revisão
Pedro P. Silva
Priscilla Vicenzo

projeto gráfico & diagramação
Denise Matsumoto

assistência de arte
Sidney Schunck
Yana Parente

direção de arte
Bianca Oliveira

A razão neoliberal

Economias barrocas e pragmática popular

Verónica Gago

prólogo 6
introdução 14

1. entre a microeconomia proletária e
a rede transnacional: a feira de la salada 36

2. entre la salada e a oficina:
a riqueza comunitária em disputa 110

3. entre a servidão e a nova empresarialidade popular:
a oficina têxtil clandestina 154

4. entre a oficina e a *villa*:
uma discussão sobre o neoliberalismo 224

5. entre a cidadania pós-nacional e o gueto:
a cidade *abigarrada* 262

6. entre o populismo e as políticas dos governados:
governamentalidade e autonomia 320

a razão neoliberal 346
referências bibliográficas 350
agradecimentos 362
sobre a autora 365

prólogo

temporalidades, sequências e rupturas

ESTA TRADUÇÃO AO PORTUGUÊS DE *LA RAZÓN NEOLIBERAL* É um enorme prazer e um desafio. Um prazer porque levá-lo a outra língua, a outras leituras, a outras discussões é ter a possibilidade de abrir uma nova vida ao livro, de fazê-lo variar e reescrever-se ao ter que se testar em outras paisagens, em outros territórios existenciais e em outras histórias.

Nesse sentido, antes de mais nada, quero agradecer o precioso trabalho de tradução de Igor Peres, de uma inteligência e delicadeza enormes, e a revisão minuciosa e paciente de Lucía Santalices. Mas, antes ainda, agradeço aqueles que imaginaram, impulsionaram e tornaram possível esta edição em tempos difíceis, inventando esse tempo que não se tem: Graciela Rodríguez (Equit), Tadeu Breda (Editora Elefante) e Andrés Bracony (Tinta Limón).

Agora, quero sublinhar o desafio. Este livro foi editado na Argentina no final de 2014. Propunha, então, um debate sobre o neoliberalismo, sobre seu enraizamento nas subjetividades populares e suas formas de persistência depois das fortíssimas revoltas antineoliberais que comoveram o continente no início do século. A aposta era abrir um debate justamente quando, a partir de certas definições da conjuntura — ligadas ao ciclo dos chamados governos progressistas na região —, argumentava-se que o neoliberalismo era algo do passado, associado estritamente à década de 1990.

Esse foi o primeiro movimento: discutir a própria noção de neoliberalismo, o modo de historicizá-lo na América Latina, de aprofundar debates teóricos e traçar genealogias a partir das lutas, a fim de confrontar a ideia de que neoliberalismo é sinônimo de mercado e que seu oposto é a intervenção do estado. Parecia-me claro, a partir da pesquisa concreta que realizei durante muitos anos, que essa fórmula (estado *versus* mercado) simplificava tanto o papel do estado no neoliberalismo, quanto a própria noção de mercado, como uma imagem abstrata e grandiloquente. E, sobretudo, impedia pensar como o neoliberalismo não vem apenas "de cima para baixo" (governos, corporações e organismos internacionais), mas persiste justamente porque consegue ler e capturar — isto é, expropriar — tramas vitais que operam produzindo valor, inventando recursos onde não há, repondo infraestrutura popular diante do despojo e criando modos de vida que excedem as fronteiras do capital.

A partir das economias populares nas quais situei meu trabalho, surge então a conceitualização de um "neoliberalismo desde baixo". Meu argumento é que o neoliberalismo vai-se metamorfoseando, e daí sua astúcia: consegue redefinir-se a partir de suas aterrissagens e ensamblagens com situações concretas. Em nossa região, essas situações concretas são os territórios onde se cozinhou a revolta plebeia contra a legitimidade política do neoliberalismo na crise do início do ano 2000. Há aí uma singularidade, porque são essas situações em que a exigência popular abre uma temporalidade de revolta que depois se mistura com uma tentativa de reconhecimento e estabilização por cima. São essas "economias barrocas", como as denomino, que obrigam a pluralizar o neoliberalismo para além de seus traços mais conhecidos — privatizações, desregulação, mercantilização etc.

Nesse sentido, o neoliberalismo desde baixo revela-se simultaneamente um campo de ambivalência e de batalha que não dá por realizada sua hegemonia, no sentido de que não a aceita plenamente, mas que tampouco outorga às políticas neodesenvolvimentistas e estatistas a aptidão para substituí-la. Aqui situo claramente uma perspectiva que olha para "baixo" para encontrar aquilo que antagoniza, e que arruína, frustra ou confronta essa pretendida hegemonia, sem por isso ter um programa "anticapitalista" em termos puros ou precisos, mas que não abandona a luta "contra" os modos de expropriação do capital. Essa zona do "entre", sincrética e promíscua, é a que me interessa acentuar.

Considerei esse debate fundamental — e esse é o segundo movimento em que se inscreve o livro — porque estava na base da caracterização daquele momento na América Latina como "pós-neoliberal", a partir do ciclo dos chamados governos progressistas. A mim, mais do que uma posição a favor ou contra os governos em questão, interessava destrinchar como a articulação entre governo progressista, revolta plebeia e financeirização da vida popular formou uma paisagem onde a produção de direitos e a inclusão social se realiza através da mediação financeira. Esses processos têm forte repercussão nos dias atuais: são fundamentais para entender o que depois se chamou "guinada à direita" na região, e ao modo como se articularam neodesenvolvimentismo e neoextrativismo, relançando a acumulação de capital por meio da inserção subordinada de nossos países no mercado global.

Por isso, continuo pesquisando sobre como as finanças tomaram conta de tramas de produção da vida popular num contexto em que o salário deixa de ser garantia privilegiada da reprodução. Hoje, diversas formas de endividamento através de organizações bancárias formais e informais passam a explorar as economias domésticas, as formas de autogestão e as redes populares de trabalho, ao mesmo tempo que energizam as economias ilegais e sua conexão com violências estatais e paraestatais. A mediação financeira toma como dispositivo predileto o endividamento massivo, que se veicula muitas vezes através dos próprios subsídios sociais que o estado entrega aos chamados "setores vulneráveis", permitindo a bancarização compulsiva daqueles que se supõem "excluídos", financeirizando os próprios direitos sociais. Em muitos lugares da região, o consumo de bens não duráveis e baratos — principal destino do crédito — foi o motor do endividamento na última década, promovendo o que chamei de "cidadania por consumo": uma reformulação dessa instituição, já não ligada à vinculação de direitos ao trabalho assalariado, mas à "inclusão bancária". As finanças organizam, assim, uma extração de valor diretamente do consumo, sendo a chave de uma forma ampliada de "extrativismo". Desenvolvi este tema em textos posteriores (Gago & Mezzadra, 2017; Gago, 2018).

Nessa linha, interessa-me chamar a atenção para o fato de que as finanças "aterrissam" em economias oriundas dos momentos de crise, nutridas pelas modalidades de autogestão e trabalho sem patrão, e exploram as formas em que as tramas subalternas reproduzem a vida de um modo que não pode simplesmente reduzir-se à "sobrevivência". Assim, uma multiplicidade de esforços, poupanças e economias, hoje, "põe-se a trabalhar" para as finanças. Isso significa que as finanças se tornam um código que consegue homogeneizar essa pluralidade de atividades, fontes de renda, expectativas e temporalidades. Parece-me que, sem questionar os modos em que a inclusão se produziu em nossos países através dos dispositivos financeiros, e em particular da articulação entre subsídio estatal e endividamento para consumo, não dimensionamos por completo o modo de "desenvolvimento" que se postulou na última década, inerente a uma articulação com o mercado global de tipo neoextrativa (no sentido amplo ao que me referi) e aos padrões de consumo que nos impuseram.

Agrego agora um terceiro movimento. Nos últimos anos essa pergunta sofreu uma nova torção diante do declive desses mesmos governos: seria o chamado fim de ciclo progressista uma "volta" ao neoliberalismo na região, como se houvesse existido um parêntesis de não neoliberalismo? A resposta depende basicamente de como formulemos a noção de neoliberalismo, do modo como se pensam as descontinuidades e as dinâmicas de "temporalização": fim e abertura de ciclos que não se abrem apenas segundo o calendário eleitoral.

Com isso, também quero dizer que postular o período dos populismos progressistas como um parêntesis em que o neoliberalismo ficou em suspenso é tão ingênuo como politicamente estéril e confuso: esconde e bloqueia a análise material de como se reconfigurou a reprodução da vida para as maiorias. E, portanto, poupa-nos de pensar o que aconteceu com suas derrotas eleitorais — por exemplo, no caso de Argentina e Chile, mas também do plebiscito pela reeleição na Bolívia, com "golpes", como no Brasil, e com crises agudas, como na Venezuela, na Nicarágua e no Equador.

A conjuntura a partir da qual escrevo estas páginas — depois das enormes mobilizações do #EleNão e alguns dias antes de Jair Bolsonaro vencer com folga o primeiro turno das eleições brasileiras — soma uma guinada ainda mais dramática: como a acumulação neoliberal está se relançando em aliança com o fascismo, isto é, com formas extremas de racismo, sexismo e classismo?

Creio que, para ir a esse último ponto, é necessário introduzir aqui outra "cena" que abre novas leituras deste livro a partir de uma conjuntura dinâmica. Refiro-me ao movimento feminista que, nos últimos três anos, tomou as ruas da Argentina de modo massivo e radical, e que transbordou os confins nacionais impulsionando um movimento verdadeiramente internacionalista, cujas ressonâncias fundamentais reúnem-se na América Latina — ou melhor, em Abya Yala —, traçando novas temporalidades e geografias.

O movimento feminista, a partir de sua multiplicidade (feminismos populares, *villeros*, indígenas, comunitários, negros, *queer*, trans), desbloqueou uma articulação por baixo das conflituosidades e das lutas que a perspectiva estadocêntrica dos populismos obstaculizou sob a chantagem de dizer que certos conflitos "beneficiam" a direita por envolver uma crítica ao governo. As coisas não são tão simples assim: hoje, o movimento feminista assume e enfrenta uma multiplicidade de violências articuladas e aguçadas que explodem nos corpos e nos lares, nos territórios urbanos e rurais e nos lugares de trabalho, nas camas e nas fronteiras. E o faz produzindo um diagnóstico feminista dessa conflituosidade — que inclui despojos e feminicídios, exploração e endividamento, racismos e menosprezos — baseado em lutas concretas, o que se conecta à dor de cada uma com o corpo-território mais amplo.

O movimento feminista atual recoloca o modo de ser antineoliberal como antagonismo. Por isso mesmo, reabre a dinâmica que redefine o neoliberalismo "de baixo para cima" em termos de sua confrontação corpo a corpo. À razão neoliberal se contrapõe, hoje, uma razão feminista (que é sensibilidade, modo de cálculo, estratégia e produção de sentido): isto é, um modo de pensar, fazer, lutar e desejar que extravasa a opção imposta entre serem vítimas ou empreendedoras (ambas opções de subjetivação do catálogo neoliberal).

Por meter-se na trincheira cotidiana de disputa com o capital e com os modos renovados de exploração e extração de valor, o movimento feminista atual recebe uma contraofensiva feroz: militar, financeira e religiosa. Estamos nesta luta justamente agora: que o neoliberalismo aliado ao fascismo não nos exproprie as dinâmicas feministas que se encarregam de abrir, desde baixo, novas possibilidades vitais para todes.

Verónica Gago
Buenos Aires, 19 de outubro de 2018

introdução

NA AMÉRICA LATINA, O *NEOLIBERALISMO* TORNOU-SE UM termo que busca se fixar no passado. Como palavra-chave, encerra um diagnóstico rápido e compreensível de um conjunto de políticas que alterou a fisionomia do continente — privatizações, redução de proteções sociais, desregulação financeira, flexibilização do trabalho etc. Desde a década de 1970, nosso continente foi um lugar de experimentação para essas medidas, impulsionadas "de cima para baixo" por organismos financeiros internacionais, corporações e governos. Por isso, na América Latina, o neoliberalismo é um regime de existência social e uma forma de autoridade política instalada pelas ditaduras, diante do massacre estatal e paraestatal da insurgência popular e armada, e que foi consolidado nas décadas seguintes a partir de grandes reformas estruturais, conforme a lógica de ajuste das políticas globais.

No entanto, pensar o neoliberalismo como uma mutação na "arte de governar", como propõe Foucault

(2007) com o termo *governamentalidade,* supõe entendê-lo como um conjunto de saberes, tecnologias e práticas que desenvolvem um novo tipo de racionalidade, a qual não pode ser pensada apenas como sendo impulsionada "de cima para baixo".[1] Foucault diz que a inovação radical do neoliberalismo é ser uma forma de governar por meio do impulso às liberdades. O que à primeira vista parece uma contradição torna-se uma forma sofisticada, inovadora e complexa de articular, íntima e institucionalmente, uma série de tecnologias, procedimentos e afetos que incentivam a livre-iniciativa, a autoempresarialidade[2] e a autogestão, assim como a responsabilidade sobre si. Trata-se, além disso, de uma racionalidade que não é totalmente abstrata nem macropolítica, mas posta em jogo pelas subjetividades e táticas da vida cotidiana — como uma variedade de modos de fazer, sentir e pensar que organizam os cálculos e os afetos da maquinaria social. Nesse ponto, o neoliberalismo torna-se uma dinâmica *imanente*: se desenvolve em proximidade com os territórios,

---

[1] Circunstâncias como essas demonstram a limitação das metáforas topológicas "de cima para baixo" e "de baixo para cima". Como forma de governamentalidade, os poderes vêm de cima e operam simultaneamente de baixo, ou também constituem um modo específico de interpretar aquilo que vem de baixo como formas de existência que se produzem a partir de cima.

[2] O termo "empresarialidade" tem sido usado como tradução da palavra inglesa *entrepreneurship*, derivada de *entrepreneur* (empresário, empreendedor), e pode ser considerado sinônimo de "empreendedorismo". As pesquisadoras portuguesas Anabela Dinis e Ana Maria Ussman explicam a predileção pelo termo "empresarialidade" por dois motivos: "é um termo mais simples que empreendedorismo e enquanto este se associa, normalmente, ao 'espírito de iniciativa' [...], o termo 'empresarialidade' remete simultaneamente para a ideia de empresa como empreendimento [...]"; e "apesar de ser pouco habitual em português e de (ainda) não constar no dicionário [...], não nega as regras de composição de palavras dessa língua e traduz de forma compreensível e eficaz o sentido de *entrepreneurship*". Para mais detalhes, ver DINIS, A. & USSMAN, A. M. "Empresarialidade e empresário: revisão da literatura", em *Comportamento organizacional e gestão*, v. 12, n. 1, 2006, pp. 95-114. [N.E.]

modula subjetividades e é estimulado sem a necessidade primeira de uma estrutura transcendente e externa.[3] Nessa perspectiva, o neoliberalismo não pode ser compreendido sem levar em conta como foram captadas, criadas e interpretadas as formas de vida, as artes de fazer, as táticas de resistência e os modos de habitar populares que o combateram e o transformaram, que dele se aproveitaram e que com ele sofreram.

Uma primeira topologia: *de cima para baixo*, o neoliberalismo sinaliza uma modificação do regime de acumulação global — novas estratégias de corporações, agências e governos — que leva a uma mutação nas instituições estatais nacionais. Nesse ponto, o neoliberalismo é uma fase — e não um mero matiz — do capitalismo. E, *de baixo para cima*, o neoliberalismo é a proliferação de modos de vida que reorganizam as noções de *liberdade*, *cálculo* e *obediência*, projetando uma nova racionalidade e afetividade coletiva.[4]

As revoltas durante a crise de 2001 na Argentina marcaram a ruptura da legitimidade política do neoliberalismo "de cima". Essas revoltas fazem parte de uma sequência no continente: Venezuela, Bolívia e

---

3 Como na nota 1, percebe-se que a distinção formal, simples, entre transcendência e imanência é insuficiente. O neoliberalismo é uma forma avançada e sofisticada de imanentização da transcendência. Como tal, é importante questionar a aproximação com o que poderíamos chamar de "transcendentalização da imanência".

4 Consideramos essas imbricações e tensões profundas entre neoliberalismo e produção de subjetividade, entendendo subjetividade em seu duplo sentido: como subjetivação e como sujeitamento. Tomamos como premissa que o terreno de subjetivação é decisivo para desenvolver um pensamento político transformador (Rozitchner, 1996). E, por isso mesmo, entendemos a subjetivação como um processo não homogêneo e não unitário que exige ser analisado em todas as suas variações, determinações e ambivalências. Nessa perspectiva, algumas teorizações feministas — como expressão da insubordinação às condições que, quase sempre de modo inadvertido, sustentam e organizam a reprodução e a sujeição — serão fundamentais em nossa argumentação.

Equador, incluindo-se aí uma sequência de mobilizações mais recentes no Chile e no Brasil. A essa primeira ruptura deve-se a guinada posterior dos governos da região (Colectivo Situaciones, 2009). O neoliberalismo sobrevive, porém, por cima e por baixo, respectivamente: como renovação da forma extrativa despossessiva em um novo momento de soberania financeirizada, e como racionalidade que negocia benefícios nesse contexto de espoliação, em uma dinâmica contratual que mistura formas de servidão e de conflituosidade.

Em nosso continente, a crise do neoliberalismo abriu um debate sobre como caracterizar o momento que veio depois. Uma linha está voltada para a discussão do conceito de *pós-neoliberalismo* (Brand & Sekler, 2009; Dávalos, 2012). Do nosso ponto de vista, o prefixo *pós* — antecedendo a palavra neoliberalismo — não indica transição nem superação. Antes, assinala a crise de sua legitimidade como política estatal-institucional a partir das revoltas sociais recentes, das mutações operadas no capitalismo mundial a partir de sua crise global (Fumagalli *et al.*, 2009) e de certas políticas institucionais em países cujos governos foram caracterizados como "progressistas"; e, ao mesmo tempo, a persistência do neoliberalismo como condição, além da incorporação ou imanentização de algumas de suas premissas fundamentais na ação coletiva popular que o contestou.[5]

Por isso, talvez "sobrevida" não seja o melhor termo para descrever o neoliberalismo: para pensar na atualidade neoliberal é preciso dar centralidade à sua capacidade de mutação, sua dinâmica de *variações permanentes*, dando centralidade às *variações*

---

[5] Não há "pós" ou "pré" numa visão da história que não é linear nem teleológica, que se move em ciclos e espirais, que marca um rumo sem deixar de retornar ao mesmo ponto. Qual é, então, o critério temporal para atribuir um valor ao que acontece? "A regressão ou a progressão, a repetição ou a superação do passado estão em jogo em cada conjuntura e dependem de nossos atos mais do que de palavras" (Rivera Cusicanqui, 2010a).

de sentido, aos ritmos repetitivos e não lineares do tempo, como perturbações impulsionadas pelas lutas sociais (Gutiérrez Aguilar, 2008).[6] Na Argentina — e na América Latina, em geral —, o aumento da participação do estado depois do declínio da legitimidade neoliberal e o vigor dado a um consumo massivo mudaram nos últimos anos a paisagem neoliberal: da miséria, escassez e desemprego do início do século XXI (e todas as formas de luta e resistência que foram então produzidas) a certas formas de abundância que se encontram com novas formas de viver o consumo, o trabalho, a empresarialidade, a organização territorial e o dinheiro. A "promiscuidade" maior dos territórios se apresenta cada vez mais como parte de uma série de economias barrocas que preparam uma nova dinâmica política de transbordamento do próprio neoliberalismo, qualificando-o de um modo novo.

Por *neoliberalismo de baixo para cima*, entendo, portanto, um conjunto de condições que se concretizam para além da vontade de um governo, de sua legitimidade ou não, mas que se transformam diante das condições sobre as quais opera uma rede de práticas e saberes que assume o cálculo como matriz subjetiva primordial, e funciona como motor de uma poderosa economia popular que mistura saberes comunitários de autogestão e intimidade com o saber-fazer na crise como tecnologia de uma autoempresarialidade de massas. A força do neoliberalismo pensado dessa maneira acaba se enraizando nos setores que protagonizam a chamada economia informal como uma *pragmática vitalista*.

---

6   De Nietzsche e Bergson em diante, no século XX, foram ensaiadas filosofias distintas para desenvolver uma "ontologia da variação". Trata-se sempre de uma afirmação essencial: o ser é variação; aquilo que ele é representa sua diferença. Especificamente para análise dessa perspectiva em Foucault, ver Veyne (2011).

Isso significa, por um lado, o estabelecimento do cálculo como condição vital em um contexto no qual o estado não garante as condições neoliberais de competição prescritas pelo ordoliberalismo.[7] Nessas formas de fazer, o cálculo assume certa *monstruosidade* na medida em que a empresarialidade popular é obrigada a se responsabilizar por condições que não lhe são garantidas. Essa imperfeição acontece ao mesmo tempo como indeterminação e organiza uma certa ideia de liberdade, desafiando à sua maneira as formas tradicionais de obediência. O modo como essa racionalidade não coincide exatamente, como cópia perversa, com o *homo economicus* — tal como demonstra Hirschman (2002) — é uma das perguntas a serem desenvolvidas aqui.

O primeiro ponto nesse sentido é que a pragmática vitalista permite pensar o tecido de potência que surge de baixo para cima, de tal modo que põe em movimento uma forma inovadora de *conatus*,[8] para usar o termo spinozista: a dinâmica neoliberal se conjuga e combina de maneira problemática e afetiva com esse vitalismo perseverante, que se agarra sempre à ampliação de liberdades, gozos e afetos.

Diferente da figura do *homo economicus,* o neoliberalismo de baixo para cima se explica pelo devir histórico de certas relações de força cristalizadas em condições que, por sua vez, são apropriadas

---

7 Originado na Alemanha dos anos 1930, o ordoliberalismo é uma vertente do liberalismo econômico que defende a competição e a livre-iniciativa, mas com um estado que garanta igualdade de oportunidades e uma moeda estável, além de combater os monopólios. Também defende a ideia de que cada um deve ser responsável por suas ações e colher os frutos de seu trabalho ou arcar com os prejuízos de suas escolhas. [N.E.]

8 *Conatus* é um termo em latim que pode designar esforço, impulso, inclinação, tendência ou cometimento, e tem sido usado em debates filosóficos, psicológicos e metafísicos para se referir a uma inclinação inata de uma coisa para continuar a existir e se aprimorar. René Descartes, Baruch Spinoza, Gottfried Leibniz e Thomas Hobbes fizeram importantes contribuições sobre o assunto. [N.E.]

pela estratégia de um *conatus* que extrapola a ideia fria e restrita do cálculo liberal, dando lugar a figuras de subjetividade individuais/coletivas biopolíticas, isto é, à custa de diversas táticas de vida.

Proponho isso, aqui, me inspirando no modo como Laurent Bovée (2009) pensa o *conatus* spinozista em termos de estratégia: como um conjunto de modos de fazer que se compõe para construir e defender o espaço-tempo de sua afirmação. O corpo é uma memória dessas coisas que lhe são úteis, que o alimentam e beneficiam. Esse rastro mnésico, diz Bovée, provê a experiência e a memória de um "amálgama" determinado e benéfico. "A prova do real é, portanto, correlata ao nascimento de uma razão calculadora que, de acordo com uma estratégia mais ou menos certa, continuará o impulso do princípio de prazer". A razão calculadora dá conta, assim, da dimensão estratégica do *conatus*, que se refere a um tipo de composição que não é estritamente *individual* — não se trata de um individualismo metodológico; calcula-se para afirmar.

Então, falar de *neoliberalismo de baixo para cima* é um modo de considerar a dinâmica que *resiste à exploração e à espoliação e que ao mesmo tempo se desdobra em (e assume) esse espaço antropológico do cálculo*. Essa hipótese está na base de uma ampliação — temática e conceitual — da própria noção de neoliberalismo e, portanto, da projeção de uma nova afetividade e racionalidade para traçar o mapa político dessas economias fortemente expansivas das *abigarradas*[9] cidades latino-americanas.

Posto nesses termos, parece difícil convencer-se de que o fim do neoliberalismo possa ser decretado por governos que

---

9 Cunhado por René Zavaleta Mercado para definir a sociedade boliviana, o termo *abigarrado* remete a características que não se misturam para formar uma terceira, convivendo de modo conflituoso, com trocas, sem nunca se juntar completamente. [N.E.]

dizem tê-lo deixado para trás. Não apenas pelo fato de que se deve desconfiar desse tipo de declaração, mas também porque o neoliberalismo está enraizado nos territórios e fortalecido nas subjetividades populares, se expandindo e proliferando pela organização das economias informais. Essa perspectiva não implica desproblematizá-lo como lógica de governo, mas sim aprofundar o modo como o imperativo de governo se articula com formas de invenção não redutíveis — embora não totalmente incompatíveis — ao diagrama neoliberal.

Portanto, a arquitetura discursiva que explica o neoliberalismo exclusivamente de cima para baixo depende da *desconstrução* de três ideias.

Primeiro, que o neoliberalismo consiste apenas em um conjunto de macropolíticas desenhadas por centros imperialistas. Isso supõe toda uma série de corolários políticos decisivos, na medida em que a fórmula que parece opor-se a essa conspiração internacional é a renovação de uma vontade de intervenção estatal-nacional. Na América Latina, o novo estatismo está longe de ser uma forma de imunização ao neoliberalismo. Esse raciocínio também supõe um mapa: um neoliberalismo concebido no Norte que é derramado nos países do Sul. Tal perspectiva, no entanto, coloca o estado e as grandes corporações como os atores determinantes desse processo, mas em um sentido trans-histórico ou a-histórico, ou seja, excluindo esses atores das modificações concretas de suas ações posteriores à difusão das práticas neoliberais.

Segundo ponto a ser desmantelado: que o neoliberalismo consiste em uma racionalidade que compete apenas a grandes atores políticos e econômicos, sejam transnacionais, regionais ou locais. Aqui nos interessa muito mais pensar em um nível molecular, no qual a racionalidade neoliberal se expandiu, mas também passou por mutações e degenerações, combinando-se de forma inovadora com outras racionalidades. E isso, em particular, vinculado a dinâmicas sociais de atores que costumam ver-se mais como vítimas do neoliberalismo do que como articuladores decisivos de uma heterogeneidade social cada vez mais veloz, transbordante e inteligível em termos de uma geometria política clássica.

Finalmente, se o neoliberalismo for concebido apenas em termos macropolíticos, considera-se que sua *superação* — se é que este termo ainda pode ser usado — depende basicamente, em relação aos pontos anteriores, de políticas macroestatais conduzidas por atores de mesmo porte. Esse raciocínio está na base da "razão populista" proclamada por Ernesto Laclau (2005) e difundida como teoria relacionada ao momento atual. Se a discussão não for levada para além da definição simplista do neoliberalismo, a felicidade política ficará submetida ao estatismo como solução — imaginária — de todos os problemas, desproblematizando inclusive os modos como o próprio estado já está desnacionalizado e articulado ao mercado global, como sublinhou Saskia Sassen (2010).

Nessa perspectiva, o neoliberalismo é muito mais que uma doutrina dos *think tanks* imperiais e está muito mais presente do que boa parte do progressismo latino-americano gostaria de assumir. E isso porque desafia a ideia de que seu oposto é a "volta ao estado", entendida em termos de uma "autonomia — contratual ou do significante puro — do político", tal como proposta pela teoria do populismo. Levar a sério a articulação entre neoliberalismo e subjetividades populares implica a exigência de recriar conceitos aptos — território, valor, economia etc. — para compreender a dinâmica complexa que alcança o âmbito político quando é capaz de acolher em si todas as capas do real. Trata-se de outro modo de ler aquela advertência de Marx: "o real é multiplamente determinado".

A dinâmica axiomática do capital, tal como teorizada por Deleuze & Guattari (1988), põe em relevo justamente essa tensão entre flexibilidade e versatilidade de captura e exploração por parte do capital, ao mesmo tempo que mostra a necessidade de distinguir as operações mediante as quais essa máquina de captura engloba relações sociais e invenções que também resistem e transbordam o diagrama de captura/exploração.

Para desmontar as versões do neoliberalismo que o consideram apenas um conjunto de políticas estruturais do passado, faremos aqui um uso preciso de Foucault, que nos permite pensar a governamentalidade em termos de ampliação de liberdades e, portanto, analisar o tipo de ensamblagem[10] produtiva e multiescalar que implica o neoliberalismo atual como modo de governo e de produção de realidade que também excede esse governo: neoliberalismo, mutação ao mesmo tempo subjetiva e estrutural, orgânica e difusa. No entanto, continua pendente discutir os modos de dominação impostas por essa nova maneira "livre" de governar.

Da América Latina, é preciso completar Foucault a partir das revoltas da última década, ancorando aqui a crítica ao neoliberalismo como um modo de poder, dominação e espoliação, ao mesmo tempo que se discute as imagens e as formas de felicidade política que estão em jogo nas diversas noções de liberdade que simultaneamente competem e cooperam no neoliberalismo.

Sublinhamos uma leitura dupla de Foucault a partir de Marx, para, por um lado, partir da premissa de que as subjetividades têm a ver sempre com práticas, com estruturas que são práticas articuladas, e com discursos que são sempre dimensões da prática ("focos de experiência") e que, portanto, não se constituem privilegiando a consciência ou a espiritualidade racionalista; e porque, por outro lado, a pergunta pela produção de valor é central, mas não em um sentido economicista ou

---

[10] Ver mais detalhes sobre o conceito de "ensamblagem" usado pela autora no capítulo 1, subtítulo "Ensamblagem e agenciamento". [N.E.]

que concebe o trabalho como esfera separada da vida social, embora a principal característica do capitalismo seja sua capacidade de reduzir o valor à economia. Por valor, entendemos, a partir de Marx, a produção de existência, que se evidencia no conceito de força de trabalho em sua falida e impossível conversão em mercadoria toda vez que existe um hiato impossível de suprimir entre práxis humana em potência e tarefa efetiva. A expressão "em potência" não se refere aqui apenas a um traço temporal do processo produtivo — que o capital racionaliza como teleológico —, mas caracteriza, para além e sobretudo, a multiplicidade linguística, afetiva, intelectual, física e cooperativa, enfim, a vida, que o capital põe para trabalhar. Mais um adendo: a relação entre Foucault e Marx ilumina-se com a reabilitação da filosofia dos valores de Nietzsche que, em Foucault, diferentemente de Heidegger, não é realização da metafísica, mas abertura à contingência das práticas materiais. Todo o debate atual sobre biopolítica, inaugurado por Foucault, requer o contexto dessa problemática originária marxiana.

A necessidade é encontrar um vocabulário político que se desenvolva nessa imanência problemática sem mitigar contradições e ambivalências. E isso surge somente das práticas do território *abigarrado* das cidades. São essas práticas que abrem a possibilidade de pensar uma dinâmica transindividual de forças produtivas, que a todo o tempo transbordam o esquema neoliberal e antecipam possibilidades que já não são as socialistas estatais. Ou seja, é um modo de cooperação social que reorganiza o horizonte do trabalho e da exploração, da integração e do progresso, da boa vida e do bom governo.

Na pragmática vitalista que nos interessa, esse neoliberalismo "de baixo" implica formas comunitárias de maneira não linear. Aí ancoramos a pergunta sobre quais seriam as formas políticas à altura do mundo pós-neoliberal e da emergência de elementos de cidadania pós-estatal, para usar a formulação de Étienne Balibar (2013). Que enquanto governamentalidade o neoliberalismo seja compatível com certas formas comunitárias não é um dado anedótico ou de pura tendência global à etnização do mercado de trabalho, mas sim índice da exigência desta época, que tende a reduzir a cooperação a formas empresariais inovadoras ao mesmo tempo que propõe a assistência social como contrapartida simultânea da espoliação. Por isso, a América Latina: as rebeliões contra o neoliberalismo na região são o ponto a partir do qual devemos/podemos rearmar a perspectiva crítica para conceituar o neoliberalismo para além de sua lógica permissiva e difusa.

Ensamblagens heterogêneas

Se pensamos no neoliberalismo como mais que uma doutrina homogênea e compacta, é para enfocar a multiplicidade de níveis em que opera, a variedade de mecanismos e saberes que implica e os modos como se combina e articula, de maneira desigual, com outros saberes e formas de fazer. Tal pluralidade não o debilita como tecnologia de governo. A pluralização do neoliberalismo pelas práticas provenientes "de baixo", porém, permite ver sua articulação com formas comunitárias, com táticas populares de resolução da vida, com empreendimentos que alimentam as redes informais e com modalidades de renegociação de direitos que se valem dessa vitalidade social. Novamente: é nessa pluralização que também aparecem as resistências a um modo de governo extremamente versátil. No entanto, essas práticas revelam sobretudo o caráter heterogêneo, contingente e ambíguo em que a obediência e a autonomia disputam, palmo a palmo, a interpretação e a apropriação das *condições neoliberais*.

Mais do que grandes teorias, essa pluralização também exige enunciados contextualizados. Por isso, trabalhamos aqui com situações concretas. É a partir de uma determinada cartografia política que podemos avaliar a relação entre a heterogeneidade, a ambiguidade e a disputa pela riqueza comum que cada uma delas implica. Não se trata de fazer uma escolha entre etnografias localistas e enunciados estruturais (Peck, 2013), mas de enfatizar o traço "polimórfico" do neoliberalismo.

Nossa pesquisa situa-se em uma ensamblagem concreta que vincula a feira La Salada, em Buenos Aires, com a oficina têxtil clandestina e a *villa*[11] — e a festa como forma de entrada e saída para cada uma dessas situações. Trata-se de uma sequência genealógica que também revela uma lógica de contaminação mútua, de permanentes reenvios, de complementaridades e contradições. Interessam-nos as trajetórias que se tecem entre a *villa*, a oficina têxtil, a feira e a festa para mostrar os modos como umas se inserem nas outras. A *villa*, onde a população migrante se renova permanentemente, é lugar de produção de uma multiplicidade de situações trabalhistas que vão da autoempresarialidade à pequena empresa, passando pelo trabalho doméstico e comunitário, em relações de dependência tortuosas. Mas também é nela que se esconde, "submerge", a oficina têxtil clandestina, para aproveitá-la como espaço de recursos comunitários, de proteções e favores, e de força de trabalho.

Por sua vez, a feira articula o trabalho da oficina têxtil, assim como a possibilidade de comércios varejistas, de importações em pequena escala — por exemplo, roupa íntima importada da China que se compra na Bolívia para vender em La Salada — e de venda de serviços de todo tipo. A feira exibe e publiciza a clandestinidade da oficina têxtil de maneira complexa, à medida que mistura uma produção, em certa medida ilegal, sustentada por condições

---

[11] Optamos por deixar o vocábulo como no original, já que *villa*, em uma definição ampla, refere-se a um conjunto de moradias precárias geralmente localizadas em espaços pouco urbanizados, mas não possui carga semântica equivalente à palavra "favela" e, sobretudo, ao significado imagético a que remete, dentre outros, em termos topográficos. [N.T.]

de extrema exploração, com a ampliação do consumo popular. É tão ambivalente quanto o modo como a *villa* expõe a lógica desenfreada de um mercado imobiliário informal, combinado com a possibilidade de ampliar a capacidade de alojamento dos e das migrantes no centro da cidade. A dinâmica da festa, ao mesmo tempo celebratória e ritual, mobiliza boa parte dos recursos e energias, das legitimidades e aspirações que articulam a oficina, a feira e a *villa*. Finalmente, a festa será uma imagem que utilizaremos para levar ao extremo a noção de ambivalência de um dispositivo comunitário, mas também para amplificar, a partir de uma cena complexa e concreta — um fato social total, diria Mauss —, noções tais como gasto, riqueza e consumo. A festa, enquanto economia do frenesi, torna-se totalmente interna à *villa*, à feira e à oficina têxtil como lugar de elaboração e negociação da legitimidade dessas riquezas.

Na Argentina, é a crescente e notável pluralização de formas laborais, efeito da crise, que obriga a uma ampliação da categoria de trabalhadores e a uma reconceituação das economias classicamente chamadas de informais e periféricas, nas quais sobressai o papel do trabalho migrante como recurso econômico, político, discursivo e imaginário da recomposição laboral em curso. Para tal fim, a conjuntura da última década resulta especialmente fértil, pois permite marcar uma trajetória que vai de um desemprego massivo — caracterizado por um alto nível de organização política e por uma forte problematização pública do tema do emprego — à difusão do mote do "trabalho escravo" para um importante setor da população trabalhadora que funciona como topo material e simbólico para o resto dos empregados. Sobre a discussão da atualidade da escravidão e seu vínculo com o servilismo e a feminização dos trabalhos, é necessário aprofundar o olhar.

Economias barrocas

Proponho pensar essas ensamblagens como economias barrocas para conceituar um tipo de articulação de economias que misturam lógicas e racionalidades geralmente vistas como incompatíveis pelas teorias econômicas e políticas. Bolívar Echeverría (1998) vinculou o barroco a uma arte da resistência e à sobrevivência própria do momento colonial. O barroco latino-americano persiste como conjunto de modos entrelaçados de fazer, pensar, perceber, lutar, trabalhar, que supõe a sobreposição de termos não reconciliados e em permanente recriação. Mas há algo do agora, do tempo histórico do capitalismo pós-fordista, com sua aceleração dos deslocamentos, que convoca de maneira particular essa dinâmica do múltiplo.

Nosso uso específico refere-se à composição estratégica de elementos microempresariais, com fórmulas de progresso popular, com capacidade de negociação e disputa de recursos estatais e eficazes na sobreposição de vínculos de parentesco e de lealdade ligados ao território, assim como formatos contratuais não tradicionais. Isso se assemelha ao modo como a antropóloga Aihwa Ong (2006) define a espacialidade atual como "ecologia barroca": a cidade se localiza no centro de um ecossistema criado a partir da mobilização e interação de distintos elementos globais — saberes, práticas, atores. A definição de Ong nos interessa, pois sublinha a dimensão espacial urbana atual do barroco.

No entanto, em nossa perspectiva analítica, o barroco possui, além disso, dois princípios fundamentais para pensar essas economias:

i) *O informal como fonte instituinte* ou como princípio de criação de realidade. Defino a informalidade não de maneira negativa, por sua relação com a normativa que define o legal/ilegal, mas de modo positivo, por seu caráter de inovação e, portanto, por sua dimensão de práxis que busca novas formas. O informal nesse sentido não se refere àquilo que não tem forma, mas à dinâmica que inventa e promove novas formas — produtivas, comerciais, relacionais etc. —, colocando o eixo no momento processual de produção de novas dinâmicas sociais;

ii) *O informal como fonte de incomensurabilidade*, isto é, como dinâmica que põe em crise a medição objetiva do valor criado por essas economias. O informal se refere, assim, ao transbordamento, por intensidade e sobreposição, de elementos heterogêneos que intervêm na criação de valor, obrigando a inventar também novas fórmulas de convenção do valor e a produzir mecanismos de reconhecimento e inscrição institucional.

Pragmática vitalista

O vitalismo dessas microeconomias tem a ver com sua capacidade de construir, conquistar, liberar e também defender o espaço, ou seja, uma produção de espaço que implica e envolve uma temporalidade. Essa forma que as economias barrocas movimentam supõe um desdobramento estratégico: um conjunto de modos de fazer que se compõe pragmaticamente para se afirmar e perseverar.

Defini-lo como uma pragmática tem por objetivo enfatizar seu caráter experiencial, não puramente discursivo. Trata-se, sobretudo, de pensar de modo desmoralizado certos focos de experiência e ir além da aplicação de racionalidades exteriores ao seu próprio taticismo.[12] Nesse sentido, o extramoral se refere ao método nietzschiano

---

[12] Referente a "tática"; jogo ou manobra tática ou política; habilidade para sair-se bem em empreendimentos, disputas, situações de vida etc. [N.E.]

de entender a moral como uma máquina de captura com o fim de normatizar e governar as subjetividades expansivas.

Nessas economias totais, ao mesmo tempo que constatamos formas de exploração e subordinação vinculadas ao trabalho migrante, que o capital situa como sua parte "baixa" e exibe como situações exemplificadoras de obediência, se descobre também uma face de invenção resistente e democrática contidas nesses deslocamentos e em sua incorporação a uma cidade como Buenos Aires. Isso abre o imaginário clássico da "integração" e tensiona a própria noção de diferença, simultaneamente como capacidade de autonomia (=produção ontológica) e diferencial etnizado de exploração (=produção de mais-valia).

Foucault assinalou um deslocamento necessário entre uma teoria do sujeito e as formas de subjetivação que constituem uma pragmática de si. Deslocamento que busca deixar de lado uma ideia puramente abstrata do sujeito para se concentrar nos processos de constituição material e espiritual dessas subjetividades. O empresário de si mesmo é uma dessas pragmáticas. Foucault também enquadra os migrantes nessa definição. O ponto que nos interessa dessa conceituação possui duas faces: por um lado, a possibilidade de escapar da imagem puramente vitimista daqueles que encaram uma trajetória migrante; por outro, extrapolar essa definição estritamente empresarial, de formação de capital humano, sem abandonar a ideia de progresso.

Seria possível pensar a ânsia de progresso por fora do regime neoliberal definido como matriz de uma racionalidade individualista ordenada pelo benefício? Seria possível fazer uma reivindicação do cálculo para além do benefício? Seria possível que o "oportunismo de massas" de que fala Paolo Virno (2003a) seja um dinamismo social que, não obstante, não se costuma atribuir aos setores populares? E, finalmente, para dizê-lo ainda de outra forma, seria possível pensar o progresso associado a outra ideia de modernidade?

A hipótese que aqui desenvolveremos é que a diferença de subjetivação que dinamiza essas economias barrocas radica em uma vontade de progresso que mistura a definição foucaultiana do migrante como investidor de si mesmo e um capital comunitário colocado em xeque. Trata-se de um impulso vital que desenvolve um cálculo em que se sobrepõe uma racionalidade neoliberal a um repertório de práticas comunitárias, produzindo como efeito o que chamamos "neoliberalismo de baixo para cima". Nessa defasagem — que, no entanto, se produz de maneira conjunta —, vemos o germe de uma nova interpretação da pragmática vitalista.

Voltemos no tempo. Essa mistura barroca forma zonas amontoadas que expõem um escalonamento temporal. Isso implica que as categorias de trabalho se tornam fluidas e intermitentes, e que podem ser lidas como trajetórias complexas que são tramadas sob um *cálculo urbano* bastante flexível, a ponto de transitar por momentos de trabalho como aprendiz e como microempresário, somar-se à economia informal na perspectiva da formalização, estar desempregado por um tempo e, simultaneamente, conseguir recursos por meio de tarefas comunitárias e sociais. E de transitar, usufruir e gozar, de modo tático, de relações familiares, de vizinhança, comerciais, comunais e políticas. Enfim, o caráter *abigarrado* dessa economia — conceito-chave de Silvia Rivera Cusicanqui, de que trataremos extensamente — revela a pluralidade de formas de trabalho e põe em relevo as próprias fronteiras do que hoje chamamos de trabalho.

Contra a moralização das economias populares

Nosso propósito é expor uma economia popular que se desenvolve em Buenos Aires em conexão transnacional com outras cidades pelo motivo de estar fortemente marcada pela presença migrante, pela inovação das formas de produção, circulação e organização de suas dinâmicas coletivas e que, enquanto tal, dá conta de uma transformação mais ampla do mundo do trabalho depois da crise argentina de 2001. Se há algo que tinge e caracteriza esse mapa de uma economia não tradicional é o fato de ser ao mesmo tempo informal e subterrânea, mas vinculada a cadeias de valor transnacionais e a grandes marcas locais, que combina condições extremas de precariedade com altos níveis de expansão, e que permite discutir a dinâmica produtiva própria do consumo associada a novos usos do dinheiro e do tempo.

Todos os capítulos deste livro têm em seu título a palavra "entre". É uma forma de ressaltar uma ambivalência fundamental: uma rede produtiva que articula momentos comunitários e de exploração brutal, protagonizada por sujeitos migrantes, trabalhadores, microempresários e dinamizadores comunitários. Essa oscilação não chega a uma forma sintética — que existem em excesso no momento e condenam o que aqui chamamos de economias barrocas, como a que se desenvolve na feira La Salada. É justamente esse ponto de ambivalência que expressa o ritmo de uma tensão política e que exige categorias capazes de compreender esta mesma tensão. Além disso, reflete o dinamismo temporal que essas práticas e os sujeitos que nelas estão implicados imprimem a uma construção espacial que é fortemente mutável.

O "entre" não representa uma indecisão ou um ponto médio neutro. A categoria de ambivalência, tal como foi trabalhada por Virno (2006), surge aí: entre a inovação e a negatividade. No entanto, nesse espaço contingente e conflitivo, acentuo uma pragmática vital cuja potência institui um tempo-espaço inovador e que desafia tanto a dinâmica urbana quanto os usos do dinheiro, os vínculos transnacionais, os conflitos trabalhistas e as resistências aos modos de confinamento e empobrecimento da vida popular. Para voltar a Virno: essa pragmática vitalista se assemelha à ideia de um "oportunismo de massas", isto é, o cálculo permanente de oportunidades como modo de ser coletivo.

Traçamos com essa perspectiva uma clara estratégia oposta à vitimização dos setores populares. Tal vitimização, que aparece também como moralização e judicialização, é o modo pelo qual se organiza um determinado campo de visibilidade do trabalho migrante na Argentina e, de forma ainda mais ampla, para sugerir um tipo de vinculação entre norma e economia popular, que tem como efeito a moralização — e condenação — do mundo dos chamados pobres.

Para tal propósito, colocaremos em oposição uma perspectiva "extramoral" das estratégias vitais, nas quais é decisivo compreender o modo como as energias e as redes são articuladas, pensadas e agenciadas, e como essas economias e os sujeitos que as produzem e transitam por elas cooperam e competem entre si. Dizer "extramoral" supõe abandonar o registro metafísico — no sentido de uma metafísica ocidental que por vezes cinde o ser em uma instância espiritual ativa e material passiva de conhecer/governar — da moral, seja do trabalho ou dos costumes decentes ou, em uma versão étnica, do bom selvagem, para concentrar-se no fio vital daquilo que organiza estratégias para existir, criar, produzir valor, ritualizar o tempo e o espaço, fazer da vida uma força de perseverança que cria recursos materiais e espirituais distintos e que formula perguntas fundamentais sobre três noções decisivas para repensar nossa época: *progresso*, *cálculo* e *liberdade*.

1.

entre a microeconomia proletária e a rede transnacional:

a feira de la salada

La Salada na Tríplice Fronteira

A feira La Salada é um espaço de cruzamento e trânsito, no limite entre a cidade de Buenos Aires e os partidos [municípios] bonaerenses de Lomas de Zamora e La Matanza. Em seus vinte hectares acumulam-se numerosas e agitadas transações: compra e venda de comida, roupa e *lingerie*, tecnologia, artigos de couro, sapatos, música e filmes. Em seus primórdios, o comércio acontecia sempre de noite, entre quinta e sexta-feira e entre domingo e segunda. Localizada em um prédio que foi balneário popular durante a década de 1950, a feira o transformou em um lugar de compras transnacional e multitudinário. Desembarcam ali cada vez mais micro-ônibus, *vans* e carros de todo o país, assim como do Uruguai, da Bolívia, do Paraguai e do Chile.

La Salada foi caracterizada como a maior feira ilegal da América Latina.[13] Ela está dividida em três setores-galpões, batizados de Urkupiña, em homenagem à virgem de Cochabamba; Punta Mogote, simulacro do tradicional balneário de Mar del Plata; e Ocean, também uma referência balneária associada ao sentimento de imensidão oceânica despertado pelo tamanho da feira. Além disso, há um setor inteiro de vendas a céu aberto, mais precário, chamado La Ribera. Atualmente, encontra-se suspenso, mesmo que seja parcialmente montado em períodos esporádicos. É o espaço submetido à maior pressão por ser o limite mais informal e conflituoso da feira desde que a Gendarmería Nacional Argentina — força de segurança de natureza militar que cumpre funções de segurança interna, defesa nacional e

---

[13] Em 2014, a imprensa argentina escreveu sobre a visão estadunidense da ilegalidade da feira: "La Salada, el principal mercado negro de la región, para EE.UU.", em *Clarín*, 12 fev. 2014; e "Estados Unidos se quejó de la 'ausencia de voluntad política' del gobierno argentino para combatir los productos 'truchos'", em *La Nación*, 30 abr. 2014.

apoio à política exterior — foi transferida para a região, disposta às margens do Rio Riachuelo, como força de ordem fronteiriça.

La Salada é, em sua própria composição, um território migrante: seus fundadores, no início da década de 1990, foram bolivianas e bolivianos.[14] A maioria dos feirantes provém de diversas partes da Bolívia, mas também há argentinos, paraguaios, peruanos e, ultimamente, senegaleses encarregados da venda de bijuterias. La Salada é migrante, inclusive, pelo circuito percorrido por suas mercadorias: os compradores que vêm de nações limítrofes abrem rotas de distribuição e comercialização rumo a seus países de origem, ao mesmo tempo que muitas mercadorias chegam de distintos lugares do planeta. La Salada, em seu caráter aparentemente marginal, é um ponto de uma rede transnacional em expansão, e um lugar privilegiado para se mostrar a multiplicidade de economias e processos de trabalho heterogêneos, materializados no sistema econômico global. Essa localização singular constitui uma ensamblagem em que se combinam um componente anômalo e diferencial, capaz de sustentar a hipótese da existência de uma globalização popular "de baixo para cima", e dinâmicas de subordinação e exploração que assinalariam uma modalidade característica do poder capitalista em sua fase pós-moderna.

---

[14] Em meio a uma série de desdobramentos complexos, ampliações e disputas, o nascimento das feiras tem a seguinte ordem: Urkupiña nasceu em 1991, sob a primazia do casal de bolivianos René Gonzalo Rojas Paz, morto na prisão em condições suspeitas em novembro de 2001, e Mery Natividad Saravia Rodríguez, em parceria com o argentino Enrique "Quique" Antequera; em 1994 nasceu Ocean, como uma ampliação da feira sob responsabilidade administrativa do mesmo Rojas, para depois cair, por meio de "um golpe de estado", nas mãos de Manuel Remonte, também nascido na Bolívia. Em 1999, em uma clara disputa, foi aberta Punta Mogote, administrada pelo argentino Jorge Castillo (Girón, 2011).

La Salada propõe, expõe e convida a uma epistemologia que esteja à altura de sua amplitude extravagante. Uma epistemologia *fronteiriça*, para usar a expressão de Gloria Anzaldúa. É um modo de conhecimento que surge dos deslocamentos de territórios, ofícios e línguas. Que observa essas circulações, confiando na existência de uma força expressiva, uma promessa vital, um saber do movimento. É uma perspectiva capaz de ser elástica e generosa com o ritmo tumultuoso dos acontecimentos. Mas, por que La Salada seria uma zona de fronteira? Ou, por que localizar La Salada na tríplice fronteira? Elencamos três razões para isso:

i) *A fronteira como espaço social do heterogêneo*. Que a maioria dos seus fundadores e feirantes sejam migrantes dá a La Salada um caráter transnacional que se dispersa numa urbe como Buenos Aires. Mas não se trata apenas de uma questão de origem. Há também um caráter de projeção: as mercadorias dessa megafeira cruzam fronteiras internas e externas, remapeando os circuitos de trajetórias comerciais, políticas e familiares. Por sua vez, réplicas de La Salada — as chamadas *saladitas* — surgem em lugares distintos, ampliam sua área de influência e, nessa multiplicação itinerante, mostram uma capacidade de conquista veloz dos espaços. Assim, La Salada anseia expandir-se para outros lugares ou inventar diretamente outros espaços. Fórmula de sucesso, em diversas escalas, de um modo de negócio popular. Mas é, sobretudo, uma dinâmica que esclarece procedimentos e saberes que se articulam numa ensamblagem de componentes muito variados e distintos — trama contingente de percursos, usos, conflitos e afetos — para compor uma série que chamarei de *microeconomias proletárias*;

ii) *A fronteira territorial*. A fronteira espacial não é apenas metáfora, mas localização concreta. La Salada é um território na borda (*borderland*), tanto no plano do cruzamento de jurisdições que a situam ao lado do Riachuelo, quanto no limite entre as áreas metropolitanas e a capital.[15] Também é limite e sobreposição de terra e água: ribeira e margem. Levar La Salada a outros lugares, implementá-la em outros bairros, cidades e países é também um modo de produzir uma nova cartografia de transações, viagens, expectativas e empreendimentos. Foi em reconhecimento ao seu caráter de fronteira — em relação a outros territórios urbanos — que a Gendarmería foi designada como força de segurança para vigiar a região;

iii) *A zona fronteiriça analítica*. A feira, como fenômenos de massas, concentra uma mutação radical das noções, binariamente cindidas, entre centro e periferia, zona marginal e escassez, subúrbio e mercadoria, economia informal e pequena escala. Além da "inversão" de preços operada do ponto de vista do mercado imobiliário, tendo em conta o custo altíssimo do metro quadrado em La Salada em contraposição às zonas mais ricas e exclusivas de Buenos Aires, deve-se marcar a tendência do crescimento e, portanto, das perspectivas de produtividade que saem dos espaços da feira, tanto no plano material como virtual, graças às vendas pela internet. A velocidade das trajetórias envolvidas e os percursos dos próprios feirantes e visitantes situam a feira num ponto de cruzamento espaço-temporal: um laboratório de economias populares em expansão que tensiona — ou estoura — certas categorias de análise, obrigando os conceitos a cruzarem suas próprias fronteiras disciplinares.

---

15 Essa área integra 24 municípios que cercam a Cidade Autônoma de Buenos Aires, formando o que se chama de Grande Buenos Aires. [N.T.]

A moeda viva

As feiras populares, com a experiência massiva do escambo, tiveram na Argentina seu auge durante a crise de 2001. A multiplicação de cédulas e a possibilidade de intercâmbio sob regras distintas das do mercado formal/legal são um antecedente decisivo na hora de pensar o êxito de La Salada. O momento da crise, quando grande parte do país se sustentava com moedas quase falsas, expandiu modalidades de produção e consumo que combinavam autogestão e contrabando, plágio e invenção. Foram tempos de comoção nos quais a moeda tornou-se, para usar a bela expressão de Pierre Klossowski, *moeda vivente*, já que as normas do funcionamento econômico mostravam, mais do que nunca, ser uma "subestrutura dos afetos sociais". Por sua vez, a repercussão de La Salada nos últimos tempos não pode ser pensada fora do ritmo inflacionário, sendo um outro modo de fazer presente a falta de contenção da moeda — e sua virtual falsificação/desvalorização — como "um modo de expressão e representação das forças pulsionais" (Klossowski, 2012). La Salada abriu a possibilidade de consumo popular por meio da pequena escala e permitiu o acesso a bens e serviços baratos num momento em que o consumo se tornava o modo mais veloz e dinâmico de inclusão social, fazendo-o como espaço expressivo de uma modalidade de transações barrocas.

La Salada ganhou força na crise de 2001, ainda que não deva sua origem exclusivamente a essa conjuntura decisiva. Tampouco foi debilitada no período posterior à crise, uma vez que a recuperação econômica dos últimos anos não interrompeu nem fez reduzir seu crescimento. Pelo contrário, o conglomerado de La Salada e a complexa trama econômica ligada à megafeira tornaram-se uma peça-chave de novas articulações político-econômicas. Se a feira e seu primeiro impulso — ligado à simultânea escassez e à multiplicação de moedas — mantiveram uma íntima relação com a conjuntura de crise, deve-se destacar, no entanto, que o saber fazer feirante tornou-se um modo permanente de gestão de uma crise maior: a do mundo assalariado formal.

A crise revela-se um *locus* privilegiado de análise, porque nela se exibe a disputa social pela obediência, pelas regras que possibilitam e impedem a acumulação, assim como por ser um momento de experimentação coletiva de outras formas de viver, cooperar, trocar, proteger-se. La Salada se transforma, assim, num tipo de laboratório de novas formas de produzir, consumir e construir redes de distribuição e comercialização, estruturando-se num canteiro de um novo tipo de emprego.

O setor-chave da feira é o têxtil, cuja trajetória nas últimas duas décadas marca um protótipo. Se nos anos 1990 a indústria têxtil foi desmantelada como resultado do ingresso massivo de importações favorecido pela conversibilidade peso-dólar, depois da crise, do fim da paridade cambial e da desvalorização do peso argentino, a indústria foi revitalizada, ainda que sobre novas bases: terceirizando sua produção em pequenas oficinas cuja mão de obra é formada por costureiros e costureiras provenientes da Bolívia.

Microeconomias proletárias

Em La Salada estabilizou-se o que se observa nos períodos de crise do emprego: um *desassalariamento formal*. É claro que os momentos de fragilização econômica intensificam as relações hierárquicas (Moulier Boutang, 2006), mas em La Salada vemos uma trama que mostra esses mesmos problemas num espaço de forte prosperidade e de criação de novas modalidades de emprego.

A situação contemporânea é caracterizada pela emergência de novas formas de atividades dependentes que mesclam de um modo inédito uma liberação das normativas de dependência fordista com novas formas de servidão aos vaivéns do mercado (Virno, 2003a). Nesse ponto, a multiplicação da realidade do trabalho é replicada na multiplicação de planos, escalas e dimensões que tornam heterogêneo o espaço global cortado por distintos movimentos migratórios que alteram a divisão internacional do trabalho (Mezzadra & Neilson, 2013). Assim, o atual impulso capitalista logra competitividade e dinamismo para articular-se de modo flexível com práticas, redes e atributos que historicamente caracterizaram os fluxos de trabalho não remunerado. Isso permite pensar os mercados de trabalho como um conjunto "pluriarticulado", em que convivem formas mistas e híbridas, sempre em "contraponto" com um ideal homogêneo de assalariamento.

Esse argumento, capaz de dimensionar a heterogeneidade do mundo do trabalho contemporâneo, interessa-nos especialmente para direcioná-lo contra a *unidimensionalização da informalidade*. Pensada apenas em termos de desproletarização, a informalidade corre o risco de ser reduzida a uma zona e a uma fonte privilegiada do crime e da violência. Ao enfatizar La Salada como território extremo e diferencial de violência, ao mesmo tempo que é marginalizada, percebe-se de modo estritamente negativo o que funciona, na verdade, como uma possibilidade de vida — e não apenas de sobrevivência e violência — para uma grande parte da população, trazendo modos claramente inovadores de lidar com a escassez, a violência, as instituições e o consumo.[16]

---

[16] Essa perspectiva está presente, por exemplo, em Auyero & Berti (2013). Esse trabalho é interessante pelo modo como situa a violência sem compartimentalizá-la, questionando suas interconexões e reiterando o *locus* clássico da violência como anomia, exacerbada pelas condições de pobreza.

Toda a vitalidade envolvida na criação de um espaço de comércio e consumo popular, com suas táticas e hierarquias, transações e apropriações, basicamente se dissolveria se só existissem vítimas — do neoliberalismo, do desemprego, das máfias etc. Isso não expulsa a violência das relações sociais nem romantiza suas transações, mas também não as considera por uma dimensão unilateral.

Chamo essas economias de "microeconomias proletárias" com o propósito de mostrar uma nova paisagem do proletariado para além de sua acepção fordista, e para rever a questão das escalas que fazem com que essas economias funcionem sobretudo como ensamblagens. Do mesmo modo, como assinalei mais acima, uso esse termo para discutir o conceito de desproletarização do mundo popular.

Nesse sentido, La Salada consegue combinar uma série de *microeconomias proletárias*, compostas por transações pequenas e medianas, e ser, ao mesmo tempo, a base de uma grande rede transnacional de produção e comércio (majoritariamente têxtil). Isso ocorre porque nela se desenvolve a venda varejista, que possibilita diversas estratégias de sobrevivência para revendedores, além de oferecer negócios atraentes para pequenos importadores, fabricantes e feirantes, e de abrir espaço para um consumo de massa. Os números de La Salada são enormes: funcionando apenas dois dias por semana, seu faturamento em 2009 foi maior que o dos *shoppings* argentinos — quase 15 bilhões de pesos contra 8,5 bilhões de pesos, segundo os dados oficiais do Instituto Nacional de Estadística y Censos (Indec).

La Salada e as oficinas têxteis criam um circuito no qual as categorias de trabalho são mutantes e intermitentes. Transitando com flexibilidade entre trabalhos de dependência e iniciativas de *cuentapropismo* [trabalho por "conta própria"], essas categorias oscilam entre momentos de informalidade e aspirações permanentes de formalização, de se tornar beneficiário de subsídios estatais e descansar em redes comunitárias; de transitar, usufruir e gozar, de modo tático, de relações familiares, de vizinhança, comerciais, comunais e políticas. Enfim, são as zonas fronteiriças que povoam essa economia que revelam a pluralidade de formas laborais e destacam as próprias fronteiras do que chamamos de trabalho.

La Salada é um território em que se veem novos regimes de sujeição e novos lugares de inovação social. A pergunta é: como captar também os episódios de busca por autonomia e liberdade que funcionam como "a contraluz permanente dos processos de servidão e de hegemonia colonial (interna e externa)"? Com essa insistência da leitura à contraluz, Toni Negri (2009) diz que é possível compreender as culturas e comportamentos migrantes como contraculturas constituintes. Isso implica buscar uma definição do conceito de trabalho na qual a história dos *escravos-migrantes* mostre uma realidade fundamental: a de que sua inserção está tanto dentro do capital quanto fora dele. A potencialidade de uma realidade social política independente é posta em prática.

O arcaico como fonte de inovação

La Salada exibe uma nova composição da força de trabalho informal/ilegal/precária/inovadora/empresarial que se notabilizou na pós-crise argentina como elemento-chave da recomposição econômica sob novas formas laborais. Ao mesmo tempo, houve um declínio das práticas alternativas que combatiam o trabalho assalariado que surgiram entre os setores mais radicalizados do movimento de desempregados.

La Salada e as oficinas têxteis apresentam uma singularidade: a composição migrante — não restrita a uma nacionalidade — da força de trabalho que movimenta essa economia popular e põe em cena *in extremis* modalidades e formas de recomposição e transformação do mundo laboral que extrapolam as suas coordenadas clássicas: trabalho formal, assalariado, masculino, nacional, que percebe o indivíduo *sozinho*, desvinculado de seu lar e de suas relações de reprodução etc.

O caso particular da migração boliviana traz com ela a reformulação de um "capital comunitário" caracterizado pela ambiguidade: ao mesmo tempo que funciona como recurso de autogestão, mobilização e insubordinação, *também* opera como recurso de servidão, sujeição e exploração. O arcaico, no entanto, não permanece confinado a um uso tradicional, que entraria em contradição com novas modalidades de trabalho, pelo fato de a operação ser mais complexa: o arcaico torna-se insumo de uma recombinação absolutamente contemporânea.

É daí que emerge uma empresarialidade singular, favorecida pelo modo informal explorado pelas oficinas têxteis em La Salada, onde são valorizados elementos doméstico-comunitários, apresentando dinâmicas de auto-organização e nutrindo redes políticas concretas.[17]

Pragmática vitalista

Para entender a dinâmica da força de trabalho migrante, nos concentramos na potência de decisão e vontade de progresso que mistura a definição foucaultiana do migrante como investidor de si com a mobilização de um capital comunitário. Trata-se de um impulso vital que produz um cálculo no qual se sobrepõe uma racionalidade amparada no desejo de progresso pessoal e familiar com um repertório de práticas comunitárias. Uma segunda hipótese, complementar, é da articulação especificamente pós-moderna do comunitário com o mundo produtivo pós-fordista, diante de sua capacidade de se converter em atributo laboral, em qualificação específica para a mão de

---

[17] Para um estudo da organização migrante através de redes no setor hortícola, ver Benencia (2012).

obra migrante do Altiplano em Buenos Aires. O comunitário, diante de sua laboralização, torna-se fonte de uma polivalência pragmática, transfronteiriça, capaz de se adaptar e inventar.

A essa pragmática vitalista não podem ser atribuídas *a priori* premissas anticapitalistas. No entanto, ela evidencia um nível de autogestão da produção da vida social organizado sem a mediação política das instituições tradicionais, como o estado, o sindicato, o partido político e a assistência social. Por sua vez, é um princípio de organização e expansão da vida popular que sabe relacionar-se e negociar, também pragmaticamente, com essas instituições tradicionais — que entraram em decadência ou ganharam outras funções, em novas dinâmicas, ao deixarem de ser mediadores privilegiados.

Porém, a vitalidade que queremos destacar implica uma perspectiva política fundamental: não considerar os sujeitos dessas economias barrocas como vítimas.

O desinvestimento sistemático do estado em sua fase neoliberal mais austera criou espaço para se relacionar com os atores sociais a partir da ideologia do microempresário e do *empreendedorismo*. É um modo em que as políticas de autogestão acabam por remediar as atividades e os serviços de reprodução, como a educação, a saúde, a segurança, o transporte, e os trabalhadores veem-se obrigados a assumir os custos dessa reprodução, de maneira que, como argumenta Silvia Federici (2004), "cada articulação da reprodução da força de trabalho tornou-se um momento da acumulação imediata".

A feira como produção da trama urbana

Entretanto, o que nos interessa investigar é essa modalidade de crescimento associado ao dinamismo da feira e de todos os ramos de atividade organizados à sua volta. Porque a feira é o espaço onde se realiza parte da mercadoria produzida nas oficinas, e é simultaneamente o prolongamento de uma tradição comercial que cruzou as fronteiras e que inclui técnicas de sabotagem às formas mercantis ou, pelo menos, aos usos múltiplos das coisas — do contrabando ao "falsificado". Todo um glossário deve ser repensado a partir dos significados concretos que os termos assumem em La Salada: ilegal, clandestino, falsificado, falso, imitação verdadeira, mercadoria verdadeira roubada, mercadoria falsificada legal etc.

A feira cresce e prolifera: para cima e para os lados; em galpões e a céu aberto; no prédio da Grande Buenos Aires e numa infinidade de pontos colonizados pelas *saladitas*. Os serviços oferecidos também crescem — por exemplo, a formação de um plano de saúde próprio da feira Urkupiña —, assim como as possibilidades de negócios. A feira como trama urbana consegue combinar uma temporalidade de construções velozes e versáteis — os postos são montados e desmontados ao mesmo tempo que a própria infraestrutura da feira se estabiliza e fortalece — com um progresso sustentado e ampliado no tempo.

É habitual nas ciências sociais associar a economia informal à economia invisível e marginal. Inclusive o termo em espanhol, *economía en negro*, isto é, fora dos parâmetros legais e tributários da economia formal, revela esse suposto caráter de economia oculta, nas sombras. Mas essas economias já não podem mais ser consideradas como marginais dada sua capacidade de relação íntima com a heterogeneidade metropolitana (que articula modalidades que vão desde o autoemprego até o comércio ilegal, num *continuum* que, em termos neoliberais, nega o que essas esferas têm em comum, organizando-as de modo segmentado) e pelo fato de revelarem o dilema das cidades sobre a simultânea visibilização e invisibilização da função produtiva dessas economias.

Ao tomarem proporções cada vez maiores nas ruas, essas economias informais oscilam entre a hipervisibilização e a invisibilidade. Essas posições podem ser rastreadas entre aqueles que pretendem erradicar essas economias e os que propõem reconhecê-las como parte das dinâmicas urbanas atuais. Ao mesmo tempo que a visibilidade dessas economias traz uma série de dilemas que ganham a forma de estereótipos e preconceitos, há também a dificuldade de nomear práticas que misturam circuitos mercantis, modalidades de sobrevivência familiar, empreendimentos que se apropriam de saberes de autogestão e uma informalidade que torna a independência um valor. Esse cenário nos leva ao regime de visibilidade suscitado pela cidade neoliberal e à forma como esse modelo é subvertido e reconfigurado por certas práticas populares. Se as deslocalizações e os deslocamentos estão na base da heterogeneidade metropolitana no presente, que modos existem para que se tornem visíveis, no sentido de fazer valer sua capacidade produtiva e sua capacidade construtiva de cidade? Essas dinâmicas requerem uma maneira nova de ver, que seja capaz de aceitar sobreposições e lógicas contraditórias.

Cópia e fronteira

Vamos nos voltar a uma dessas sobreposições. Há alguma relação entre simulacro e fronteira? Jean e John Comaroff (2011) argumentam que a mobilidade do mundo global supõe um mercado crescente de falsificações, desde títulos e certificados de casamento até passaportes, entre outras mercadorias. Quando a governabilidade está associada a dispositivos de controle dos fluxos, a falsificação é um modo de contornar ou sabotar alguns elementos desse tipo de regulação.

Isso pressupõe que certas zonas do mundo estariam destinadas, ou melhor, teriam uma afinidade histórica com uma "modernidade falsa" na qual tudo se realiza como cópia, sob a aparência do objeto falso ou do documento apócrifo. Nesse sentido, a modernidade periférica seria quase ficcional (dentro desse esquema funcionariam os insistentes chamados para construir "um país de verdade"), e o seu duplo oposto, o território do "original", seria aquele espaço dominado pela legalidade. No entanto, o capitalismo global contemporâneo justamente evidencia esses espaços de modernidade homogênea e regulada (uma modernidade *original*) como espaços em crise, uma vez que a heterogeneidade (produtiva, social, étnica etc.), antes mantida numa área colonial exterior a essa modernidade, agora está dentro dela e prolifera em seu próprio interior. Mas, além disso, a suposta ilegalidade do Sul se revela, na economia global, como um componente mais que adequado, e inclusive constitutivo, das novas ensamblagens de poder, como denominados por Sassen (2010).

Nesse ponto, o impacto das transformações neoliberais é um dado decisivo, pois, de modo complexo, amarram uma trama de informalização crescente às dinâmicas empreendedoras — em nível empresarial e popular, sendo ambos os atores transnacionalizados — num contexto de flexibilização e espoliação de direitos.

Mas seria, então, o domínio da cópia, que prolifera nas modernidades fictícias, um acervo de experiências das quais provêm e são projetados princípios de modernidades alternativas? La Salada estaria propondo uma epistemologia própria da cópia como a ontologia verdadeira das coisas? Nessa megafeira tudo é cópia e tudo é verdadeiro ao mesmo tempo. Daí sua potência polêmica e sua carga problemática.

Diante disso, as chamadas falsificações são consideradas como tais por razões que põem em questão a própria noção do falso. Além disso, há múltiplas categorias e formas do falso em circulação. E isso se deve ao modo de produção das peças — majoritariamente têxteis, mas não só —, que são encontradas tanto no atacado quanto no varejo ou no consumo familiar. Nessa nebulosa zona de produção que dá lugar a esse imenso nó de venda e distribuição transnacional que é La Salada, a oficina têxtil clandestina ganha destaque. Abre-se um novo paradoxo: La Salada é um espaço de publicidade e expansão para uma produção que tem como marca a clandestinidade, complicando ainda mais uma simples oposição: o *original* é produzido na clandestinidade, e a cópia *falsa*, distribuída a céu aberto.

Entre a oficina e a feira prolifera todo tipo de marcas: comercializam-se peças sem nenhuma logomarca, outras com identificações especialmente produzidas para a feira, além daquelas pertencentes a marcas de roupa conhecidas, na medida em que muitas vezes os trabalhadores que confeccionam itens para essas lojas de grife recebem uma parte do pagamento em mercadoria. Pode também ser pela concorrência impulsionada pelas marcas, uma vez que estas entregam o modelo do desenho e os moldes do tecido a várias oficinas, e aquela que consegue confeccionar a peça mais rápido ganha uma espécie de licitação informal. Com isso, lotes dessas peças, ainda que inacabadas, ficam à margem, prontas para serem comercializadas no mercado paralelo.

A questão não é simples: os costureiros e costureiras que recebem essas roupas como parte do pagamento — ou que se apropriam delas aos poucos para complementar seus ganhos — são responsáveis por garantir o valor dessas peças em algum segmento do mercado. Ou seja: uma mesma peça que está fora do circuito de valorização comercial "legal" tem que provar possuir o mesmo modelo e padrão de qualidade da "original", mesmo se o preço for muito mais baixo e se, efetivamente, a garantia de serem peças *idênticas* vier dos próprios produtores. Mas o que significa *idêntica*? Nesse caso, limitamos essa noção ao modo e ao material com que foi confeccionado. Evidentemente, a ideia de *autenticidade* exige outros componentes imateriais de valorização, associados a um universo de pertencimento, a imagens que explicitam certos modos de vida e a segmentos diferenciais de público, que é aquilo que La Salada põe em discussão, a ponto de questionar, subverter ou plagiar esses elementos. Essa modalidade da economia pós-fordista — em que Maurizio Lazzarato (2006) vê a criação de mundos como elemento central do modo atual de criação de mercadorias — encontra nessa experiência de plágio massivo uma provocação irônica e desafiadora.

Em todo caso, a revenda da produção de marcas conhecidas em La Salada revela a ambiguidade da marca "verdadeira", confirmada como tal de um modo tautológico, ou seja, quando se paga um preço alto por ser de marca. No entanto, essa peça — mesmo que feita do mesmo modo e com os mesmos materiais e, na maioria das vezes, pelos mesmos trabalhadores —, uma vez tirada do circuito em que essa marca é valorizada por si só, multiplica-se numa cadeia popular e transnacional de venda e comercialização questionando o valor de exclusividade.

Nesse ponto, La Salada posiciona-se no centro de um debate mais que atual: as disputas pela apropriação da dimensão imaterial traduzidas, justamente, nas batalhas em torno dos direitos das marcas e de propriedade intelectual.[18]

Cópia e controle

O paradigma dessas peças é a vestimenta esportiva, mas, em geral, toda marca tem essa relação com a ideia de ser "original". A campanha das marcas contra a pirataria enfrenta o seguinte paradoxo:

---

[18] É chamativo o título de uma reportagem sobre o mundo da arte, "El Louvre en La Salada" (*Página 12*, 15 abr. 2012), que projeta a polêmica *salada* em relação à arte: "o *copyright*, o *copy & paste* e as novas regras que exigem o acesso à arte no mundo das corporações e do 2.0".

precisa desautorizar as peças que são confeccionadas pelas mesmas pessoas que fazem as chamadas peças "legítimas". Por ser produzida da mesma forma, a diferença recai cada vez mais no fato de que pagar caro por uma peça converte-se no último e verdadeiro ato de consumo efetivo e distinto. É um modo difícil, em que a marca deve impor sua autoridade. Também tem um peso os consumidores fiéis, dispostos a pagar um preço elevado como forma distinta de consumo frente à proliferação do consumo dessas marcas por setores sociais que, a princípio, não teriam possibilidade de acessar esses produtos diferenciados, os quais revertem sobre a peça a necessidade cada vez mais ambígua de afirmar sua originalidade, ao mesmo tempo que essa distinção requer mais elementos imateriais, na medida em que os materiais — confecção, tecido, etiquetas — são uma fonte não confiável da sua originalidade.[19]

As condições de exploração na indústria têxtil e seu estreito vínculo com a moda — que, como afirma Jacques Rancière (2010), funciona como parte da fábrica da opinião e como lugar de elaboração da diferença social — conferem aos costureiros a possibilidade de também boicotar, paralelizar e denunciar as táticas das marcas. As denúncias feitas contra as marcas, em sua maioria pela ONG La Alameda, fazem parte desse tipo de campanha, através da qual se busca visibilizar um circuito econômico que combina partes legais e ilegais, mas cujo funcionamento requer uma invisibilização para ser consumido de maneira eficaz. Essas denúncias públicas também

---

[19] A Adidas lançou uma publicidade em que uma equipe de futebol amador joga com a roupa dessa marca, mas, à medida que o tempo passa, as camisetas ficam pequenas e os sapatos estragam. A tela fica escura, e aparece a seguinte frase: "A roupa falsificada não deixa você enxergar muito bem. Se é ilegal, ela é produzida em condições ruins de trabalho e com materiais de baixa qualidade". Essas condições de trabalho, no entanto, são as mesmas da roupa "não falsificada".

procuraram ridicularizar as diferenciações entre feiras e lojas caras quando se tratava da mesma mercadoria.[20]

O seguinte relato foi contado por uma trabalhadora de uma fábrica têxtil, que trabalha formalmente para grandes marcas e de modo terceirizado em oficinas clandestinas. A fábrica, com 80% de trabalhadores migrantes, produz peças para as principais empresas esportivas multinacionais. Uma de suas tarefas é confeccionar as camisetas de um dos times de futebol mais importantes da Argentina, que organizou um grande evento para lançar seu novo uniforme. Na oficina, um dos costureiros tirou uma foto da camiseta pronta — e ainda não divulgada — com seu celular. Essa foto caiu nas redes sociais. Foi como uma antecipação clandestina para os fãs do clube. A imagem é amplamente compartilhada e o efeito surpresa do evento vem por água abaixo; o clube e a marca temem perder prestígio e o controle sobre o lançamento e a promoção do produto, o que, consequentemente, poderia influenciar no ganho de lucros. A represália recaiu sobre os trabalhadores e trabalhadoras da oficina, já que se proibiu, a partir de então, a entrada de qualquer dispositivo de comunicação, tanto celulares quanto outros aparelhos eletrônicos. O sofrimento para as trabalhadoras é duplo, pelo fato de que nessas longas jornadas de trabalho o celular é a ferramenta que têm à disposição para obter notícias de seus filhos, dar orientações sobre como cuidar deles, falar com eles, escutá-los e dizer-lhes, por exemplo, a que horas voltarão para casa.

A marca repercute na oficina ao exacerbar os mecanismos de controle, com um modo abusivo de manter uma imagem em segredo, algo crucial para a campanha promocional da peça. A sanção é a resposta

---

20 Cantava-se então: "*Que cagada, que cagada, comprás caro en Santa Fe lo mismo que se vende en La Salada!*". Santa Fe é o nome de uma avenida comercial de Buenos Aires conhecida por abrigar lojas de grife. [N.T.]

à sabotagem dos trabalhadores a esse segredo de produção, chamado classicamente de segredo industrial. Um tipo de castigo à vingança operária de serem os que confeccionam as peças os primeiros a usufruí-las e difundi-las. As falsificações massivas — com perfeccionismo crescente — mostram a defasagem entre um desejo de consumo globalizado e a gestão política de sua escassez/exclusividade.

Mimese e heterotopia

Foucault usou o conceito de heterotopia em contraposição à noção idealista de utopia. A feira, com suas clivagens e volteios, suas montagens e desmontagens, teria o estatuto de um espaço outro, capaz de instalar nas margens da cidade uma dinâmica de transações *abigarradas*. A heterotopia tem por regra justapor em um lugar real vários espaços que normalmente deveriam ser incompatíveis. Nessa sobreposição está contida uma ideia de outra ordem, sua crítica ao existente. A feira, nesse sentido, propõe um espaço de usos múltiplos e também um tempo outro, ainda que cíclico.

Por sua vez, a cópia das marcas produz um efeito simultâneo de paródia e desvalorização.[21] Diante disso, a complexidade de La Salada encontra-se na ampliação do consumo que, a princípio, estaria segmentado de forma classista (o acesso restrito às marcas),

---

[21] O caso Lacoste *vs.* Wachiturros é emblemático nesse sentido. Supostamente, a imagem da marca Lacoste estaria se deteriorando pelo fato de membros do grupo de cúmbia Los Wachiturros, cujos integrantes vêm de uma classe social popular, vestirem roupas da grife. A polêmica instalou-se com a acusação de que a marca teria oferecido dinheiro ao grupo argentino para que seus integrantes deixassem de usar roupas da marca, evitando, assim, que fosse "desprestigiada"; os cantores, em contrapartida, defenderam o direito de usar as roupas. O nome da banda vem de uma expressão que funde as palavras *guacho* (órfão, bastardo, jovem) e *turro* (má pessoa, ou pessoa incapaz), sendo usada geralmente como adjetivo pejorativo. [N.T.]

sustentada em um modo de produção em condições de exploração intensiva de trabalhadores migrantes. Poderíamos depreender dessa falsificação massiva um modo de subversão das regras de mercado ou sua ratificação por parte de setores populares?

O consumo de peças de marca falsificadas destrói o prestígio da grife original como signo de exclusividade, ao mesmo tempo que evidencia como essa exclusividade se sustenta numa exibição restrita de base classista. Isso supõe que, à medida que essa marca é desejada, usada e exibida pelas classes populares, seu valor é subvertido/ desvalorizado. É um tipo de produção da cópia que desvaloriza o original enquanto expõe o que ambos têm em comum: a forma de produção, evidenciando a disputa pela diferença deste bem intangível e cada vez mais decisivo: a construção de um modo de vida. Como assinala Hsiao-hung Chang (2004), as marcas "falsas" e o consumo das "superlogomarcas" podem "reescrever a teoria completa da mimese". Seguindo essa linha, o próprio falso se desloca em relação à diferença verdadeiro/falso, enquanto o falso "na 'globalização do falso' significa 'contrafalsificação', assim como 'apropriação'".

O falso em grande escala cria uma paisagem heterotópica, em que uma regulamentação meticulosa, mas não institucionalizada de modo tradicional, organiza o intercâmbio a céu aberto. Nem sua constituição heterogênea nem sua extensão, assim como seu aparecimento e desaparecimento no meio da noite nos primeiros anos, permitem comparar La Salada a outros espaços urbanos.

Foucault diz algumas palavras belíssimas sobre as feiras, que são comparadas ao teatro como espaços heterotópicos ligados ao tempo segundo a modalidade da festa. Verdadeiras heterotopias crônicas que são armadas à margem das cidades.

O domínio da cópia transnacional que caracteriza a megafeira da Grande Buenos Aires talvez seja um plágio daquela multidão anônima, multiétnica e móvel que povoava os barcos que fizeram do capitalismo uma empresa transatlântica. A feira conjuga, em sua composição heteróclita, todos os traços de um novo tipo de proletariado, seguramente falso se comparado àquele que se estabilizou nos tempos modernos.

Podem os feirantes falar?

Apesar de sua alta composição migrante, La Salada ganhou notoriedade nos meios de comunicação de massa através da voz de um de seus líderes argentinos: Jorge Castillo. Com ele, os feirantes conseguiram ser integrados à comitiva empresarial oficial que visitou Angola junto com a presidenta Cristina Fernández de Kirchner, em 2012. A representação da feira — sua voz política e midiática — é argentina, o que deixa na sombra a maioria de seus produtores. Tem-se aqui um conflito central: a identificação do trabalho argentino como trabalho digno, enquanto o trabalho migrante se vincula ao mote do "trabalho escravo". Daí que, fazendo eco à controvertida pergunta de Gayatri Spivak — "pode o subalterno falar?" —, não é fácil escutar as vozes dos migrantes quando se fala publicamente de La Salada.

O que revelam as frequentes aparições de Castillo na imprensa é também a lógica expansiva que promete ser o futuro da feira: o dirigente revelou mais de uma vez aos meios de comunicação que já conseguiu terrenos em Miami para instalar uma sucursal de La Salada e, ainda mais importante, anunciou a incorporação do ramo de alimentos como parte da oferta da feira. O argumento com que se busca legitimar a expansão é duplo: por um lado, acentua-se a ampliação do consumo popular, ao mesmo tempo que se atribuem os sobrepreços às intermediações corporativas (sindicatos, comerciantes etc.), o que obtém maior repercussão num contexto de inflação crescente; por outro lado, desvela-se que a modalidade produtiva que possibilita a existência de La Salada (flexível, precária, sustentada por um autoempresariado variado etc.) está na base da maioria dos circuitos produtivos e, portanto, não é algo exclusivo da feira. No caso do futuro e promissor mercado de alimentos de La Salada, sob o *slogan* "Do campo ao consumidor", isso colocaria em marcha uma das aspirações difundidas durante a crise pela economia social, mas que não se conseguiu estabelecer em grande escala.

Mas voltemos à voz: nesse sentido, torna-se central o papel das rádios comunitárias, orgânicas à economia que vai da oficina à feira. Nelas, nos deteremos mais adiante, porque é nesse espaço que os feirantes tramam um lugar de enunciação.

De qualquer maneira, a mudez clássica com que se representa o subalterno — com sua contraparte de invisibilização — deu lugar, nas últimas décadas, segundo a hipótese de Beatriz Jaguaribe (2007), a uma hipervisibilidade fundada em novas "estéticas do realismo". Estas surgem para narrar a experiência metropolitana e suas vidas anônimas num mundo global saturado de imagens midiáticas. No caso do Brasil, analisado por Jaguaribe, esses novos padrões estéticos coexistem com práticas mágicas e com um imaginário carnavalesco. Mas esses códigos do realismo, "como forma narrativa do cotidiano", têm características não tradicionais: não são utópicos, não são apoiados por culturas letradas e têm a intensidade dramática de uma realidade percebida como mais vital. À diferença do realismo de outras décadas, não há um experimentalismo estético, mas sim uma vontade de desconstruir clichês. A proliferação de imagens tem uma dimensão de "inclusão visual": visibiliza sujeitos e experiências que, apoiando-se na legitimidade do testemunho e na presunção de sua autenticidade, exploram uma nova capacidade de produzir imagens.

Pode-se dizer, então, que as noções de *invisibilização* e *mudez* sofrem de certo anacronismo para pensar os mundos subalternos nas cidades latino-americanas? Jaguaribe sustenta que a moda dos *favela tours*, por exemplo, deve-se a que, no capitalismo contemporâneo, a pobreza, a exclusão e a violência local são também ressimbolizados como parte de "comunidades autênticas". Há um ponto observado pela socióloga brasileira para as favelas que nos interessa refletir sobre o caso de La Salada: seriam esses espaços lugares privilegiados de disputa, na medida em que, neles, os ideários e imaginários de modernidade fracassaram e foram reinventados? Será que tornam visíveis a derrota de uma modernidade inclusiva e normativa ao mesmo tempo que experimentam formas de inclusão fora da norma — algo que também Carlos Monsiváis (2006) assinalou para o México com relação aos vendedores de DVDs falsificados? Poderíamos dizer que há muito mais que uma cartografia da exclusão para se pensar a proliferação de outras formas de consumo, de produção de imagens e de espaços-momentos de bem-estar a partir das bases, da negociação de regras e de construção de uma visibilidade que anuncia outra perspectiva?

Sobre o comum

Como se articula essa economia com os saberes comunitários em jogo, que serão fundamentais para a produção e para a sustentação de formas de trabalho de intensa exploração? Esses saberes também tiveram derivações diversas, como repertório de formas de organização territorial autogeridas e de constituição de um mercado popular que possibilita certos consumos em escala de massas. É justamente esse ponto de permanente ambivalência e oscilação, de perfil ao mesmo tempo arcaico e pós-moderno, democratizante e reacionário, que se recombinará como um modo flexível e variável de produção comunitária, popular, plebeia.

Contudo, sobre o que se produz essa ambivalência? Para Raquel Gutiérrez Aguilar (2011), o âmbito comunitário reúne "princípios operativos", certos modos "de organização da vida social, produtiva, política e ritual" que foram mantidos em nosso continente por causa de tradições antigas e que, ao mesmo tempo, são extraordinariamente flexíveis e dinâmicos e têm uma capacidade de contaminação, expansão e reinvenção que constitui a chave de sua atualidade. Este fazer social comunitário se sustenta em uma nova economia da reciprocidade que "esboça tendencialmente uma trama expansiva de circulação de bens materiais e simbólicos na qual, por sua vez, tais bens tendem a ser crescentes". Essa economia complexa projeta traços de autonomia e autodeterminação, exibe procedimentos de decisão coletivos e também põe em jogo um debate sobre a riqueza.

Nesse ponto, não é por acaso que a perseverança no fazer social comunitário se mistura hoje com um amplo debate político e teórico acerca do *comum*, como noção que extrapola a divisão clássica e liberal entre o público e o privado e como chave de uma produção cada vez mais socializada e dependente de complexas redes de cooperação. Também aqui se pergunta: que noção operacionaliza o comum? A "equivocidade", como tensão entre significações opostas (Balibar & Negri, 2010), e as "singularidades ético-políticas" reunidas no fazer social multitudinário, que coexistem com as apropriações de um "comunismo do capital" (*idem*), assinalam esse terreno de disputa e ambivalência. Entretanto, não permitem esquecer que a luta acontece hoje passando pela "construção e destruição" do comum (Reyes, 2010).

Enfatizamos a noção de *operativo* que aparece nessas definições, porque é nela que está a chave: o comunitário, em sua capacidade de exibir e ampliar modos de fazer. Com isso queremos assinalar que, quando falamos em ambivalência do comum, não estamos fazendo uso de um artifício retórico ou de uma pirueta teórica, mas destacando até que ponto estão em disputa formas sociais do fazer coletivo com capacidade de construir autonomia e apropriar-se da riqueza social. E que, ao mesmo tempo, se queremos compreender sua complexidade operativa, não podemos estar alheios às suas debilidades e perversões, às suas clivagens e contradições. Porque o ponto de partida é claro: nesses modos existe uma potência vital capaz de inaugurar e desenvolver outras lógicas, outros tempos, outros espaços frente à hegemonia neoliberal.

Na economia que vai da oficina à feira, existem tensões entre a produtividade e os usos do comunitário, capazes de organizar formas de exploração e negócio, de microempresa e de progresso econômico. A ambivalência do comunitário repousa, assim, na capacidade de ser tecido com uma dinâmica oportunista no sentido estrito — e não no sentido moral — da palavra: como uma propensão à captura da melhor opção. Como argumentou Virno (2003a), o oportunismo e o cinismo no pós-fordismo expressam sentimentos públicos porque constituem os modos ambivalentes de ser que correspondem a processos de socialização da força de trabalho. Uma força de trabalho que se vê obrigada justamente a ser oportunista com relação à contingência, e cínica frente às regras universais e fixas para poder sobreviver e prosperar.

Capital comunitário e acumulação fractal

No caso particular da migração boliviana, protagonista de La Salada e das oficinas têxteis, também migra e é reformulado um "capital comunitário", caracterizado, como assinalamos, por sua ambiguidade: é passível de funcionar em termos de autogestão, mobilização e insubordinação, e também como modalidade de servidão, sujeição e exploração.

Como dissemos, são os atributos comunitários em sua acepção flexível que compõem uma paisagem do novo proletariado migrante, ao mesmo tempo político, vicinal, familiar e deslocalizado. Esse acervo torna-se capital sob formas variadas, capitalizando justamente saberes e práticas consideradas arcaicas, pré ou antimodernas, como matéria de adaptação e reinvenção de formas de produção, circulação e consumo.

A forma pela qual caracterizamos esse traço comunitário exibe o caráter problemático dessa mesma noção posta em funcionamento na cidade (ou seja, extraindo-lhe suas conotações estritamente rurais), envolvida em práticas e transações de mercado (ou seja, alijando-as de um circuito fechado de reciprocidades) e ligada às trajetórias migrantes (ou seja, deslocando-a de seu apoio e identidade puramente territorial).

Nossa hipótese é que há um *plus* para as economias populares, em sua destreza de inovação e informalidade, que tem a ver com o que foi apresentado por essas modalidades que haviam sido deslocadas ou marginalizadas enquanto o padrão do trabalho assalariado se estendia como norma majoritária. Elas também não podem ser encaixadas em uma matriz "solidária", já que nos parece uma categoria débil, do ponto de vista da antropologia política, para assumir a complexidade do que chamamos de economias barrocas, como composição de práticas heteróclitas.

"La Salada é um lugar de sobrevivência sem regras", me disse um financista que abriu uma loja ali. Apesar disso, ele também disse que a feira "fornece um tipo de educação financeira excepcional: justamente por não ter regras". O *cuentapropismo* andino, enquanto experiência histórica, posto em relação com o território da Grande Buenos Aires em meio à crise, foi o espaço-tempo em que essa versatilidade financeira encontrou uma oportunidade de progresso. Além disso, o que se expressa nessas economias é a racionalização de diversas economias reprodutivas como economias imediatamente produtivas.

Um passo adiante na argumentação nos leva a perguntar de que tipo de acumulação esse capital que chamamos comunitário é capaz. Segundo Gutiérrez Aguilar (2011), pode-se pensar que a dinâmica da economia popular-comunitária produz um sistema de acumulação fractal. Isso significa que a acumulação não segue uma lógica progressiva e linear, mas "espirais m-d-m associativos". Se fizéssemos uma esquematização seguindo dois modelos matemáticos, diríamos que há um crescimento geométrico e outro exponencial. O crescimento geométrico pode ser pensado como o padrão que segue a acumulação do capital industrial, enquanto o capital financeiro tende, sem nunca realizá-lo por completo, a crescer exponencialmente.

A hipótese da acumulação fractal funcionaria para pensar um modo de acumulação que, tendo chegado a um certo ponto, desloca a acumulação de capital em direção a outros núcleos associativos (familiares, de vizinhança, de amizade) cuja qualidade diferencial é seu caráter fortemente vinculante, abandonando, desse modo, a forma canônica de crescimento geométrico. Isso daria sentido a um deslocamento da acumulação como motor de pequenos e médios empreendimentos que, como num jogo de caixas chinesas, possibilita reproduções em pequena e média escala. É assim que podemos caracterizar o modo de crescimento e proliferação de La Salada. Cada ponto de acumulação daria lugar a uma nova série que seria dependente de seu início, que, por sua vez, relançaria a si mesma como um novo ponto de partida. A acumulação, sob a figura fractal, não teria como propósito unidimensional o aumento e a concentração de capital, mas sua multiplicação, funcionando de modo entrelaçado e possibilitando uma lógica de multiplicação de escalas. Resta-nos saber se esse caráter fortemente associativo como dinâmica de acumulação pode se contrapor à figura propriamente capitalista do "individualismo possessivo".

Essa geometria fractal da acumulação, além de permitir pensar os processos em termos não estritamente lineares, introduz uma certa noção de temporalidade circular. Essa temporalidade, definida por cada espiral de interação na reprodução fractal, pode, porém, ser quebrada para desdobrar-se ou converter-se em uma dinâmica de acumulação tradicional. A investigação desse movimento é um ponto central, no qual têm um papel-chave, por exemplo, a contenção estatal do território — a delimitação das fronteiras de La Salada pela Gendarmería — e a tentativa de empreendimentos mais "formais" dentro da própria feira, como a nova construção do galpão Tunari, que busca ser mais sóbrio e menos "feirante" que o resto das construções.

O modo de acumulação fractal que imaginamos seria um modo de proliferação que funcionaria como garantia de limite ou fronteira dinâmica da acumulação e, ao mesmo tempo, uma modalidade que assegura uma regeneração do mercado de trabalho: engaja e organiza trabalhadores num contexto de informalização e mutação de instituições estatais que recriam uma lógica de exploração, correndo por fora de toda norma de trabalho contratual tradicional, abrindo uma gama de misturas de formas contratuais e salariais, e viabilizando por baixo um fluxo laboral flexível que se articula às dinâmicas comunitárias, historicamente familiarizadas com territórios sem instituições de bem-estar (*welfare*).

La Salada, desse ponto de vista, é uma produção de *welfare* de baixo para cima. Isso acontece porque essa feira, enquanto zona, concentra um saber fazer produtivo que se desenvolve como invenção veloz de formas econômicas, onde produção e reprodução se fundem, vinculadas a táticas de resolução simultânea da vida e do trabalho, do trabalho e da vida. A acumulação fractal, assim, parece coincidir com o que assinalamos mais acima: as políticas de autogestão surgem para remediar as atividades e os serviços de reprodução — educação, saúde, segurança, transporte —, de modo que os trabalhadores se veem obrigados a assumir os custos dessa reprodução. Entretanto, essa tese, presente nesse tipo de práticas comunitárias, volta a colocar-nos diante da ambiguidade de um impulso autônomo que é incapaz de distinguir vida e trabalho, não apenas como efeito da astúcia espoliadora do capital, mas também como tradição auto-organizacional não centrada no estado.

Essa simultaneidade entre o produtivo e o reprodutivo — que se rompe quando se instalam a distinção moderna entre a vida política e civil e a reprodução como âmbito social natural (Hegel *dixit*) — reaparece sob novas modalidades. Mas a pergunta é, para seguir com Gutiérrez Aguilar, e com ela avançar: como se vincula o plano doméstico-reprodutivo ao plano do comum?

Na hipótese da acumulação fractal, o que define o ponto de saturação e a passagem a um novo núcleo de acumulação? Que regra interior fixa essa medida ou seu limite? Uma hipótese é que a intervenção do estado busca acelerar esse ponto de saturação quando contém territorialmente o espaço onde se expande a acumulação fractal. O que aconteceria se esse limite não aparecesse?

Nessas situações que estamos analisando, a questão é: como essa molecularidade produtiva coagula e é aproveitada por uma lógica da servidão e exploração (de marca) capitalista?[22] E, fazendo essas perguntas a um campo mais abstrato: que tipo de desafio esta lógica impõe à lógica da acumulação capitalista? A lógica da acumulação fractal empurraria na direção de uma dinâmica de desmonopolização ou de dispersão? Teria vínculo interno com a própria dinâmica da migração?

---

22 Não está claro se o mesmo cenário é reproduzido no caso da Bolívia: seria preciso fazer uma comparação com o que ocorre entre a feira de Uyustus ou de 16 de Julho com La Salada.

Ensamblagem e agenciamento

O modo de funcionamento dessas economias, em que La Salada aparece como um nó especialmente experimental, requer um alto nível de logística, isto é, de coordenação de processos, recursos e atores (Tassi, 2012). Em outras palavras, a logística implica o problema da articulação de segmentos. É essa gestão do contato entre elementos diversos o que também dá uma dimensão da complexidade dessa informalidade que, vale a pena repetir, deve despojar-se de uma imagem de pura improvisação, transitoriedade e simplicidade. Do serviço de transporte interno da feira — os *carreros* [carregadores] — ao transporte dos comerciantes que vêm do interior da Argentina e dos países vizinhos, dos mecanismos legais e não legais de importação à rede de distribuição, fornecimento de mercadoria e negociação do espaço dentro da feira, da rede de serviços e empregos em seu interior aos modos de negociação tributária e de manejo com as autoridades governamentais, o que vemos desenvolver-se é uma heterogeneidade de articulações que exigem repensar as formas de produção de valor, de inclusão dessa diversidade produtiva no poder de mando capitalista e de formas que inibem, contrariam e inclusive resistem a essa inserção.

Faz sentido pensar essa paisagem, já caracterizada como um território que aloja múltiplas modalidades de trabalho — como uma pele manchada de leopardo, para usar a imagem de Paolo Virno —, a partir da ideia de *ensamblagem*. A noção de ensamblagem põe em relevo "essa interminável, contingente e mutante articulação de um conjunto de elementos heterogêneos (tecnologia, territórios, populações, modos de produção econômica) que está na base da constituição do capital global contemporâneo" (Ong, 2006). Assim, conecta de modo sistemático o que costuma pensar-se de modo separado — economias locais *versus* capital global —, enquanto concentra sua atenção no problema da coordenação tanto territorial quanto extraterritorial, de dinâmicas materiais e imateriais.

Contra a ideia de que a globalização universaliza processos, a categoria de ensamblagem permite esquadrinhar o olhar da unificação e homogeneização para deter-se nas articulações específicas, com suas características e conexões parciais e temporais. Nesse ponto, Sassen (2010, p. 483) traça um vínculo fundamental entre a decomposição da unidade estatal-nacional e a produção de "tipos particulares de territorialidade", onde se misturam elementos globais e nacionais, produzindo tipos novos de articulação entre território, autoridade e direitos. Estes termos, analisados em separado, desnaturalizam a ideia de uma constituição nacional do território, da autoridade e de direitos, e permitem analisar os diferentes graus de desnacionalização de cada segmento. De modo que o global e o nacional podem ser estudados a partir de ensamblagens concretas entre esses três componentes-chave (*Ibidem*, p. 26). A desarticulação entre a territorialidade tradicional e o nacional é produzida por essas novas ensamblagens que: i) ensamblam elementos globais e nacionais; ii) combinam ordens espaço-temporais — velocidades e alcances — diferentes; iii) são capazes de produzir novas zonas de intervenção para as quais não há regras definidas; iv) também conseguem produzir novos atores; e v) de tal modo que as capacidades existentes são reformuladas sob novas lógicas de organização (*Ibidem*, pp. 486-7).

Assim, analisar os territórios permite enraizar, a partir da categoria de lugar e de processos de trabalho, "uma geografia de territórios em escala global" (*Ibidem*, p. 126) e, sobretudo, permite pensar o global através de suas articulações concretas em nível territorial a partir dos modos pelos quais se conectam economias e lugares, trajetórias e políticas. Para além da ideia plana e neutra do espaço, a ensamblagem possibilita um olhar micro-macro simultâneo, levando em conta os segmentos postos em contato, suas modalidades descontínuas de produzir processos e, finalmente, a produtividade específica dessa forma fragmentada e móvel que assume a produção de valor e a produção de subjetividade.

Tal geografia se converte então numa *geoeconomia*, atravessada por linhas de grande diferenciação entre si e que incluem de maneira decisiva reiteradas saídas, escapes ou fugas do território. Um ponto fundamental para pensar a lógica das ensamblagens é o vetor de movimento, já que o processo de decomposição ou desnacionalização a que se refere Sassen requer visibilizar também o movimento ou impulso desse desarme do território estatal-nacional a partir de uma dinâmica de desterritorialização ou saída dos territórios da força de trabalho, que obriga, também de maneira nova, à fuga de capital e à criação de espaços, direitos e regimes de autoridade que sigam estas novas velocidades e mobilidades.

A noção de ensamblagem, por outro lado, assume a heterogeneidade como regime de existência das coisas. Daí a necessidade, uma vez ou outra, de produzir articulações, contatos, conectores. Nesse sentido, *a ensamblagem é uma lógica relacional (não substancial)*. Gilles Deleuze afirma que uma ensamblagem é uma "multiplicidade feita de termos heterogêneos que estabelecem relações entre si através de idades, sexos e reinos — de diferentes naturezas. Então, a única unidade da ensamblagem é um cofuncionamento: é uma simbiose, uma 'simpatia'. As filiações nunca são importantes, mas as alianças sim; não são sucessões, linhas descendentes, mas contágios, epidemias, o vento" (*apud* DeLanda, 2006, p. 69).

Para Manuel DeLanda, a noção de ensamblagem funciona como contraponto à clássica conceitualização das totalidades orgânicas. "A razão de ser da teoria das ensamblagens é, em parte, evitar termos como 'o poder', 'a resistência', 'o capital', 'o trabalhador'." Evita, assim, reificações para mostrar lógicas de funcionamento (Farías,

2008, p. 84). Definido desta forma, o conceito de ensamblagem[23] apresenta duas dimensões:

i) Uma composta por dois eixos ou polos, denominada, em um e outro extremo, *material e expressivo*:[24] são papéis variáveis e podem existir misturados, isto é, um dos componentes pode cumprir uma função expressiva e material mista ao exercer capacidades distintas;

ii) Outra dimensão está composta por processos variáveis denominados *territorialização e desterritorialização*: uma ensamblagem pode ter componentes que trabalham para estabilizar sua identidade e outros que o forçam à mudança, inclusive transformando a própria ensamblagem.

Interessa-nos a definição literal que DeLanda (2006, p. 13) fornece dos processos de territorialização como "processos que definem ou dão forma às fronteiras espaciais dos territórios atuais"; por outro lado, refere-se também "aos processos de segregação que incremen-

---

[23] A ensamblagem, em primeiro lugar, está caracterizada por *relações de exterioridade* frente às relações de interioridade das totalidades orgânicas. Por relações de exterioridade, DeLanda entende: i) que um componente de uma ensamblagem pode ser desconectado ou desarticulado e acoplado a um componente diferente, onde suas interações serão distintas. Portanto, implica certa autonomia dos termos; ii) que as propriedades dos componentes nunca podem explicar as relações que constituem um todo, ainda que possa ser causado pelo exercício das capacidades dos componentes; iii) que a relação entre componentes é apenas *contingentemente obrigatória* — e não *logicamente necessária*; iv) que a heterogeneidade dos componentes é uma característica importante (DeLanda adverte: "Não tomarei a heterogeneidade como uma propriedade constante das ensamblagens, mas como uma variável que pode adquirir diferentes valores").

[24] O polo expressivo não se reduz à linguagem e aos símbolos, já que há expressões sociais não linguísticas.

tam a homogeneidade étnica ou racial de um bairro". Para DeLanda, a teoria da ensamblagem evita uma taxonomia de essencialismos. Mas mostra, sobretudo, que a identidade de uma ensamblagem, em qualquer escala, é sempre produto de um processo (territorialização e, às vezes, codificação) e, portanto, é sempre precária, na medida em que outros processos podem desestabilizá-la (desterritorialização e decodificação). Nesse ponto, o "estatuto ontológico das ensamblagens é sempre *singular* (*Ibidem*, p. 28). Ou, dito de outra maneira, conforma o que se chama uma *ontologia plana*[25] (*Ibidem*; Escobar, 2003).

La Salada, a partir da dinâmica da ensamblagem, pode ser vislumbrada como uma "estrutura do espaço de possibilidades", o que significa que as possibilidades de uma ensamblagem, diferentemente das propriedades, não estão dadas, mas que são justamente possíveis ainda quando não são efetuadas e surgem da interação. La Salada é, portanto, uma estrutura de oportunidades.

As ensamblagens são espaços complexos, com *invariantes topológicas*, ou seja, *singularidades universais*, nos dizeres de Deleuze: "Assim, enquanto pessoas, comunidades, organizações, cidades e estados-nação são todos singularidades individuais, cada uma dessas entidades estaria vinculada também a um espaço de possibilidades caracterizado por suas dimensões, representando seus graus de liberdade, e por um conjunto de singulares universais. Em outras palavras, cada uma dessas ensamblagens sociais possuiria seu próprio diagrama" (*apud* DeLanda, 2006, p. 30).

---

[25] Segundo a definição de DeLanda, "uma ontologia na qual só há singularidades individuais é, nesse sentido, plana. É o que Deleuze chama de plano do atual ou plano de referência. Além disso, necessitamos de outro plano, o plano do virtual (ou plano de imanência), constituído por singularidades universais. Esse outro plano seria como o 'outro lado' ou o avesso do primeiro, imanente ao plano atual, jamais formando uma dimensão transcendente. É nesse sentido que a ontologia é plana". Ver também Farías (2008, p. 83).

Dessa perspectiva, a opção divergente micro e macro — ou a opção entre holismo *versus* individualismo (Dumont, 1982) — desvanece. O que importa é, antes, a relação entre o micro e o macro (DeLanda, 2006, p. 32). Essas duas noções passam a ter sentido ao serem vinculadas às escalas variáveis e não às entidades fixas, a "certa escala espacial e temporal" (Farías, 2008, p. 81). Se as ensamblagens são lógicas de articulação do heterogêneo, simultaneamente produzem e inscrevem-se em escalas,[26] isto é, espaços e dimensões sobre os quais se define um mapa de ações, de interdependências, de vínculos, recursos, tecnologias e políticas.

Neoliberalismo e economia informal

O sistema microfinanceiro na Argentina não se desenvolveu como na Bolívia, onde o impulso ao microcrédito foi parte das políticas neoliberais e conseguiu capturar e capitalizar uma extensa rede

---

[26] Se a noção de ensamblagem relança a noção mesma de escala, as perspectivas feministas são essenciais porque introduzem a escala como efeito de uma luta, de uma parcialidade subjetiva, como veremos mais adiante. Para o caso da cidade, diz Gerda R. Wekerle: "Para os relatos da cidade neoliberal, é central o conceito de escala, profundamente generalizado e associado aos discursos masculinistas da competitividade mundial, articulado à escala da cidade, da nação e dos fluxos do capital internacional. Por outro lado, a política de escala feminista baseia-se no uso ativo e hábil de estratégias políticas de múltiplas escalas que reconhecem as relações entrelaçadas e mutuamente constituídas do corpo, da unidade doméstica, do bairro, da cidade, das escalas nacional e mundial (Marston & Smith, 2001)". E acrescenta: "Eric Swyngedouw (1997) argumenta que necessitamos centrar-nos nas lutas mediante as quais se produzem escalas nas lutas sócio-espaciais pelo poder. Insiste em prestar maior atenção às formas como os movimentos sociais questionam a reescalação e o processo de globalização, assim como as formas em que os movimentos buscam saltar as escalas e vinculá-las. De acordo com ele (p. 142), 'é claro que o poder social ao longo das linhas de gênero, classe, etnia ou ecologia refere-se às capacidades em escala dos indivíduos e dos grupos sociais'".

de micropráticas populares vinculadas ao comércio, aos serviços e à produção comunal (Toro, 2010). Como parte do programa de ajuste estrutural e privatizador, a Bolívia promoveu o autoemprego e a economia informal a partir de políticas impensáveis para a Argentina, onde a cultura do trabalho (chave do peronismo histórico) atrasou e criou obstáculos a uma avaliação positiva dessas dinâmicas, embora o neoliberalismo argentino também tenha desmantelado os grandes núcleos de trabalho assalariado formal, produzindo cifras recordes de desemprego.

Na Argentina, essa economia informal se fez visível e adquiriu a escala de fenômeno de massas por efeito da crise, a partir da forte desmonetarização que o país viveu.[27] A partir daí, difundiu-se uma série de instituições econômicas inovadoras (de poupança, intercâmbio, empréstimo e consumo), que misturam estratégias de sobrevivência com novas formas de empresariado popular e formas brutais de exploração. O fortalecimento econômico dos últimos anos não fez com que desaparecessem. Pelo contrário, foram incorporadas e promovidas na articulação econômica. O conglomerado que funciona entre La Salada e as oficinas têxteis clandestinas faz parte dessa série.[28]

---

[27] É preciso lembrar que em plena crise e depois do *corralito* bancário funcionaram diversas moedas locais, algumas provenientes das experiências de escambo, com reconhecimento municipal; outras foram os bônus emitidos por diversos governos estaduais para pagar seus funcionários. O *corralito* foi uma medida de congelamento dos depósitos bancários, restringindo as quantias disponíveis para saque pela população, e que foi aplicada durante a crise de 2001. [N.T.]

[28] Mesmo assim, essa modalidade de trabalho estende-se a outros ramos, especialmente ao setor agrícola. No verão de 2011, vieram à tona através de diversas denúncias as condições de "trabalho escravo" em que se encontravam centenas de trabalhadores rurais contratados por multinacionais como Du Pont e Nidera (Aranda, 2011).

A expansão dessa economia informal combina a pequena escala de negócios familiares com fábricas e oficinas pequenas e médias (que não almejam mudar de escala), e circuitos comerciais de importação e exportação. Essa economia, como já assinalamos, tensiona a lógica do visível/invisível e permite ser pensada como uma alteração do regime do visível.

Contra a interpretação vitimista das economias populares, que as leem somente como formas de exclusão, a informalização da economia emerge, sobretudo, de uma força de desempregados e mulheres que pode ser lida como uma resposta "de baixo" aos efeitos espoliadores do neoliberalismo. Podemos sintetizar a situação na seguinte passagem: do pai provedor (a figura do trabalhador assalariado, chefe de família, e sua contraparte, o estado provedor) a figuras feminizadas (desempregados, mulheres, jovens e migrantes) que saem para descobrir e ocupar a rua como espaço de sobrevivência e, nessa busca, expressam a emergência de outras lógicas vitais. Nessa passagem, por sua vez, produz-se uma nova politização: são atores que tomam a rua como espaço público cotidiano e doméstico ao mesmo tempo, rompendo com a clássica cisão topográfica do privado como privado da rua, do que é público. Sua presença nas ruas muda a paisagem.

O impacto urbano é notável: as cidades se veem transformadas por essa nova maré informal, predominantemente feminina, que com suas andanças e transações redefinem o espaço metropolitano, a família e o lugar das mulheres. Também é imprescindível a presença migrante nas dinâmicas dessas economias. Sua contribuição é substancial na medida em que as iniciativas da economia informal constituem uma trama que barateia e possibilita a vida popular nas cidades (Galindo, 2010). O neoliberalismo explora e aproveita essa nova (micro) escala da economia, da mesma forma que as classes populares, ou os pobres das cidades, desafiam a cidade e, muitas vezes, lutam por produzir situações de "justiça urbana", conquistando um novo "direito à vida" e, nesse sentido, redefinindo a própria paisagem urbana.

Esse espaço da cidade, que se torna *abigarrado* por abrigar economias de muito dinamismo, também se torna mais complexo em termos de temporalidade. A estratégia econômica de um trabalhador pode ser informal por temporadas (vinculada a calendários de eventos, acontecimentos, estações etc.) sem deixar de lado aspirações de formalização, também parciais e temporais. Nesse sentido, a descontinuidade é um de seus signos característicos.

Empreendedores, empresários e cidadãos

"La Salada é argentina!", diz a capa do primeiro número da revista *La Salada*, de outubro de 2010. A frase sintetiza um conflito de muitas arestas. Por um lado, a queixa de várias agrupações empresariais argentinas reunidas na Confederación de la Mediana Empresa (Came), que denunciam a impossibilidade de competir com as condições de fabricação, venda e distribuição de La Salada. A acusação sobre os trabalhadores estrangeiros — funcionários das oficinas, costureiros e feirantes — de serem responsáveis por essa competição é explícita, embora a maioria dessa trama migrante trabalhe, ainda que não só, para marcas "argentinas".

Uma segunda posição é representada por certa retórica do liberalismo político que não condena *a priori* a informalidade, já que a considera uma espécie de zona de contenção para os setores pobres. Alfonso Prat-Gay (2009), ex-candidato das eleições legislativas pela Coalición Cívica y Social, ex-presidente do Banco Central, indicado como candidato a ministro da Economia por mais de uma força partidária e funcionário do banco JP Morgan durante a crise de 2001, fez essa defesa de La Salada. Seu argumento central é considerar "empreendedores" aqueles que participam da megafeira. Acrescenta que, se não estivessem ali, seriam criminosos em potencial: "Se continuarmos reprimindo La Salada, estaremos fomentando o *paco* [droga disseminada entre as camadas mais pobres na Argentina] e a violência nas *villas*". Assinala que se trata da "informalidade dos excluídos": "Definir como ilegal a informalidade dos vulneráveis [...] é dizer a eles que, como ser pobre é ilegal, que se tornem de fato criminosos". Seu pedido é de estrita coerência neoliberal: "É impossível ser a favor da microempresa e estar contra La Salada".

Pelo contrário, os comerciantes argentinos argumentam que o governo deveria defendê-los por serem representantes da indústria nacional. A Came emitiu uma nota para refutar as declarações de Prat-Gay.[29] O titular da entidade, Osvaldo Cornide (2009), assinalou, por sua vez, que "todos os empresários, empreendedores e cidadãos que estavam preocupados com a concorrência desleal causada pela venda clandestina no comércio organizado ficamos ainda mais preocupados depois de ler o artigo do doutor Alfonso Prat-Gay". O título do artigo sintetiza a questão nodal do embate: "O comércio clandestino não é um empreendimento". Os argumentos de Cornide estabelecem um estatuto de igualdade entre "empresários, empreendedores e cidadãos" que exclui e traça uma fronteira em relação àqueles que povoam La Salada, e que Cornide considera dedicados a atividades clandestinas, ilegais. Integrantes da Came se sentem traídos por aqueles que diluem essa

---

[29] "Rechaçamos energicamente as afirmações do senhor Dr. Prat-Gay, publicadas no jornal *Clarín* no dia 31 de março de 2009, que justificam o contrabando, a evasão tributária, a falsificação e a informalidade extrema que são praticadas em La Salada. O comércio e a indústria organizados consideram que aos grupos sociais excluídos — hoje usados por fortes interesses clandestinos — devem ser oferecidas opções produtivas para que sejam integrados. A própria Comunidade Europeia qualificou La Salada como a maior feira ilegal do mundo". Disponível em <http://www.redcame.org.ar/images/noticias/volante_lasalada2009.jpg>.

fronteira: "Surpreende que seja o ex-presidente de uma instituição como o Banco Central quem minimize o sentido ético do que significa a cultura de 'pagar impostos', de 'respeitar os direitos', de 'combater a pirataria', de encontrar saídas trabalhistas para os empreendedores que estão nestes prédios".

O pedido de fiscalização do empresário contesta a ideia de que La Salada é uma organização produtiva. Situando-a como um mero efeito do subdesenvolvimento, Cornide emprega uma linguagem de pobreza — fala dos feirantes como excluídos, carentes, vulneráveis — para apagar o caráter "empreendedor" de seus realizadores, e rechaça a feira como alternativa econômica, sobretudo assinalando sua "indignidade".[30] Jorge Castillo, administrador de Punta Mogote, um dos setores de La Salada, respondeu à investida empresarial dizendo que nos comércios do centro da cidade também há uma elevada informalidade, enfatizando a condição informal como intrínseca a toda a economia e a todas as zonas da cidade, e não como qualidade exclusiva de setores marginais ou bairros periféricos.

A feira revela-se uma zona promíscua e, ao mesmo tempo, revela essa condição da cidade. A promiscuidade — sem conotação moral — a que nos referimos expressa o caráter *abigarrado* do espaço da feira. Efeito da indistinção que surge da recombinação contínua de

---

[30] Segundo Cornide (2009), "La Salada é consequência de uma debilidade social profunda que persiste na Argentina. Mas é preciso fiscalizar o que se vende, regulá-la e buscar a maneira de expor aqueles que dirigem estas feiras, que são grandes e poderosas máfias econômicas. Devemos buscar opções para os grupos sociais excluídos. Aqueles que acreditam em um país produtivo, em um país onde a dignidade seja um direito para todos, resistimos a pensar La Salada como alternativa. O subdesenvolvimento não se supera com mais subdesenvolvimento, e a vulnerabilidade não se combate com mais vulnerabilidade. As famílias carentes merecem oportunidades. Não nos conformemos com as opções disponíveis, disponibilizemos para eles opções melhores."

circuitos mercantis, modalidades de sobrevivência familiar, empreendimentos que se apoiam em saberes de autogestão, e uma informalidade que faz da independência um valor.

A informalidade é sobretudo heterogeneidade: autoemprego, microempresas, contrabando, atividades clandestinas. Entretanto, a informalidade não pode ser pensada como o outro radicalmente distinto da formalidade. São modalidades que hoje se contaminam mutuamente, se articulam e complementam. Para tanto, mais que opções contrapostas, convém analisá-las em suas ensamblagens concretas. Nesse ponto, dilui-se também o binômio clássico entre economias visíveis e economias submersas, a favor de uma articulação de visibilidades mais complexas que a cidade neoliberal explora e, ao mesmo tempo, excede.

Apontamentos cartográficos

Um trabalho multidisciplinar, realizado pelos coletivos Rally Conurbano e Tu Parte Salada — majoritariamente compostos por arquitetos e urbanistas — entre 2005 e 2008, com o propósito de avaliar a "evolução geopolítica desse centro (sub)urbano", e a relação entre a sequência que vai da desocupação à ocupação espontânea e, depois, à ocupação planificada do espaço do antigo balneário, apresenta signos relevantes do ponto de vista de uma cartografia intensiva da zona (D'Angiolillo & Dimentstein *et al.*, 2010).

Um deles é que, embora se trate de uma feira que começa com poucos recursos e de forma quase artesanal, hoje "opera em sincronia com centros mundiais de comércio não hegemônico": Los Altos, em La Paz, na Bolívia, ou Oshodi e Alaba, em Lagos, na Nigéria, ou com a província chinesa de Guangdong, a maior zona de produção de mercadorias do sistema mundial não hegemônico. "La Salada configura-se, então, como centro de uma rede de feiras regionais e, ao mesmo tempo, como nó de uma rede global de comércio informal" (*Ibidem*, p. 10).

Em seguida, remarcam sua *inexistência* no registro cartográfico (guias e mapas de uso corrente, assim como plantas municipais), na medida em que escapam às lógicas usuais do uso planificado da cidade: "Assim, sendo La Salada uma feira que, entre outras, move-se à margem da aplicação rigorosa das leis de marcas e da legislação trabalhista, e, portanto, opera num limite conflitivo com a ilegalidade, não está contemplada no registro cartográfico público da década de 1990. Nenhum fenômeno marginal relativo às políticas estatais é registrado: os bairros emergentes figuram como extensos parques, como parte do rio ou como áreas ociosas. São fenômenos que vão além da lógica do sistema estatal e que são, por sua vez, excluídos da imagem oficial da cidade, do modelo. Contudo, o que se inscreve no lugar da feira não é o vazio, nem qualquer fato civil comum, mas o último uso oficial que o lugar teve, como parque balneário, mesmo que não tenha nenhuma relação funcional com o presente" (*Ibidem*, p. 14).

Da mesma forma que a *villa*, quando considerada um "terreno baldio", as representações que circulam sobre os espaços mais densos da cidade são notoriamente opostas: assinalam espaços vazios, quase desérticos, sejam baldios ou cobertos de água: terrenos baixos ou balneários.

Por último, um tema-chave: La Salada seria o expoente de um "urbanismo da logística", que se baseia em "experimentos", mais do que em "projetos". Isso supõe uma construção essencialmente móvel, suscetível a rápidas montagens e desmontagens, capaz de mudar a velocidade e de pensá-la como instalação intermitente, mas duradoura. "Se a logística se define como 'todo movimento e armazenamento que facilite o fluxo de produtos desde o ponto de compra dos materiais até o ponto de consumo, assim como os fluxos de informação que põem o movimento em marcha' (Ballou, 2004), então definitivamente La Salada é sinônimo de movimento, fluxo, ponto de compras, ponto de consumo, fluxos de informação, marcha. E todos esses conceitos têm, ao mesmo tempo, uma origem de campo de batalha: a logística atual, centrada no comércio e determinante de seus processos de produção, deriva da logística militar, que se define como "a arte prática de mover os exércitos, os pormenores materiais das marchas e formações e o estabelecimento dos acampamentos e acantonamentos sem se entrincheirar" (Jomini, 1838). "Não há nos postos [de venda] de La Salada mercadoria exposta e mercadoria em depósito: tudo o que se vê está à venda, e tudo o que está à venda foi produzido para o dia. As pessoas chegam, montam, vendem e desmontam. Tudo acontece em uma noite. O material quieto, em depósito, é perigoso; é um alvo fixo, identificável, visível no Google Earth de Santiago Montoya, diretor da Agencia de Recaudación de la Provincia de Buenos Aires" (D'Angiolillo & Dimentstein *et al.*, 2010, p. 20).

Fazer-me feirante

La Salada foi objeto de um filme intitulado *Hacerme feriante* [Fazerme feirante], dirigido por Julián D'Angiolillo em 2010. *Hacerme feriante* mostra cenas daquele balneário em sua época de esplendor, em meados do século passado. Famílias robustas em piscinas coletivas durante o fim de semana. Sobre essas imagens de felicidade em preto e branco, passa-se, após a reconversão desse espaço na última década, para um âmbito multitudinário de outro tipo. A arquitetura de La Salada é retratada aqui por uma série de planos que mostram como se encaixam ferros, luzes, lonas e, como se se tratasse de um acampamento com um desenho perfeito, ilumina-se em plena noite uma comunidade imensa de transações.

Mostra-se um movimento contínuo, deslocamentos de milhares de pessoas, uma infinidade de articulações políticas, mercantis e vinculantes que tornam possível esse funcionamento complexo. "Fazer-me feirante" são palavras que delatam esse frenesi, essa economia em movimento, esse fazer-se em estado de transitoriedade e, ao mesmo tempo, de consumo permanente. O que o filme narra é uma imensa paisagem de ocupação e apropriação de um espaço que se supunha — e que se sabia — abandonado, que foi repovoado de um modo inesperado e que, em um ritmo mais lento, as instâncias governamentais tentam compreender e aproveitar. Nesse vaivém intenso, constrói-se uma cidade que não se opõe à cidade neoliberal, mas que a desafia, duplicando-a e sabotando-a, sobrepondo-se a ela ao mesmo tempo que abre o horizonte de um tempo-espaço distinto.

O que significa produzir imagens que deem conta de um modo de fazer a cidade que desacata a ideia unilateral do mercado da cidade neoliberal? Em *Hacerme feriante*, a cidade é feita de múltiplas escalas, capaz de articular de modo não convencional as relações entre unidade doméstica e o bairro, entre os centros urbanos e os povos do interior, entre a escala nacional e sua crescente desnacionalização, entre a dimensão festiva e a comercial, entre a auto-organização e a produção de novas autoridades que rearmam territórios até há pouco considerados vagos.

No filme *Hacerme feriante* quase não há vozes. Evita-se, sobretudo, a voz em *off* explicativa. Não que a imagem a substitua, pois se exibe um funcionamento. *Descreve-se o movimento de uma montagem, como se alguém que faz um filme e que faz uma feira compartilhassem, finalmente, algo muito similar: uma destreza de montagem, um exercício de compor materiais com capacidade de exibição, e um desafio à imagem--marca como estereótipo, como imagem já feita.*

Como essas dinâmicas afetam a própria paisagem do urbano? O que apresenta *Hacerme feriante* é a centralidade do que classicamente se denomina periferia. Desestabiliza-se o imaginário do subúrbio como espaço de consumo restrito para dar lugar a um desenvolvimento de objetos, cerimônias, fluxos de pessoas, dinâmicas políticas, territoriais e comerciais que conectam esse ponto afastado do centro da cidade a uma infinidade de outras localizações geográficas, nacionais e transnacionais, numa rede que transborda claramente a fronteira do bairro bonaerense.

Um olhar como o de *Hacerme feriante* é capaz de descobrir instituições populares — econômicas e políticas — que alteram definitivamente a paisagem do que entendemos por fazer social. Nesse ponto, a "inclusão visual" que explicita o filme é a de um "tonar-se", uma institucionalidade experimental.

O que seria um olhar imanente a esses processos, capaz de valorizar o que neles há de cidade futura aqui e agora? *Hacerme feriante* torna visível a partir de um lugar não externo, incorporando-se à dinâmica feirante, entendendo suas clivagens, participando e confundindo-se com seu modo de produção e de circulação. O filme, confessaram os dirigentes de La Salada ao diretor, é atualmente usado como "carta de apresentação" pelos feirantes, além de ser copiado e vendido em seus postos. Como dispositivo de visibilização, o diretor é incluído na primeira pessoa do título, de modo que produzir um olhar é produzir um lugar de enunciação que se deixa atravessar por um processo, um devir feirante.

A festa como momento de consolidação feirante

Mistura de calvário e romaria, as festas religiosas e dançantes em La Salada consolidam esse modo heterogêneo, feito de milhões de postos e que, no entanto, o festejo sindical do Dia do Feirante não consegue suprir. Em La Salada, a data se funde com símbolos argentinos, além de ter seu epicentro em Punta Mogote, única das três feiras dirigida por um argentino: desfile de *gauchos*, churrasqueira gigante, *carrera de sortija*[31] e grupos de folclore.

No entanto, os festejos mais concorridos são os religiosos, em homenagem às virgens de Urkupiña[32] e de Copacabana e a São Miguel Arcanjo. As festas são montadas para conquistar os transeuntes-consumidores, e também para conseguir legitimidade midiática e vicinal, exibindo uma riqueza cultural inovadora, cobrindo de sinais festivos um empreendimento milionário, misturando as expectativas de progresso com um fervoroso reconhecimento de ordens extracomerciais. A Virgem de Urkupiña, nome iniciático da primeira feira de La Salada, é também uma figura das transações e do progresso: a "virgem criadora", como denominada por Marta Giorgis (2004).

Para Silvia Rivera Cusicanqui (2010a), a festa organiza uma "neocomunidade transnacional", renovando e reinventando lealdades ao ritmo das mobilidades laborais. "Forma-se assim um tecido de cores opostas, uma neocomunidade transnacional, cuja identidade contraditória e *ch'ixi*[33] faz coexistir, em permanente tensão, as lógicas de acumulação e o consumo ritual, do prestígio individual e da afirmação coletiva".

Isso não exclui a crítica aos modos de funcionamento das festividades, como diz Rivera Cusicanqui a propósito da

---

[31] Jogo ou espetáculo da cultura *gaucha* em que um cavaleiro montado arranca em disparada (*carrera*) com o objetivo de trespassar sua lança por um pequeno anel ou arco (*sortija*). [N.T.]

[32] A Virgem de Urkupiña, conta a tradição, apareceu com seu filho nos braços na localidade boliviana de Quillacollo, na região de Cochabamba, para uma menina pastora, com quem a santa falou diretamente em quéchua. Foi batizada pela frase com que a menina anunciou ao povo a sua chegada — "*Ork'hopiña, Ork'piña*" —, que significa "já está na colina".

[33] Para mais detalhes sobre o *ch'ixi*, ver subtítulo "O *ch'ixi* como noção estratégica", adiante. [N.E.]

comunidade boliviana organizada na Perla de Madrid, por exemplo, como espaços chauvinistas que, enquanto "ícone poderoso de acolhida ilusória", manipulam e submetem de modo neoliberal as trajetórias migrantes, de modo que a festividade se torna "correia de domesticação e desinfecção do vírus boliviano que pudemos introduzir com tanta migração" (Colectivo Simbiosis & Colectivo Situaciones, 2011, p. 28).

A feira faz parte de uma economia que a interioriza, e neste movimento ela se diversifica e se torna mais complexa: veremos mais adiante seu funcionamento como uma engrenagem da prosperidade da oficina têxtil. Além disso, a festa religiosa é parte da decisão de migrar, da ajuda na viagem, da linguagem da promessa e do progresso e da sustentação frente às adversidades. Ademais, é uma desculpa para ir e voltar.

Santiago Bombori ou Tata Bombori ("a força do raio") é famoso por conceder curas milagrosas, proteger contra malefícios e promover o progresso quando recebe esses pedidos em orações. É também alguém que ajuda a lidar com os crimes e as leis penais. Em Buenos Aires escuta-se cada vez mais seu nome, inclusive para interceder por aqueles que migram. A ele se recorre quando acontece algum problema severo. É um santo que protege e a quem se vai e de onde muitas vezes se vem. Segundo José Luis Grosso (2007), o culto a Tata Bombori está em expansão, estendendo-se desde o Peru até a Grande Buenos Aires. Mas sua primeira parada parece ter sido La Salada. Como relata o cronista Mario Vargas Ustares, do jornal *Renacer*, trata-se de uma "festa trazida a Buenos Aires, precisamente ao bairro La Salada, por Iván Vargas e sua esposa, depois que todos os seus familiares haviam emigrado para a Argentina, ficando a imagem do santo só e esquecido. Em seus primórdios, a festa era celebrada na feira de La Salada, mas depois os devotos chegaram ao acordo de transferi-la às ruas do bairro".

As ruas de alguns bairros e *villas*, com as feiras e seus arredores, se transformam em templos provisórios e operativos, consagrando um lugar comum em extraordinário, deixando seu rastro num espaço maior. A oficina têxtil, cravada tanto na *villa* quanto na feira, busca não ficar isenta dessa espacialidade, *financiando* com juros a economia celebratória.

Se o tempo e o espaço se qualificam na medida em que *dão lugar* e *fazem ter tempo* ao sagrado e às suas formas expressivas, a inclusão na dinâmica da festa de algum modo também consagra essa economia clandestina, ao ponto de convertê-la em peça legítima de uma produção espacial e temporal da celebração. Esse espaço-temporalidade é uma construção cuidadosa, reiterativa. Artifício de eficácia comunitária, inventa um modo de habitar o espaço e de significar o tempo. Na festa, o tempo se mostra em sua dimensão qualitativa, dizem Marcel Mauss e Henri Hubert (2010).[34] Dito de outro modo, a matéria de sua duração é a intensidade. Daí seu vínculo estreito, sua definição simultânea, com as festas. Feira e festa guardam, por sua vez, uma relação íntima: "As harmonias e as discordâncias qualitativas das partes do tempo são da mesma natureza que as das festas. Todo fragmento do calendário, toda porção de tempo, seja qual for, é uma verdadeira festa, cada dia é uma *Feira*, cada dia tem seu santo, cada hora, sua oração". Numa palavra, as qualidades do tempo não são outra coisa que graus ou modalidades do sagrado: religiosidade sinistra ou benéfica, forte ou débil, geral ou especial."

As festas marcam descontinuidade. Sinalizam os intervalos, dissecam o tempo como contínuo e inauguram sequências do tempo

---

[34] "Enfim, como a regra das festas é o calendário e o calendário serviu para formar, senão a noção concreta de duração, ao menos a noção abstrata de tempo, pode-se ver como o sistema de festas e a noção de tempo se elaboram simultaneamente graças ao trabalho coletivo das gerações e sociedades" (Mauss & Hubert, 2010, p. 61).

vindouro. Entre o momento sagrado e a duração laica que se segue, há descontinuidade e continuidade ao mesmo tempo. A festa segmenta o tempo, divide-o, ao mesmo tempo que esse prolongamento laico não é mais que a espera da próxima festa, tempo de sua preparação. Será esta, como disse Mauss, "a lei do ritmo coletivo, da atividade que, para ser social, é ritmada"?

O *ch'ixi* como noção estratégica

As cidades latino-americanas, vistas a partir dessa composição heterogênea que tem na feira um dos seus elementos-chave, são mais bem compreendidas como "centro urbano *abigarrado*", como propõe Silvia Rivera Cusicanqui. Para ela, essa noção de *abigarramiento* implica um percurso histórico pela própria noção de mestiçagem, por seu funcionamento ideológico, por sua variação e tensão interna. Sem esse percurso, o mestiço torna-se um termo simples, desproblematizado, sinônimo de uma conjunção de elementos.

Nos anos 1990, Rivera Cusicanqui se propôs a denunciar e combater o multiculturalismo que surgia como política neoliberal impulsionada pelo estado.[35] O momento neoliberal foi contestado em revoltas em diversos países do continente, e o multiculturalismo se tornou uma resposta oficial como política ornamental e simbólica que, assinala a autora, teatraliza a condição originária, confinando-a ao passado e ao âmbito rural.

Rivera Cusicanqui destaca o modo de reconhecimento falacioso que permite a renovação da legitimidade das elites governantes, ao mesmo tempo que neutraliza a pulsão descolonizadora e anticolonial

---

[35] Ver AGUILAR, Raquel Gutiérrez. "Entrevista a Verónica Gago", em *La lengua subalterna 1*. Disponível em <https://www.youtube.com/watch?-v=M7Uuu8DT878>.

da vitalidade indígena. Outro ponto decisivo refere-se ao confinamento espacial e temporal imposto ao indígena. Para Rivera Cusicanqui, esse estereótipo consagrado nega a coetaneidade dos índios, ignora seu projeto de modernidade própria e obriga-os a acomodar-se aos compartimentos das minorias, finalmente reconhecidos como bons selvagens. Esse confinamento limita e simplifica o indígena à ocupação do espaço rural e a fazer "um deslocamento quase teatral da alteridade", em que não podem sair de um tipo de "identidade emblemática" associada a certos traços étnicos e culturais (Brighenti & Gago, 2013). Uma das consequências políticas mais importantes notada por Rivera Cusicanqui é que, com esses mecanismos, se *nega a etnicidade dos centros urbanos abigarrados*. Isso permite, por sua vez, cumprir com as exigências imperiais, tais como a erradicação forçada da coca ou a reforma tributária contra as atividades que são classificadas como contrabando.

Na perspectiva da autora, a propagada e festejada noção de "povo originário" afirma e reconhece, ao mesmo tempo que invisibiliza e exclui, a grande maioria das populações dos centros urbanos e das redes do mercado interno e do comércio de contrabando: "É um termo apropriado à estratégia de desconhecer as populações indígenas em sua condição de maioria e de negar sua vocação e potencial hegemônico e capacidade de efeito estatal".

O projeto de modernidade indígena é para Rivera Cusicanqui uma contraimagem do discurso arcaizante do "originário". São as coletividades *abigarradas* que criam circuitos de circulação que produzem a condição moderna enquanto impulsionadora de um mercado interno amplo e capaz de garantir uma reprodução ampliada de capital. Como inversão ou contraponto, o arcaizante verdadeiro é, para a autora, o discurso falsamente modernizante das elites desde o século XIX, operando como "formulismo encobridor" de seu caráter rentista e senhorial e, enquanto tal, conservador e apoiador dos sucessivos processos de recolonização.

A perspectiva do "potencial insurgente da mestiçagem" resgata o espaço da trajetória colonial que se revelou contra a imposição colonial, que perseverou no *território nacional moderno e resistiu ao neoliberalismo porque foi capaz de retomar a memória longa do mercado interno colonial*: da circulação de mercadorias a grandes distâncias, das redes de comunidades produtivas — assalariadas ou não — e dos centros culturais *abigarrados* e multiculturais, conclui Rivera Cusicanqui.

Nesse plano, os centros urbanos *abigarrados* são o espaço de concretização dos anseios de migrar para a cidade, nutridos por uma aspiração de "cidadanização e metropolização" das sucessivas gerações "através do acesso a bens culturais, simbólicos e materiais que a sociedade nega tenazmente ao camponês-índio".

Esse trajeto migrante, unido à experiência dos circuitos econômicos, organiza a composição *abigarrada* dos centros urbanos e de suas economias. Acreditamos que é nesse plano que o conceito de *ch'ixi*, trabalhado por Rivera Cusicanqui, expressa sua potência conceitual e política, dando a esse espaço diversificado a carga de uma trama política, cultural e econômica completamente contemporânea e com capacidade de renovar a vitalidade indígena anticolonial. Também é possível pensá-lo para além da Bolívia, num espaço como La Salada.

O *ch'ixi* é uma reinterpretação do conceito de *abigarramiento* proposto por René Zavaleta Mercado: "A noção de *ch'ixi* [...] equivale à de 'sociedade *abigarrada*' de Zavaleta, e postula a coexistência em paralelo de múltiplas diferenças culturais que não se fundem, mas se antagonizam ou se complementam. Cada uma reproduz a si mesma a partir da profundidade do passado, e se relaciona com as outras de forma conflitiva" (Rivera Cusicanqui, 2010a, p. 70).

O *ch'ixi*, então, é a possibilidade de compor o léxico *abigarrado* da mestiçagem como mundo popular tensionado pela existência das práticas descolonizadoras. "Considero esta a tradução mais adequada da mistura *abigarrada* que somos, os chamados mestiças e mestiços. A palavra *ch'ixi* tem diversas conotações: é uma cor, produto da justaposição, em pequenos pontos ou manchas, de duas cores opostas ou contrastadas: o branco e o preto, o vermelho e o verde etc. É este cinza salpicado resultante da mescla imperceptível do branco e do negro que confundem a percepção, sem nunca mesclar-se totalmente. A noção de *ch'ixi*, como muitas outras (*allqa, ayni*),[36] responde à ideia aymara de algo que é e não é ao mesmo tempo, isto é, à lógica do terceiro incluído. Uma cor cinza *ch'ixi* é branca e não é branca ao mesmo tempo, é branca e também é preta, seu contrário (*Ibidem*, p. 69). O *ch'ixi* tem a força do indiferenciado, e "a potência do indiferenciado é que conjuga os opostos" (*Ibidem*, p. 70).

Rivera Cusicanqui propõe contrapor a noção de *ch'ixi* (*abigarrado*) à de *hibridez*, em clara polêmica com Néstor García Canclini e com os teóricos da descolonização que a utilizaram. O híbrido, argumenta, expressa a ideia de que, da mistura de dois diferentes, surge um terceiro completamente novo, "uma terceira raça ou grupo social capaz de fundir os traços de seus ancestrais numa mescla harmônica e inédita diante de tudo" (*Idem*). Nesse sentido, o contraponto com a noção de *abigarrado* elaborada por Zavaleta é claro: não há fusão de diferenças; há antagonismo ou complementaridade.

A similaridade é enganosa e escorregadia na letra e na língua. Os heterônimos pareados *ch'ixi-chhixi* são fundamentais para repor a diferença conflitiva entre o *abigarrado* e o híbrido: "Condição de 'manchado', dialética sem síntese entre entidades antagônicas: o polo *ch'ixi*. Mistura híbrida, insubstancial e perecedora, fusão e suavização dos limites: o polo *chhixi*. Só a leve torção semântica,

---

[36] *Allqa* e *ayni* significam, respectivamente, "multicolorido" e "reciprocidade", em aymara. [N.E.]

quase um acento, os distingue. Mas, em sua oposição, podemos ver alternativas e potencialidades: de um lado, um *taypi*[37] descolonizador, a possibilidade de uma mestiçagem consciente de suas manchas indígenas e castelhanas — ou judias, mouras, flamencas —, com uma sintaxe inscrita na linguagem própria e na experiência da contradição vivida. Por outro, vemos um modelo de mestiçagem ilusória: a 'terceira república', hipócrita e média, que fez da suavização e da sedução mútua uma língua *pä chuyma*,[38] um processo permanente de duplicidade, esquecimento e autocomiseração".

Comenta Luis Tapia (2008, p. 48) que Zavaleta, quando fala de uma formação social *abigarrada*, refere-se a "uma sobreposição desarticulada de várias sociedades, isto é, de vários tempos históricos, de várias concepções de mundo, de vários modos de produção de subjetividade, de sociabilidade e, sobretudo, de várias formas de estruturas de autoridade ou autogoverno".

Essa definição de *abigarramiento* permite convocar a imagem de *contemporaneidade do não contemporâneo* (Bloch, 2004): como sobreposição de tempos, formas organizacionais e sociais, produções de regras e visões de mundo. Na acepção de Zavaleta Mercado, porém, a sobreposição significa, sobretudo, *fratura*. Subordinação de uma temporalidade a outra, mesmo em sua desarticulação. Ao mesmo tempo, tal desarticulação permite a convivência paralela de certas formas de autonomia, de sobrevivência, de resistências que não admitem a pura adequação ou assimilação a uma norma única.

A sociedade *abigarrada*, por suportar em carne viva essa multiplicidade de sociedades, parece impedir a hegemonia como totalidade expansiva sem brechas. Nela existe uma parcialidade pulsante que

---

[37] *Taypi* significa "centro", em aymara. [N.E.]

[38] *Pä chuyma* significa, em aymara, "ter a alma dividida por duas missões impossíveis de serem cumpridas". [N.E.]

resiste como tal. Mesmo que essa parcialidade não tenha força para interromper definitivamente a hegemonia, ela imprime um caráter não fechado a essa "sobreposição desarticulada".

Seguindo a linha de Zavaleta, mas indo para além dele, a noção de *abigarramiento* tem hoje novos usos e matizes. Se para Zavaleta implica uma negatividade enquanto expressa um nível de desarticulação que ele opõe "ao momento de fusão épica da sociedade civil" que se constitui como "massa" (de identidade nacional-popular), as recentes mobilizações na Bolívia promoveram uma reconsideração do termo. Tanto que puderam determinar uma paisagem: o *abigarrado* transita entre ser uma desarticulação negativa e mostrar um modo de fusão possível na pluralidade. Esse tipo de luta é que marcou um modo novo de transversalidade e convergência. A operacionalização dessa noção, como assinala Tapia, tem a ver com o modo em que foi composto o último ciclo de mobilizações radicais: "Pode-se pensar esse conjunto de mobilizações que se desenvolveram desde o ano 2000 como a emergência desse diverso e substancial subsolo político que foi amplamente negado pelo estado boliviano. Na Bolívia, diz-se que grande parte da sociedade ou das sociedades e dos grupos está organizada, isto é, que temos uma sociedade civil extensa, diversa e com experiência de auto-organização, autorrepresentação e, portanto, de ação política. Ocorre que, em determinadas conjunturas, esta se torna política e tende a dissolver as formas de hierarquias discriminadoras e as formas de exclusão na tomada de decisões e também de questionamento do modelo econômico e das políticas de estado. A isso prefiro chamar 'política selvagem'" (Tapia, 2008, pp. 50-1).

O modo de sobreposição de formas organizacionais, tradições, reivindicações e estratégias de luta é capaz, sob essa nova contemporaneidade, de produzir uma forma inovadora de articulação: "São as formas mais antigas, que se renovaram e se movimentaram para criar este tipo de condição de fluidez do político, do histórico social e das possibilidades de mudança no país" (*Ibidem*, p. 49). O que Tapia chama de fluidez pode ser pensado como o fato atual de a contemporaneidade do não contemporâneo ser um modo de *abigarramiento* positivo ou trama para uma *política selvagem*.

De uma perspectiva compatível, esse é o sentido reforçado por Michael Hardt em relação às teorizações de Zavaleta.[39] O *abigarrado* expressaria — e permitiria captar — uma dupla pluralidade: uma "heterogeneidade geral das formas de trabalho dentro do capital" e "um *abigarramiento* cultural, racial e étnico" (*Ibidem*, p. 42). Daqui se deriva uma segunda discussão com Zavaleta: sua concepção, também negativa, da ideia de multidão. Definida como "algo pré-capitalista, impotente, passivo, como a massa e a multidão", Hardt sublinha o contraponto: "Para nós, em contrapartida, a forma multidão, como vimos na luta dos últimos anos, é capaz de transformar autonomamente o poder, o mundo. E creio que este é para todos nós o desafio principal do conceito de multidão: seria possível que, na sociedade *abigarrada*, tanto no trabalho quanto no âmbito cultural étnico, a multidão seja capaz de organizar-se e transformar democraticamente, autonomamente, o mundo, o poder?" (*Ibidem*, p. 43).

Propomos, no entanto, uma divergência frente a essa divisão que faz Hardt entre o uso do termo *abigarramiento* para referir-se a um plano estritamente cultural, racial e étnico, e o da heterogeneidade para dar conta das formas de trabalho. Sustentaremos que esses componentes se tornam indissociáveis das qualificações do trabalho e, em particular, do trabalho migrante.

---

39 Notamos — e anotamos — um diálogo entre a teoria italiana pós-operaísta e a teoria boliviana, em particular, e latino-americana, em geral, que permite esse cruzamento, desenvolvido especialmente na antropologia política citada em Hardt & Negri (2009).

Promiscuidade

Anotamos outra ressonância: entre o *abigarrado* e o *promíscuo* (Colectivo Situaciones, 2009). Também em diálogo com Rivera Cusicanqui, essa noção desenvolvida pelo Colectivo Situaciones propõe o promíscuo como tom da época, como lógica de coexistência entre elementos de rebeldia e de hegemonia capitalista. De modo que "a ambiguidade se converte, assim, no risco decisivo da época, e se manifesta em uma dupla dimensão: como tempo de crise que não possui um desenlace à vista, e como cenário onde se sobrepõem lógicas sociais heterogêneas, sem que nenhuma imponha seu reinado de maneira definitiva" (*Ibidem*, pp. 9-10). O promíscuo possui uma gramática própria: é o território do "e": tudo cabe, tudo pode ser sobreposto, nada parece excluir uma coisa ou outra. Nesse ponto, a realidade se caracteriza por "dinâmicas que coexistem sem um sentido *a priori* que possa ordenar os intercâmbios e os fluxos, ou dar coerência e estabilidade às práticas sociais" (*Ibidem*, p. 40).

Uma constelação de conceitos dá conta da heterogeneidade como noção complexa e crucial de nossa atualidade. Vinculada, por um lado, à pluralização das formas de trabalho e à multiplicação de formas subjetivas, também está ligada ao modo com que essa heterogeneidade, que na América Latina foi vivida e pensada desde sua existência colonial como fratura, coincide hoje com um modo de organização do capitalismo pós-fordista que amplia essa lógica recombinante do heterogêneo de uma maneira nova.

Interessa-nos, mais precisamente, rastrear as modalidades atuais em que o heterogêneo torna-se a forma de ensamblar anacronismos de maneira a dar lugar a um regime temporal particular e a uma composição de territórios também específica.

Agreguemos mais uma camada: esse *abigarramiento* tem na língua um desenvolvimento fundamental. Os "heterônimos pareados" de que fala Rivera Cusicanqui são uma imagem, um uso da língua, que revela essa permanente face dupla, essa ambivalência, contradição ou reverso que organiza as coisas não como binarismos nítidos, mas como fronteiras escorregadias, bordas trêmulas, nas quais as coisas são e deixam de ser, mudam, se invertem ou se contaminam em novas relações, usos e significações (Rivera Cusicanqui, 2010b). Essa heteronomia torna-se fundamento na língua de uma heterodoxia de pensamento e práticas, revelando um modo treinado na ambiguidade, nos ciclos e nas transformações das coisas. Para a socióloga, isso serve para entender os modos "oblíquos e intrincados" articulados pela resistência indígena.

Entre o *ch'ixi* e o *motley*

Uma possível tradução para o inglês da noção de *ch'ixi* poderia ser *motley*.[40] Trata-se do adjetivo utilizado para traduzir o modo pelo qual Karl Marx e Friedrich Engels, em *A ideologia alemã*, se referiam a homens e mulheres expropriados pelos cercamentos (*enclosures*) no Reino Unido, e aos quais qualificaram como "*motley crowd*" (Linebaugh & Rediker, 2005). Essa expressão é usualmente traduzida ao espanhol como "*cuadrilla variopinta*".[41]

Há dois significados para "*cuadrilla variopinta*" assinalados por Linebaugh & Rediker (2005). O primeiro é o de um grupo que realiza

---

40 Essa comparação surgiu de uma conversa com Silvia Rivera Cusicanqui.

41 Optou-se por manter a expressão no original em espanhol devido ao seu uso nas traduções espanholas de Marx, conforme citadas por Linebaugh & Redniker (2005), que foram a base para a escrita desse trecho. No Brasil, a expressão foi traduzida por "variegada multidão" (MARX, Karl. *O capital*, t. 1. São Paulo: Boitempo, 2011). "Variegada" tem os seguintes significados, de acordo com o dicionário *Houaiss*: "1. que apresenta cores ou tonalidades variadas; matizado; versicolor; 2. que ostenta diversidade; diversificado, variado, diferente". [N.E.]

tarefas similares ou com um objetivo comum — por exemplo, aqueles que trabalharam nas plantações de cana-de-açúcar e tabaco, ou nas tripulações dos barcos. O segundo é o da formação sóciopolítica dos portos ou cidades do século XVIII.

A segunda explicação refere-se à época dos cercamentos, aludidos por Marx em O *capital*. O primeiro significado remonta o termo às origens mais longínquas do capitalismo transatlântico. "Nesse sentido, '*cuadrilla variopinta*' estava estreitamente relacionado à população urbana e às multidões revolucionárias que costumavam ser aglomerações de pessoas armadas, formadas por várias quadrilhas e bandos que possuíam sua própria mobilidade e com frequência eram independentes de qualquer liderança exercida de cima para baixo" (*Ibidem*, p. 247). *Variopinta*, portanto, significa, nesse contexto, *multiétnica*.

Mas Linebaugh e Rediker encontram outro caminho para o significado da palavra *motley*: "Nas vestimentas das autoridades reais na Inglaterra do Renascimento, a *motley* é uma peça multicolorida ('fantasia'), ou às vezes um gorro, que era usado pelos bufões, que podiam fazer piadas com os reis, inclusive dizendo a verdade àqueles que detinham o poder. Como emblema, a *motley* trouxe também experiências carnavalescas de desordem e subversão, que eram um modo de desabafo. Por extrapolação, a palavra *motley* podia também aludir a um conjunto pitoresco, tal como uma multidão de pessoas cujas roupas maltrapilhas chamavam a atenção. Uma multidão desse tipo bem podia ser um conjunto de pessoas que se vestiam com farrapos, ou um lumpemproletariado (*lumpen*, em alemão, significa 'farrapos'). Ainda que mencionemos e recalquemos o caráter inter-racial dessa *cuadrilla variopinta*, gostaríamos que os leitores recordassem sempre os seguintes significados: a subversão do poder e o aspecto de pobreza" (*Ibidem*, p. 379).

A composição *abigarrada*, em sua multiplicidade de sentidos — modos de mistura, roupas, capacidade de sabotagem, uma ambivalência entre o que é e o que não é —, tem a ver com uma maneira de negar a potência de trabalho desclassificada e desclassada, ao mesmo tempo em que dela se aproveita. A composição *variopinta* é algo assim como um *proletariado aleatório* que só por casualidade e de modo descontínuo pode ser enquadrado como tal, como proletariado. Ainda podemos dizer que seu caráter aleatório é justamente um dado crucial dos reenquadramentos sucessivos dos homens e mulheres capturados e explorados pelo capital como força de trabalho. A composição das forças que trabalham se associa mais ao que Louis Althusser (2002, p. 32) chamou de "materialismo do encontro". O materialismo "da chuva, do desvio, do encontro e da tomada de consistência" recusa a necessidade e a origem, a razão e a causa como explicações dos acontecimentos. A questão é: como algo consegue ganhar consistência e como esse encontro pode ou não ter lugar?[42]

A referência a um proletariado aleatório como imagem capaz de vincular-se com a *cuadrilla variopinta* tenta enfatizar o aspecto do acaso do conjunto e a contingência de sua formação. Uma vez produzido o encontro, há um ato consumado, do qual é possível derivar tendências, inclusive leis. Mas o início é o aleatório do encontro. Althusser cita Marx falando do modo de produção como uma "combinação particular de elementos": "Esses elementos não existem na história para que exista um modo de produção, mas existem em estado 'flutuante' antes de sua 'acumulação' e combinação, sendo cada um deles o produto de sua própria história, mas não sendo nenhum o produto teleológico nem dos outros nem de sua história. Quando Marx e Engels dizem que o proletariado é

---

[42] Como diz Althusser (2002, p. 65), "o todo que resulta da 'tomada de consistência' do 'encontro' não é anterior à 'tomada de consistência' dos elementos, mas posterior, de modo que poderia não 'tomar consistência' e, com mais razão, 'o encontro poderia não ter ocorrido'".

'produto da grande indústria', dizem uma grande bobagem, situando-se na *lógica do fato consumado da reprodução em escala ampliada do proletariado*, e não na lógica 'aleatória' do encontro que produz (e não reproduz) o proletariado (como um dos elementos que constituem o modo de produção) a partir dessa massa de homens desprovidos e nus. Ao fazê-lo, passaram da primeira concepção, histórico-aleatória, a uma segunda concepção, essencialista e filosófica. Repito, mas é necessário: o que se destaca dessa primeira concepção, além da teoria explícita do encontro, é a ideia de que todo modo de produção está constituído por *elementos independentes uns dos outros*, sendo cada um o resultado de uma história própria, sem que exista nenhuma relação orgânica e teleológica entre essas diversas histórias. Essa concepção culmina na teoria da *acumulação primitiva*" (*Ibidem*, pp. 65-6).

Como Deleuze e seu conceito de agenciamento, em sintonia com a própria ideia de ensamblagem, Althusser ressalta o núcleo aleatório e a dinâmica de determinação recíproca dos elementos em jogo, assinalando seu caráter independente um do outro. Fica assim postulado o enigma maquínico ou o acaso do desvio do momento combinatório pelo qual se realiza certa acumulação (originária), esse momento primeiro de lançamento de uma nova etapa de acumulação.

A feira como espaço social *abigarrado*

A feira é um espaço denso, de múltiplas camadas, sentidos, transações. Um espaço *abigarrado* que abriga simultaneamente tradições e é herético com relação a muitas delas, que se dispõe como âmbito celebratório e de disputas, como momento de encontro, consumo e diversão, de competição e oportunismo. Sustenta-se e desenvolve-se como negócio massivo sobre redes familiares, de vizinhança, de compadrio e de amizade. É também uma economia de linguagens diversas: de vestuários, bailes, promessas, comidas e excessos. O *abi-*

garrado aqui não é, no entanto, um traço cultural ou uma diferença colorida, mas o sustento do excesso dessas economias.

La Salada, ao mesmo tempo confinada em um território de fronteira geográfica e simbólica, tem uma dinâmica proliferante, que replica em outros bairros e cidades, nacionais e estrangeiras, a mercadoria e a forma-feira que a caracteriza. Por sua vez, representa um modelo de centro comercial a céu aberto que põe em tensão todas as categorias clássicas da economia, como informal/formal e legal/ilegal. Funciona em sintonia com espaços similares em outras partes do mundo, que poderiam ser catalogados como núcleos de comércio "não hegemônico".

Ela é definida como uma rede transnacional crescente, sustentada em múltiplas microeconomias proletárias. Nesse ponto, conforme notamos, revela-se como um espaço privilegiado para analisar de que modo a economia informal constitui, sobretudo, uma força de desempregados, migrantes e mulheres que pode ser lida como uma resposta "de baixo para cima" aos efeitos espoliadores do neoliberalismo.[43]

É decisivo seu impacto urbano, apesar de não estar sinalizada nos mapas: uma cidade como Buenos Aires se vê transformada por essa nova maré informal, predominantemente migrante e feminina, que com suas andanças e suas transações funcionam ao mesmo tempo como agentes de reestruturação do capital e do espaço urbano.

La Salada é uma trama multitudinária de produção de bem-estar não estatal. Com o recente processo de convertê-la num mercado de alimentos, a feira realiza de um modo paradoxal e diverso propostas que, no momento culminante da crise argentina de 2001, foram sugeridas por múltiplas experiências da economia social: baratear os custos, eliminar intermediários e contribuir ao consumo massivo e popular. Num momento de inflação, como o atual, é uma intervenção decisiva.

---

[43] Para outra interpretação, ver Ossona (2010).

La Salada mostra formas de grande versatilidade e flexibilidade em termos de organização política, a partir de assembleias multitudinárias, dirigentes e milhares de donos e donas de postos na feira que organizam o cotidiano do local, conectando-o a outros espaços como a *villa*, a oficina e a festa. Uma imagem do espaço aberto desregulado cede lugar a uma coordenação complexa de uma infinidade de fluxos. Uma festividade e uma mística (virgens, santos, milagres, *ekekos*)[44] que acompanham a bonança. Um modo do progresso urbano que escapa aos planos e mapas. O trabalho migrante, em particular, permite pôr em questão a ideia de uma "normalização" do mundo do trabalho que remete a um padrão estritamente assalariado e de composição nacional.

A feira, como parte de uma ensamblagem complexa com a economia da oficina têxtil, é um território especialmente produtivo para pensar a ambivalência do comum: isto é, os múltiplos usos, conflitos, apropriações e reinvenções de um "capital comunitário" que é capaz de funcionar como recurso de autogestão, mobilização e insubordinação, mas também — e não menos intensamente — como recurso de servidão, sujeição e exploração, o que sinaliza justamente que essa experiência comunitária é um momento-chave da riqueza social em disputa.

Economias barrocas

Uma economia barroca como La Salada tem assim uma lógica similar ao *bricoleur* de que falava Claude Lévi-Strauss: uma capacidade de juntar elementos que em princípio parecem distintos

---

[44] Ekeko é o deus da prosperidade e da abundância no Altiplano andino. É comum encontrá-lo na forma de um boneco, que é considerado como um amuleto. [N.E.]

ou que correspondem a regimes incompatíveis, a uma composição heteróclita de fragmentos e dinâmicas que não resistem a uma análise de pureza, mas que revelam, pelo contrário, uma pluralidade de formas numa trama única. Armando Bartra (2005) aponta esta característica para certas economias domésticas campesinas: aposta-se em várias atividades sem fazer a economia depender de uma atividade única e especializada.

Dizemos "economias barrocas" porque o barroco se refere à *mistura*. Em La Salada, esse barroquismo tem a ver também com a imitação, com o reino da cópia. "E todo imitador é um fabricante, um politécnico", diz Rancière (2013, p. 47) a propósito de um tópico fundamental: os imitadores são responsáveis por uma produção particular, a que "reproduz e falsifica a imagem do necessário" (*Ibidem*, p. 28). O poder do imitador é seu poder geral: "o poder geral do duplo, do que representa qualquer coisa, qualquer pessoa" (*Idem*). A imitação ou falsificação podem abalar os papéis, lugares e consumos estipulados. Qualquer pessoa pode, de repente, consumir qualquer coisa. Produtos que supostamente estão hierarquizados por custo e marca passam a ser consumidos por qualquer um.

Além do mais, na feira, os migrantes encontram possibilidades de mudar de trabalho, de ofício, de aspirações. Daí a força do progresso como possibilidade de uma passagem, uma mudança. Balibar (2013, p. 98) diz que só a perspectiva de um "progresso ilimitado — o desejo coletivo idealizado de conseguir nos fatos uma igualdade de oportunidades para todos na sociedade — pôde manter a pressão para recortar privilégios e ampliar margens de liberdade para as massas", pressionando como motor de uma cidadania social. Nas trajetórias migrantes, se reativa essa pressão-desejo coletivo idealizado de ampliação de direitos sob esta fórmula da "antinomia do progresso". Mas, à diferença deste amálgama entre progressismo e estatismo, que para Balibar caracterizou os limites do socialismo dos séculos xix e xx, a aspiração do progresso já não se funde por completo com o horizonte estatal, mas retoma — como assinala Rivera Cusicanqui — horizontes comunitários pós-estatais em contextos plenamente urbanos.

O barroquismo levado às economias populares refere-se à heterogeneidade das formas produtivas: suficientemente flexível para combinar e subordinar oficinas familiares, trabalho a domicílio, empreendimentos informais e redes de parentesco com marcas de alto consumo, redes de exportação e transações transnacionais. Reedita, à sua maneira, uma "modernidade barroca", nas palavras de Álvaro García Linera (2015), quando na Bolívia se unifica "de forma escalonada e hierarquizada estruturas produtivas dos séculos xv, xviii e xx". É reedição também do trabalho servil ou semiescravo — da fábrica clandestina à oficina têxtil — como segmento importante, mas não hegemônico, das economias transnacionais na globalização capitalista, que ratifica essa modalidade como um componente (pós) moderno da organização do trabalho e não como um obstáculo arcaico de um passado superado, pré-moderno ou pré-capitalista. A *Exposição Universal* das formas de produção de que fala Virno para definir o pós-fordismo é uma imagem diversa, mas que dialoga com o barroco: a coexistência simultânea de modalidades que desafiam o relato linear do progresso e a superação de formas tendencialmente cada vez mais modernas e "livres".

Tal efeito barroco se traduz na cidade. As dinâmicas protagonizadas na Argentina pela mão de obra migrante dão lugar a uma reconfiguração espacial através de "novas geografias transfronteiriças da centralidade e da marginalidade" constituídas por tais processos territoriais (Sassen, 2006). Essa forma de entender os processos geopolíticos desestabiliza a divisão centro-periferia tal como era entendida há trinta anos: uma segmentação fundamentada na distinção entre estados nacionais. A feira é um lugar-laboratório onde se expressam muitas dessas mudanças, em que se antecipa uma forma de *fazer cidade*.

Nesse sentido, La Salada é um espaço singular em que se cruzam as categorias de *território* e *força de trabalho* que, como apontam Mezzadra & Neilson (2013), são duas coordenadas fundamentais para explicar a *heterogeneidade do espaço global como resultado da* i) *explosão* das geografias estatal-nacionais, e ii) *implosão* que força determinados territórios e atores a inesperadas conexões que facilitam os processos de produção e exploração do trabalho. A partir de La Salada surge uma perspectiva para compreender como se diluem as fronteiras entre empresarialidade e política, entre comunidade e exploração, entre tradição e inovação.

Futuros passados

Uma série de condições que antes eram consideradas superficiais ou exteriores ao mundo do trabalho, sempre de modo paradoxal, transformam-se em chave da ampliação e da politização do próprio conceito de trabalho. Destacamos duas orientações que nos interessam de modo particular. Uma delas é propriamente pós-colonial, e inclui a dimensão étnico-racial-nacional; a outra é micropolítica, incluindo os fenômenos de desejo sexual, lutas de gênero e rechaço do tradicionalismo familiar. O conceito de "capitalismo mundial integrado", de Guattari, permite entender a "resposta" do capital às rebeliões de maio de 1968 como *desterritorialização* da autoridade estatal-nacional e, ao mesmo tempo, como integração *transnacional* através de um projeto de controle policêntrico, do mercado mundial. Tal integração produz funções estatais suplementares, que se expressam de modo específico através de uma rede de organizações internacionais. Assim, a cartografia política da exploração em escala mundial deve registrar tanto a expansão planetária como a infiltração molecular dos mecanismos de controle para entendê-los como tentativas do capital de traduzir qualquer sequência da vida em termos de mudança — para quantificá-la economicamente e dominá-la politicamente. É necessário compreendê-las em conjunto, já que, "na acumulação, é possível estabelecer um estreito vínculo entre as formas de organizar contratos que regem a propriedade, a sexualidade, a nacionalidade, o pertencimento racial, étnico ou cívico, e o controle dos trabalhadores assalariados no processo de acumulação. Daí a violência dos enfrentamentos nestes terrenos aparentemente tão afastados da economia e das lutas 'salariais'" (Moulier Boutang, 2006, p. 43).

Ambas as linhas marcadas reestruturam as lutas, expandindo-as para um terreno que abarca diversas dimensões da vida social (individual e coletiva). Muitos autores consideram justo denominar esse terreno do conflito como *biopolítico* (Foucault, 2007; Negri, 2009). Vamos chamá-lo de outra maneira: a governabilidade do mercado de trabalho requer atualmente do governo a inclusão de dimensões que transbordam cada vez mais os limites do "âmbito trabalhista". Ou, dito de forma inversa, para criar uma formulação positiva: o âmbito trabalhista inclui de maneira cada vez mais direta dimensões que devem ser governadas como "internas" à força de trabalho. Pode-se dizer que sempre funcionou assim, mesmo que não fosse sempre lido ou visto deste modo. A dimensão paradoxal do trabalho doméstico como fonte de renda absoluta, ao mesmo tempo negada como tal, permitiria fazer uma história concreta da incorporação ao sistema de valorização capitalista de saberes, usos e forças que eram simultaneamente explorados e considerados exteriores — ou diretamente desconsiderados. No entanto, há algo de novo: produzir é cada vez mais produzir relações sociais e, nesse sentido, a produção recai cada vez mais na produção de homens e mulheres como tais.

Então, em que sentido hoje teria se adensado ou intensificado a dependência entre a mão de obra e as dimensões vitais que, há três décadas, ainda tinham a chance de, mesmo que formalmente, serem percebidas e analisadas como externas à sua qualificação? Do problema da *grande fixação* da mão de obra à exploração dos *diferenciais de mobilidade*: esta poderia ser uma definição de um *continuum* de governabilidade que variou e experimentou diversas formas de inclusão do trabalho. Essa linha expressa, por sua vez, uma ampliação das variáveis vitais a governar, enquanto a produção de valor depende cada vez mais de uma intensidade subjetiva posta para trabalhar, e menos da repetição de um conjunto de gestos e esforços estéreis.

Em que sentido o que ocorreu desde o final dos anos 1970 é uma nova *grande transformação*, para retomar a expressão clássica de Karl Polanyi? Esse modo de formular a pergunta permite enfatizar as diferentes visões a partir das quais se considera a "mudança", sua "intensidade" e sua relação com a "crise" — entendida em termos positivos ou negativos —, ao mesmo tempo que permite reavaliar todo o léxico que o período fordista pareceu consagrar como sentido comum. Assim, o movimento dos conceitos surge como uma exigência do próprio problema tratado: a partir de onde compreendemos atualmente a(s) história(s) do trabalho?

Partindo de hoje, podemos vislumbrar — simultaneamente para trás e para o nosso presente — a sequência de anomalias que caracterizaram o desenvolvimento do trabalho, permitindo assim uma chave histórica crítica não progressivista. Por sua vez, torna-se imprescindível uma perspectiva global que vá além do estado-nação como eixo privilegiado da organização política, econômica e social, sem por isso abandonar a necessidade de descobrir as formas atuais de reconfiguração da autoridade estatal e de seus procedimentos de imbricação com a crescente mundialização do capital. Por último, as lutas que atravessam o trabalho hoje não são compreensíveis sem uma valorização política do que significa a precariedade como condição existencial, social e antropológica. Dela depende o tipo de estratégia organizacional a ser produzida.

A contemporaneidade do não contemporâneo

Seguindo as palavras de Virno, perguntamos: como caracterizar o tempo histórico que parece expor *simultaneamente* a história universal do trabalho que se desenvolve como uma pele manchada e desigual?

Esse caráter sincrônico assinalado pelo filósofo é decisivo. Não porque apague hierarquias nem porque deixe o tempo plano, mas justamente pelo contrário: escalona o presente de modo que o complexifica, obrigando-nos a desconfiar de qualquer resquício da história linear. Por isso mesmo, Virno (2003b) destaca outro conceito: "a contemporaneidade do não contemporâneo". Se a ideia de *exposição universal* traça um eixo espacial, um plano extensivo, o da *contemporaneidade do não contemporâneo* é o eixo de intensidade temporal.

Originalmente usada por Ernest Bloch, essa expressão quer dar conta da sobreposição de lógicas, elementos e circunstâncias que, à primeira vista, pareceriam não ter uma adequação temporal. Como se se tratasse de uma sobreposição errada ou incongruente, o distinto em termos cronológicos se reencontra em uma nova superfície comum. O deslocamento temporal refere-se assim a uma ordem desafiada: a norma segundo a qual o que já foi não teria porque retornar, e o que é não teria porque conviver com o que ocorreu em outro momento. A noção de progressividade — como sucessão e substituição, como superação e avanço — é, então, profundamente questionada. Depois da crítica ao progresso, resta um segundo passo: que temporalidade expressa essa possibilidade de simultaneidade?

Virno propõe radicalizar a fórmula do seguinte modo: "por contemporaneidade do não contemporâneo deve-se entender, em primeiro lugar, a coexistência da faculdade e execução, 'antes' potência e 'depois' ato, passado cronológico e presente determinado, que caracteriza qualquer momento histórico. Posto que consta de dois elementos diacrônicos, a célula mais simples da temporalidade tem uma natureza híbrida ou *anacrônica*. A contemporaneidade do não contemporâneo manifesta-se originariamente no fato de que o *hic et nunc* imediato e indivisível, além de ser percebido, também é recordado enquanto é vivido. Se não nos familiarizamos com este anacronismo fundamental, sustento de todo momento histórico, não estaríamos em condições de entender facilmente os inumeráveis anacronismos empíricos (economia do escambo, tradicionalismo tenaz da família chinesa dedicada ao *software* etc.) que aparecem às vezes em um momento histórico particular. Quanto ao capitalismo, é verdade que fomenta a contemporaneidade do não contemporâneo. Mas, em contraste, com uma litania repetida durante décadas, não se trata tanto da convivência de técnica e superstições atávicas. O ponto crucial é antes de tudo a exibição teatral do cruzamento entre potência e ato, 'então' indefinido e 'agora' datável. A concomitância dos diacrônicos torna-se finalmente explícita. O capitalismo maduro [...] é a época na qual emerge à superfície, com o relevo que corresponde a um fenômeno concretíssimo, o anacronismo radical de que depende a mesma historicidade da experiência" (*Ibidem*, pp. 149-50).

Anacronismos empíricos: um modo sugestivo de nomear esta proliferação de modos de trabalho — que são hoje modos de vida — que coexistem em uma nova unidade temporal. Também uma referência filosófica à disjunção temporal que, para Virno, é a chave da historicidade da experiência: o hiato entre potência e ato. Disjunção constituinte para pensar o trabalho na medida em que é o hiato central entre força de trabalho e ato concreto de trabalhar, coração da explicação marxiana da mais-valia.

Seguindo esse núcleo de argumentação de Virno (2003b), podemos concluir que tempo histórico e potência são noções necessariamente interconectadas. Dito de outro modo: potência e ato são noções temporalizantes. Como atual e virtual são conceitos da experiência humana. O ato situa em *cronos* aquilo que a potência envolve de modo virtual. Uma palavra, uma operação laboral, um gesto amoroso, uma revolta política situam-se no tempo e o conformam, apenas na medida em que uma potência da linguagem, uma força (que é potência) de trabalho, uma atitude amorosa e uma capacidade de rebelião política já estão atuando como condição de possibilidade do ato. O certo é que o ato exclui a potência. Executar uma oferta linguística, dizer uma palavra, implica ao mesmo tempo a pré-existência da linguagem como faculdade do poder de dizer, mas também supõe que, quando se dizem algumas palavras, uma frase, por exemplo, as demais palavras e frases possíveis ficam radicalmente não ditas.

Queremos sublinhar o seguinte: potência e ato se reenviam, se sucedem e se excluem. Que a potência tenha uma existência anterior ao ato não deve ser entendida a partir de uma representação cronológica do tempo. Ao contrário, a apresentação cronológica depende desta precedência. A potência precede o ato somente porque a potência tem a forma de um passado geral, um passado não cronológico, um passado que nunca foi presente e que não ficará para trás como um presente "que aconteceu". O passado da potência é estritamente contemporâneo ao agora do ato. Esse complexo raciocínio sobre o atual-virtual de Virno resulta de uma elaborada leitura de Bergson. Uma leitura que, em seu momento, a filosofia de Deleuze havia tomado para si com o fim de pensar um tempo não controlado, não normalizado. A filosofia deleuziana incorporava a Bergson num ponto que é preciso retomar: a ideia de potência não se deixa pensar na tradição aristotélica, segundo a qual a potência é atribuída teleologicamente pelo ato, nem se realiza nele. Assim, o desenvolvimento de um virtual aberto, em contínua diferenciação (que Bergson chama de duração), está na base de uma *filosofia da diferença* que procura nos dar conceitos essencialmente dinâmicos de um tempo escalonado, diferenciante.

Anacronismo e pós-colonialismo

Assim, o anacronismo é postulado como epistemologia: como paradigma de interrogação histórica, supõe a intrusão de uma época em outra. Nesse ponto, sustenta o autor referindo-se às imagens, é um modo temporal capaz de captar o excesso, a complexidade e a sobredeterminação que operam simultaneamente naquilo que ocorre. O procedimento que propõe é, portanto, o de uma montagem dos tempos distintos que traçam uma história efetiva na medida em que é uma história "da descontinuidade".

O anacronismo, peça nodal de um modo impuro de narrar o tempo, se assemelha, para Georges Didi-Huberman (2006), a noções de sintoma, mal-estar, sobrevivências malditas e fantasmáticas — enfim, todos nomes daquilo que impede o fechamento da história, sua recitação canônica, seu tom conclusivo. Esses recursos, pelo contrário, propõem como método a imaginação, o encontro, a memória críptica e inconsciente e a poética. Procedimentos que exibem uma afinidade especial com "a historicidade anacrônica" e "a significação sintomática".

Como Virno, a perspectiva de Didi-Huberman põe o eixo no presente como momento privilegiado de um tempo no qual o descontínuo, o não linear, torna-se a chave organizacional do capitalismo. Já não se trata dos traços de uma experiência marginal, mas do modo dominante de nossa *atualidade*. Nosso presente é um momento em que os diferenciais de tempo passam ao primeiro plano como organização do real. Se a experiência moderna privilegiava o homogêneo e o contínuo, o anacronismo ficava relegado à parte maldita da história. No pós-fordismo — outro modo de nomear a crise da modernidade —, é o heterogêneo como experiência espaço/temporal que parece responder à dinâmica do estritamente atual.

Mezzadra (2008, p. 14) fala de "inclusão diferencial" — como uma nova torção na extensa história desse conceito — para definir os traços do capitalismo contemporâneo que opera através de uma lógica de conexões e desconexões, que fragmenta e unifica ao mesmo tempo. No entanto, em que se diferenciaria essa lógica de articulação de diferenças das formas em que sempre se compôs a divisão internacional do trabalho? Para Mezzadra, trata-se de dar lugar a um "olhar pós-colonial" que, sem perder de vista as divergências e hierarquias entre lugares, regiões e continentes, permite entender o tecido heterogêneo de regimes produtivos, de temporalidades e de experiências subjetivas associadas ao trabalho.

A promiscuidade, nesse uso livre que propõe Mezzadra, torna-se "condição pós-colonial" e dá conta da implosão do mapa que atribuía fronteiras claras e distintas entre centro e periferia e, portanto, a atribuição de papéis menores aos países terceiro-mundistas, negando seu caráter *constitutivo* da modernidade e, portanto, do chamado Primeiro Mundo, assim cômodas iniciativas que foram tomando um *corpus* de experiências e textos de uma modernidade *alternativa*.

2.

entre la salada e a oficina:

a riqueza comunitária em disputa

A PRESENÇA DE MIGRANTES BOLIVIANAS E BOLIVIANOS NA ARGENTINA põe em ressonância as conjunturas de crise do neoliberalismo em ambos os países. Essa crise se expressa numa série de articulações político-econômicas que exibem um mundo de transações e instituições populares inovadoras. A difusão de elementos comunitários, nesse ponto, é indissociável dos trânsitos migratórios, tanto internos quanto transnacionais. Os efeitos de tais deslocamentos difundem e dispersam elementos organizacionais que se recombinam como forças e recursos de uma nova economia popular e de formas inovadoras de organização social. Esse dinamismo comunitário se contrapõe às versões que o projetam a partir de imagens essencialistas e puramente estabilizadoras.

Na Argentina, como dissemos, a economia informal fez-se visível quando passou por um processo de massificação como efeito da crise do início do século XXI e a partir da forte desmonetarização que então imperou. *Na conjunção entre economia informal e neoliberalismo, a noção de comunidade ocupa um papel fundamental.* Classicamente caracterizada como aquela forma de organização social pré-moderna, deslocada e violentada desde a formação dos estados nacionais, sua atualidade, pelo contrário, tem a ver com as formas de persistência em plena globalização capitalista, vinculada às desnacionalizações parciais do próprio estado e às ensamblagens assinaladas anteriormente.

Mutação e persistência. Persistência apenas na medida em que serve para sublinhar seus *modos de mutação*: o que significa a comunidade diante da precarização do trabalho? Que tipo de recurso existe para as economias migrantes transnacionais? Que articulação social é provedora diante da debilitação dos estados nacionais? Situar e submergir essa pergunta nas trajetórias da economia migrante permite dar conta da existência do comunitário sob um caráter fortemente ambíguo: versátil, autogestionário e veículo de exploração e novas servidões.

Os saberes e tradições comunitárias, provenientes em grande medida da história indígena que atravessa a Bolívia, são exibidos hoje na Argentina *sob uma dupla face: como recurso para o aproveitamento de uma nova mão de obra barata, disposta a uma flexibilidade extrema, e como recurso de organização bairro-autogestionária*. Tal experiência traduz-se em termos de um *capital comunitário*, ambíguo na medida em que é simultaneamente explorado nas oficinas têxteis clandestinas e nas experiências de autogestão urbana. A *flexibilidade do pertencimento comunitário* torna-se um elemento fundamental como articulador de uma mão de obra migrante específica, da construção de assentamentos urbanos organizados por laços e pertencimentos múltiplos e do aproveitamento por parte das marcas (nacionais e transnacionais) desse *ethos*, que é um saber-fazer e um treinamento comunal capitalizável para as cadeias de montagem das economias globais. Nesse ponto, as trajetórias migrantes provenientes da Bolívia capitalizam uma extensa produção de imaginários e subjetividades vinculadas ao comunitário e a uma profusa trama de redes — familiares, festivas, comerciais etc. A relocalização estratégica de tal *ethos* comunitário em formas de economia urbana transnacional abre permanentemente um duplo nível de análise: em seu funcionamento disruptivo com respeito às lógicas ordenadoras da própria cidade; e em sua funcionalidade relativa a uma exploração do tipo servil.

Desse modo, a questão da comunidade é um conceito-chave para analisar problemas transversais à economia, pois expressa um nível em que o próprio coletivo se define antes por um conjunto de práticas comuns — de linguagem, de costumes, de vínculos, de valores etc. — do que pela efetiva intervenção configuradora da soberania estatal. Nessa linha, pode-se explorar o funcionamento do comunitário como linguagem da economia da migração em certos circuitos urbanos e como forma concreta de apropriação-redefinição do espaço: o surgimento de uma dinâmica comunitária já é signo de um momento de reconfiguração da composição coletiva que a ordem jurídica não desconhece. As perguntas podem ser assim sintetizadas: que tipo de temporalidade supõe a comunidade? Que espaço urbano ela é capaz de construir? Há um valor-comunidade?

Crise e comunidade

A *dinâmica comunitária* não possui uma essência imutável à qual se aferrar. Por isso, não há uma pureza a que resgatar ou reivindicar. Antes, *depende de ensamblagens espaço-temporais concretas*. O funcionamento comunitário que nos interessa explorar se inscreve nas coordenadas do capitalismo pós-fordista e, mais concretamente, dentro da refutação ao neoliberalismo, que ganhou visibilidade com a crise argentina de 2001. Trazemos como hipótese que a maquinaria comunitária mantém uma *relação íntima com a temporalidade da crise*. Porque oferece recursos autogestionários diante da dissolução generalizada. Porque assume formas de intercâmbio e de laço social que não têm *a priori* uma consistência institucional. Porque delimita um espaço de sentido frente ao esvaziamento temporal. A comunidade, nesse ponto, é um modo de interação de corpos que não possuem um substrato histórico natural fora desse jogo. É uma forma eminentemente política de autoconstituição.

Na Argentina, desde 2001, vê-se um ciclo que tem a crise como virtualidade permanente. Isso significa que muitos dos traços da crise — em particular, a exibição da instabilidade e a precariedade como dinâmicas sociais — tornam-se premissas de toda ação coletiva, institucional, parainstitucional ou ainstitucional.

Sejamos mais exatos: a maquinaria comunitária articula modos de fazer, dizer e ver que estão vinculados a trajetórias de migrantes. Trata-se de uma tecnologia que conecta territórios diversos e reorganiza o espaço urbano, e que também exibe uma nova composição da força de trabalho tornada especialmente visível nos últimos anos. Essa nova composição social tem na crise do neoliberalismo uma marca indelével.

Nesse sentido, o surgimento e a massificação de novas formas de trabalho informal/ilegal/precário, especialmente a partir de 2001, e o declínio posterior dos entraves ao trabalho assalariado que surgiram dos setores mais radicalizados do movimento *piquetero*[45] visibilizaram a mão de obra migrante como elemento central da recomposição econômica sob novas formas de trabalho. Em vários sentidos:

i) como exposição pública de certas condições *excepcionais* — em termos contratuais, de condições de trabalho, pagamento, exigências etc. — e, ao mesmo tempo, expandidas, de emprego;
ii) como face inversa do rechaço ao trabalho, enquanto o trabalho migrante se propaga mediante a *equação rentabilidade por submissão*;
iii) como incorporação da autogestão ao serviço de novas dinâmicas empresariais populares articuladas a uma lógica de marcas e empresas transnacionais;
iv) em sua coexistência com um discurso político em nível governamental que põe ênfase crescente nas possibilidades *nacionais* de recuperação da crise e do sistema político;
v) em coincidência com um requestionamento — e moralização reativa — dos subsídios massivos, que passam de subsídios de

---

[45] *Piquetero* refere-se na Argentina ao movimento de trabalhadores e trabalhadoras desocupados surgido com a crise de 2001. Seu nome deve-se ao fato de que o movimento ressignificou a clássica ferramenta do piquete por fora da fábrica, usando-a para interromper a circulação de mercadorias através do bloqueio de vias. O piquete combinou-se a uma enorme organização coletiva nos bairros de *ollas populares* [distribuição solidária de comida], empreendimentos autogestionários e outras atividades comunitárias.

desemprego para se converterem em subsídios de "trabalho" (mais adiante discutiremos até que ponto esses subsídios são na verdade destinados ao *consumo*);

vi) como elemento disciplinador da queda do preço do trabalho por efeito da desvalorização, o que incorpora esse "preço" à escala global transnacional de concorrência. Nesse sentido, como sustenta Moulier Boutang, a máxima queda de custo do trabalho migrante põe um piso — material e simbólico — à queda salarial contra a qual se afirmam os trabalhadores nacionais;

vii) como vantagem, tanto para o mercado quanto para o pacto político, de consolidação de uma nova segmentação do trabalho, relançada depois do impacto da crise;

viii) como explicação do surgimento de formas de pobreza e marginalidade urbana centradas no trabalho e não no desemprego, que dão lugar a novas formações de classe.

Deixemos ainda mais precisa a relação que propomos entre recomposição do trabalho, economias migrantes e práticas comunitárias. Que vinculação existe entre o surgimento do chamado "trabalho escravo" nas oficinas têxteis clandestinas da Argentina e a expansão dessa dinâmica comunitária como força econômica da migração? Que relação há entre trabalho escravo e a chamada feminização do trabalho? De que maneira o feminino está ligado ao comunitário?

O trabalho escravo e o trabalho das mulheres apresentaram formas de *afinidade* e imbricação desde o início da modernidade, assim como modos de organização para resistirem à exploração. Podemos assinalar seus pontos em comum, as fundamentações históricas de tais analogias (produção de certa forma de valor, posição subordinada na produção, características específicas de sua exploração), para conjeturar que a *emergência de modalidades de trabalho escravo na indústria têxtil local nos primórdios do século XXI tem relação com a crise de 2001 e com uma tendência de recomposição do trabalho que assume as modificações estruturais propostas pelo neoliberalismo.*

Informalização e feminização: rumo ao trabalho escravo?

A informalização da economia reintroduz as categorias de lar e comunidade como espaços econômicos importantes e as reinterpreta a seu favor. Na Argentina, a crise do neoliberalismo impôs uma massificação dos subsídios como modo de atravessar a crise do trabalho. A lógica dos empreendimentos que tais subsídios promoveram pode ser catalogada como impulsionadora de iniciativas baseadas na casa e na comunidade.

Isso quer dizer que a assistência social se articula, em momentos de crise, como a de 2001, a partir das economias doméstico-comunitárias nos bairros populares. A crise foi um momento em que o trabalho chamado doméstico (cuidado, alimentação etc.) passou a primeiro plano, pois articulou-se de maneira massiva aos subsídios de desemprego e, em muitos lares, converteu-se no único recurso capaz de prover fonte de renda. Desde então, esse protagonismo social na crise também deu lugar a um redimensionamento político da assistência pública: a distribuição de mantimentos, uma tarefa classicamente doméstica, foi um momento fundamental na formação de movimentos e empreendimentos que, em muitos casos, reivindicaram a autonomia do estado, apropriando-se de seus recursos e redirecionando coletivamente o uso de tais recursos atribuídos de maneira individual. Na crise de 2001, a reprodução social tornou-se independente das relações de emprego, mostrando como a noção de *emprego* se distancia da produção (biopolítica) de valor social, capaz de sustentar formas de socialização na crise.

Em si, a organização bairro-territorial precisa dos saberes domésticos ao mesmo tempo que os projeta num espaço público-político de maneira muito especial quando a crise é simultaneamente crise da representação política e da função mediadora das instituições em geral. Isso supõe, na experiência popular, uma capacidade de reapropriação de um instrumento de governamentalidade que, desde a sua origem, representa o embate estatal contra formas alternativas de socialização para, depois de produzir a espoliação, reestatizar o social (Hirsch, 1996). Vale recordar que, desde as suas origens, a assistência pública foi: i) um momento decisivo na relação estatal entre trabalhadores e capital, e de definição da função do estado; ii) o primeiro reconhecimento da *insustentabilidade* do sistema capitalista, regido pela fome e o terror; iii) o primeiro passo na reconstrução do estado como garantidor de relações de classe, como supervisor da reprodução e do disciplinamento da força de trabalho (Federici; 2012, p. 116; Donzelot, 1990). Agora, o que estamos discutindo é a possibilidade de apropriação e de uso tático desses recursos que, a princípio, são distribuídos como assistência social.

O que nos interessa é como a assistência pública se conecta com a gestão da crise do trabalho assalariado para somar elementos à discussão sobre uma política de governança social. Lazzarato (2006) sustenta que a linguagem da assistência e do mercado de trabalho se misturam na atualidade. A hipótese é que ambas operam gerindo um trabalho escasso e, portanto, promovendo a criação artificial de emprego, mas sob uma lógica que é a do subsídio. A passagem dos subsídios de desemprego denominados Plan Jefes y Jefas del Hogar Desocupados [plano chefes e chefas do lar desempregados], que se tornaram massivos em plena crise de 2002, à sua reconversão em Plan Argentina Trabaja [plano Argentina trabalha] exemplifica de maneira literal essa tendência, em uma dinâmica que se dá simultaneamente à proliferação de modos informais e multiformes de trabalho.

Feminização do espaço: a comunidade e o lar como insumos

A feminização dessas economias tece a trama na qual a comunidade e o lar tornam-se insumos decisivos na hora de pensar a riqueza, e se inscreve no marco da crise do trabalho assalariado. Dora Barrancos (2013) esclarece essa relação entre o protagonismo feminino e a crise em termos amplos: "São inumeráveis os cenários históricos em que a 'natureza feminina' forja-se não como uma incorporação, como uma exterioridade excêntrica, mas como um elemento imanente da crise"; e com particular ênfase na história argentina que vai das Madres de la Plaza de Mayo às *piqueteras*: "Insistirei na comoção de pautas, normas e expectativas de gênero que suscitam as crises, e na hipótese de que, diante de uma severidade maior das afetações, mais expressiva resulta o que denomino visibilidade feminina na ágora. As mulheres soltam as amarras e desafiam as restrições normativas que as retêm como sujeitos de significação privada".

A feminização do trabalho refere-se a um duplo processo: por um lado, a presença pública das mulheres aumenta, posicionando-as como um ator econômico relevante, ao mesmo tempo que se "feminizam" tarefas desenvolvidas nessa mesma economia informal pelos homens; por outro, deslocam-se ao âmbito público características próprias da economia do lar ou da comunidade, que passa então a ser entendida, na maioria das vezes, em termos de bairro. Ao enfatizar essa perspectiva, surgem alguns questionamentos: em que medida essa feminização da economia altera as hierarquias no trabalho e no lar? Até que ponto tal feminização da economia fala de uma tendência que não se reduz à quantidade de mulheres que passam a fazer parte dela, mas que expressa, antes, uma modificação qualitativa dos processos de trabalho e das formas de intercâmbio?

De acordo com Sassen (2003), as mulheres combinam duas dinâmicas diferentes. Por um lado, integram uma classe de trabalhadores invisível e sem poder, a serviço dos setores estratégicos da economia: não têm chance de constituir-se numa aristocracia operária nem de se sindicalizar. Por outro, o acesso a fontes de renda, ainda que baixas, feminizam as oportunidades comerciais produzidas pela economia informal e alteram as hierarquias de gênero.

Determinados subsídios, organizados sob uma lógica de microfinanciamento a empreendimentos e iniciativas augestionárias, permitiram compatibilizar a perspectiva neoliberal com formas populares e comunitárias de sustento. O saber-fazer do trabalho doméstico-reprodutivo, junto com um complexo repertório de práticas e conhecimentos comunitários, montou uma trama de economias múltiplas em meio à crise que permitiu a sobrevivência de milhares de pessoas, ao mesmo tempo que projetou uma capacidade política de autogestão popular de grande alcance.

Há traços de afinidade entre o feminino e o comunitário que qualificam de modo particular essas economias: capacidade para trabalhar em microescalas, confiança no valor do afetivo como momento produtivo, experiência do minoritário como potência específica. O caráter histórico desses traços tem a ver com uma história densa de subjetividades associadas ao trabalho reprodutivo, relegadas historicamente a uma marginalidade funcional e altamente *produtiva*, como assinalou Christian Marazzi (2002) sob a sintética imagem da história subjetiva que se esconde no mesmo "lugar das meias". Nos momentos de crise, como a de 2001, essas qualidades ganham um relevo diretamente político e passam a cumprir funções estratégicas na organização social, ao mesmo tempo que nutrem a capacidade do neoliberalismo para desenvolver-se como governamentalidade.

Mesmo que as premissas neoliberais "busquem fortalecer ou estabelecer as mulheres como trabalhadoras autoempregadas em pequenas empresas cujo modelo é a empresa capitalista" (Gibson-Graham, 2007, p. 165), também é necessário ver sua outra face: o momento de subjetivação e autonomia que essas economias representam e que, enquanto tais, supõem um desafio às economias hegemônicas. As feministas Julie Graham e Katharine Gibson teorizam o que chamam de "economias diversas" como a "produção de uma linguagem da diferença econômica para ampliar o imaginário econômico, tornando visíveis e inteligíveis as diversas e proliferantes práticas que a preocupação com o capitalismo obscureceu". Para elas, essa linguagem da diferença econômica é alimentada por alguns contradiscursos básicos: as pesquisas sobre o trabalho doméstico como trabalho não remunerado e invisibilizado nas contas nacionais dos países; as investigações sobre economias informais e sua imbricação nas transações Norte-Sul; também a linguagem de *O capital* sobre a diferença econômica quando não é capturada pelo etapismo e pelo desenvolvimentismo, segundo uma concepção sistêmica da economia.

A *linguagem da diferença econômica* torna-se um detector de outros processos em devir que dão atenção especial a seu caráter situado, ou seja, que veem como importante a categoria de lugar: "Em termos mais amplamente filosóficos, o lugar é isso que não está totalmente unido a um sistema de significação, não completamente absorvido a uma ordem (mundial), é esse aspecto de todo lugar que existe como uma potencialidade. Lugar é o 'acontecimento no espaço', operando como um 'deslocamento' em relação às estruturas e narrativas familiares. O que não está amarrado nem mapeado é o que permite novas ligações e mapeamentos. O lugar, como o sujeito, é o lugar e o estímulo para o devir, a abertura à política".

A ideia não é simplesmente opor economias alternativas ao domínio capitalista, mas desentranhar certas práticas econômicas em termos de sua diferença e reintroduzir a contingência para pensar o econômico, assim como afastar essa diversidade econômica dos marcos nos quais pensou-se tradicionalmente como economias tradicionais, familiares e atrasadas em oposição ao moderno. O desafio de pensar numa lógica da diferença econômica obriga, segundo Gibson-Graham, a materializar os diferentes tipos de transação e maneiras de negociar a comensurabilidade, os diferentes tipos de trabalho e maneiras de compensá-lo e as diferentes formas de empresa e maneiras de produzir, de apropriar-se e de distribuir os excedentes. Esses critérios podem servir para deslocar o comunitário de sua acepção pré-capitalista, mas também para evitar projetá-lo como modalidade utópico-redentora, como se fosse salvar o mundo mercantil. Interessa-nos utilizar esta concepção em relação à capacidade de dar conta de outras lógicas econômicas a partir de sua heterogeneidade indissimulável.

As economias comunitárias não são uma celebração localista. São um modo de dar conta de uma nova combinação de escalas, capaz de ensamblar dinâmicas, modos produtivos, saberes e circuitos à primeira vista incompatíveis. Nesse sentido, "lugar" refere-se a uma singularidade situada. O comunitário, uma vez mais, necessita ser afastado de sua concepção de "circunscrição territorial", sob risco de converter-se numa forma de confinamento. Pelo contrário, o comunitário é forma simultânea de fixação e projeção que, não obstante, não pode se limitar a ser clichê de uma "economia alternativa" pré-fabricada ou um tipo de solidariedade substancial que se recria idealmente. Nesse sentido, torna-se operativa na medida em que é capaz de abrir a análise aos terrenos de experimentação econômica para além "dos mercados formais, do trabalho assalariado e da empresa capitalista" (*Ibidem*, p. 154).

O caráter vazio, não prescritivo, do que entendem por economias comunitárias apoia-se no sentido de que o estar em comum é sempre uma invenção política. "Começar a pensar nisso é adotar outro tipo de política da linguagem, uma que inclua o que denominamos 'economia comunitária'. Ainda que, ao invés de uma completude proliferativa, observada na economia diversa, a economia comunitária seja um vazio: como deve sê-lo se o projeto para construí-la é político, experimental, aberto e democrático" (*Ibidem*, p. 160).

A eterna ironia da comunidade

Certa perspectiva nietzschiana nos permite assinalar uma relação entre o feminino e um modo do comum que vai além da existência efetiva de uma comunidade. Trata-se de um comum feminino que consiste na capacidade de ironizar "eternamente" a comunidade (para retomar a — também irônica — frase de Hegel sobre a qual desenvolvemos nosso argumento). Ou ainda, a partir das palavras de Friedrich Nietzsche, o "eterno feminino" poderia nomear aquilo que abre um vazio no interior da comunidade, deslegitimando-a, confundindo seus limites. O que esse modo feminino tem precisamente em comum é uma potência (virtual-atual): a de desmistificar a comunidade cada vez que se apresenta como totalidade, como forma da verdade.

O feminino funciona então como ironia que desconstrói a estabilidade do que se apresenta unido. Que ironiza também essa ideia tão difundida da política, segundo a qual a união faz a força. Se há outra economia de forças que se afirma como pluralismo e dispersão, a força do comum feminino é sua multiplicidade. É estranha à união, ou melhor, tende ao desperdício de forças. Essa afirmação, no entanto, requer um método capaz de valorizá-la, de mostrar seu movimento. Aqui tentamos desenvolver três pontos (metodológicos).

A pergunta, então, é: por que Hegel e Nietzsche vinculam o feminino ao eterno? Um ponto de partida é tratar o feminino como a insistência — sem fundo e sem fim — de um devir que dessubstancia o comum: que o torna impossível de ser fixado a um solo, a uma língua ou uma terra. O eterno feminino, a partir da linguagem nietzschiana, pode ser lido como esse território capaz de opor à comunidade substancial formas de democracia apátrida, que não exigem lealdades nem pertencimentos. A partir da alusão hegeliana, o feminino assinala uma negatividade: a que faz a comunidade duvidar de sua própria seriedade, de sua própria governabilidade. Tomaremos aqui essa mesma indicação — seguindo alguns textos feministas — num sentido positivo.

Hegel (1994, p. 281) efetivamente escreveu que as mulheres são a "eterna ironia da comunidade". Com base nessa frase, a feminista italiana Carla Lonzi (1978), autora do texto-manifesto *Sputiamo su Hegel* [cuspamos em Hegel], diz que aqui "reconhecemos a presença do exemplo feminista de todos os tempos". Depois da desconstrução da comunidade, isto é, depois de sua "posição em mais de uma língua", há algo do feminino que se torna decisivo nessa multiplicação, justamente por serem as mulheres o "sexo" que não é "um", mas múltiplo.

As mulheres são um paradoxo no discurso da identidade e esse é um ponto de partida para a crítica da metafísica da substância que estrutura o sujeito.[46] Judith Butler (2007), seguindo uma perspectiva desconstrutivista, toma de Luce Irigaray a crítica à linguagem falocêntrica de "significação unívoca" na medida em que são o não representável, o não restringível, o não designável. Desse modo, fica formulada a pergunta por uma economia (sexual-linguística-afetiva) que escape

---

[46] E essa presença do feminino como o "outro" do sujeito-um está na própria origem da mitologia ocidental, ao menos na judaico-cristã, através da figura de Lilith, primeira mulher criada junto com Adão, do pó da terra, e que resiste a ficar por baixo no ato sexual. Lilith foge com um anjo e Deus, solícito, cria, da costela de Adão, Eva. Segundo essa mitologia, tomada de textos religiosos durante séculos, esse é o sentido da frase de Adão no *Gênesis*, quando Deus cria Eva: "Essa é agora carne de minha carne". Lilith, por sua vez, adquirirá uma presença espectral. Voltará, ameaçadora, sobre o ato sexual dos casais para tirar deles os recém-nascidos. Para uma versão documentada dos rastros de Lilith na mitologia judaico-cristã, ver Colodenco (2006).

à economia significante falocêntrica (e suas concepções do outro, do sujeito e da carência). Que outra economia dá conta do feminino? Voltemos a Lonzi, para quem a diferença não é um argumento jurídico para contrapor ou substituir a igualdade, mas um princípio existencial que as mulheres têm contra a teoria política (revolucionária) patriarcal. Uma chave dessa dimensão existencial é precisamente a valorização dos momentos improdutivos (recarregando essa palavra de uma *eterna ironia*). Essa "forma de vida proposta pela mulher" é uma "das contribuições da mulher à *comunidade*, desfazendo o mito de sua laboriosidade subsidiária". Costurando, pode-se dizer: na medida em que se rompe com a ideia de trabalho feminino como complementar ou subsidiário, a improdutividade reivindicada como modo feminino ironiza a comunidade como pura coordenação de esforços, como espaço de acumulação.[47]

Nietzsche, quando fala do "eterno feminino",[48] refere-se ao modo singular daquilo que "não tem fundo" — tal como caracte-

---

[47] A ideia de improdutividade também deve ser ampliada. Por um lado, para diferenciar um trabalho não reconhecido majoritariamente doméstico-feminino que não deixa de ser produtivo, de produzir valor, ao mesmo tempo que é invisibilizado. Por outro lado, pode-se falar de improdutividade como modo de uma economia feminizada que evita a acumulação e a posse e a que se poderia caracterizar segundo certos traços próprios, por exemplo: i) a posse de um código múltiplo, heteróclito e limitado; e ii) a capacidade de introduzir fragmentos em fragmentação.

[48] Fink (1994, p. 135) explica a associação nietzschiana entre a mulher e a eternidade: "a volta ao mundo é sempre, porém — para Nietzsche —, amor à eternidade: não a uma eternidade situada para além do mundo, não a uma eternidade transmundana, mas à eternidade no próprio mundo: 'Oh, como não iria eu desejar a eternidade e o anel dos anéis de núpcias, o anel do retorno? Nunca encontrei ainda a mulher de quem quisesse ter filhos, a não ser essa mulher a quem eu amo: pois eu te amo, oh eternidade!'. O amor à eternidade é comparado ao amor ardoroso; à eternidade se lhe chama mulher, o anel do retorno é o anel de bodas."

riza a mulher e que, ao mesmo tempo, não é "superficial". Certo caráter anfíbio que é simultaneamente um *já não* e um *tampouco ainda*. Assim é como se caracteriza aos estados de transição, e é com essa imagem de transição ininterrupta que o eterno feminino parece jogar. Como o extremo de um antiessencialismo que arrasta as forças em direção a um vazio de origem e de definição. A relação entre o feminino e o eterno serve, nesse sentido, para pensar a ideia de uma configuração sempre aberta, um não todo do mundo.

Por isso, a ideia do eterno ligada ao feminino aparece curiosamente em Hegel e em Nietzsche como desconfiança: como ironia, como guerra eterna em relação à comunidade que se apresenta sempre completa, sempre unida — a fraternidade, diria Jacques Derrida. Mas essa ideia do retorno, em Nietzsche, também pode ligar-se à sua definição das mulheres, que descreve em A *gaia ciência* como aquelas capazes de exercer uma "ação à distância", ou seja, uma influência desterritorializada e atemporal, capaz de uma efetividade paradoxal, que é *extracomunitária*.

Surge assim a possibilidade de pensar sua força (irônica, à distância, eterna, improdutiva) como *apátrida*: a que não permite a comunhão entre comunidade e identidade. E, por isso mesmo, a perspectiva do feminino parece ir além de toda nostalgia: não há comunidade perdida e, portanto, tampouco há comunidade a ser resgatada — conjurando assim o modelo que vai de Rousseau a Hegel e que é retomado pelos românticos.

Seria possível pensar essa economia improdutiva, no sentido profundamente irônico desse termo, que vincula o eterno ao feminino e à sua capacidade de ironia sobre a comunidade, como um modo de distinguir as formas de reprodução social da reprodução de capital?

Da comunidade à fábrica social

A partir de certa linha do feminismo dos anos 1970, buscou-se discutir a comunidade, desmistificando-a e colocando-a em relação direta com a fábrica como seu outro solidário. Em um livro já clássico publicado em 1975, *The Power of Women and the Subversion of the Community* [O poder da mulher e a subversão da comunidade], de Mariarosa Dalla Costa, Selma James escreveu, no prefácio: "A comunidade, portanto, não é uma área de liberdade e lazer auxiliar da fábrica onde por acaso há mulheres degradadas como servas pessoais dos homens. A comunidade é a outra metade da organização capitalista, a outra área de exploração capitalista oculta, a outra fonte oculta de trabalho excedente de mão de obra. Torna-se cada vez mais arraigada, como uma fábrica, o que Mariarosa chama de uma fábrica social, onde os custos e a natureza de transporte, moradia, assistência médica, educação, polícia são pautas de luta" (p. xi).

Fica assinalada e antecipada uma relação fundamental: a comunidade transformada em uma engrenagem do que a tradição do operaísmo italiano chamará de *fábrica social*. Isto é, a comunidade como um dos elementos que será incorporado à esfera de valorização quando esta inclui um conjunto de conexões, afetos e cooperações que ampliam e requalificam a produção já não circunscrita às paredes da fábrica.[49]

A partir do feminismo, antecipa-se esse possível declínio do comunitário (como saber-fazer, como tecnologia, como valor-afeto) como um novo capítulo da valorização capitalista. Retomando a figura feminina como subversiva da comunidade — a advertência hegeliana radicalizada pelo feminismo —, James traça uma relação

---

[49] A propósito desse ponto, desenvolveu-se um interessante debate na revista *Rethinking marxism*, v. 22, n. 3, jul. 2010.

entre casa e comunidade: "Dalla Costa considera a comunidade como a primeira e principal casa, e considera, portanto, a mulher como a figura central da subversão na comunidade. Visto dessa maneira, as mulheres são a contradição em todos os marcos políticos anteriores, que se basearam no trabalhador masculino na indústria. Uma vez que vemos a comunidade como um centro produtivo e, portanto, um centro de subversão, toda a perspectiva de uma luta generalizada e de organização revolucionária é reaberta" (p. xx).

A comunidade e as mulheres funcionam então como o eixo de uma nova valorização e, ao mesmo tempo, introduzem um novo tipo de conflito. Por um lado, descentralizam o sujeito trabalhador industrial masculino branco de seu estatuto privilegiado de produtor e, por outro, visibilizam as matérias produtivas que desde seu início são fundantes do capitalismo, ao mesmo tempo que são invisibilizados e desvalorizados: o trabalho de reprodução, de constituição de vínculo social, de cooperação afetiva. A relação das mulheres como produtoras de força de trabalho as vincula diretamente com o capital, colocando-as sempre no limite de uma possibilidade de subversão: "A relação das mulheres com o capital é fundamentalmente a de produzir e reproduzir a força de trabalho, presente e futura, da que depende toda a exploração capitalista. Essa é a essência do trabalho doméstico e esse é o trabalho para o qual a maioria das mulheres é preparada e pelo qual toda mulher é identificada" (p. vii).

A identificação do trabalho feminino como trabalho invisibilizado tem uma relação direta com sua condição de trabalho não pago em termos salariais, relegando-o a um trabalho subsidiário do trabalho remunerado masculino, enquanto desconhece o vínculo intrínseco entre ambos. O "patriarcado do salário", no entanto, não apenas marginaliza e submete o trabalho das mulheres como também o trabalho camponês. O contexto em que as autoras escrevem é o de uma luta internacional pelo salário doméstico. Não só para serem incorporadas a esse regime, mas também para desconstruir a ideia de trabalho doméstico como trabalho estritamente feminino gratuito e naturalizado. A perspectiva feminista assim desenvolvida não introduz simplesmente uma especificidade, não abona um particularismo. Abre, em contrapartida, a noção e a própria composição da classe trabalhadora. Nesse sentido, as autoras põem sua luta em perspectiva com a dos negros nos Estados Unidos, marcando outra relação fundamental entre mulheres e negros. Vale citar a passagem na íntegra: "Esse processo de desenvolvimento não é exclusivo do movimento das mulheres. O movimento negro nos Estados Unidos e em todas as partes começou também adotando o que parecia ser unicamente uma posição de casta, em oposição ao racismo dos grupos dominados pelos homens brancos. Tanto os intelectuais do Harlem quanto Malcom x — esse grande revolucionário — eram nacionalistas; ambos pareciam contrapor a cor à classe quando a esquerda branca ainda entoava variações de 'negros e brancos, unidos na luta', ou 'negros e trabalhadores, temos que nos unir'. Através desse nacionalismo, a classe trabalhadora negra pôde *redefinir a classe*: negros e trabalho eram, de modo embaralhado, sinônimos (talvez o trabalho de nenhum outro grupo fosse tão sinônimo, exceto o das mulheres), as demandas dos negros e as formas de lutas criadas por eles eram as demandas da *classe trabalhadora* mais avançada."

Da comunidade à fábrica social, a partir dessa perspectiva é que se pode pensar em um movimento de politização (desmarginalização e visibilização) da experiência do trabalho não assalariado. Empurrado pela luta de mulheres, negros e camponeses — no balanço das feministas —, esse movimento impulsiona uma complexificação da noção de classe e do trabalho, e torna visíveis as múltiplas camadas de valor que o salário pretende homogeneizar, monopolizar e comandar. O salário como poder político sobre uma multiplicidade que o excede termina contestado pela emergência insubordinada de subjetividades que ampliam o próprio conceito de exploração.

A fábrica social como método

A fábrica social capitalista, extensão da exploração ao conjunto social, é o correlato (invertido) de um movimento intensivo da capacidade de produção — ontológica — de mundo, e, portanto, um enriquecimento da capacidade operativa. *Invertido*, porque essa cooperação crescente se dá como intensificação da exploração, da obediência e da mistificação do mundo. Daí que a "inversão" (antes em sentido idealista, agora materialista, como diria o Marx leitor de Hegel) de que precisamos "põe as coisas sobre seus pés", e nos permite atravessar a racionalidade mais profunda sobre o estado atual das coisas. A *fábrica social* é, antes de tudo e como condição inclusive do próprio funcionamento do capitalismo, imagem de conjunto de um sistema de ressonâncias valorizantes, no nível propriamente do ser. O problema das filosofias da comunidade (Zibechi, 2006) é que desvinculam intelectualmente — mesmo que não realmente — a comunidade de seu contexto (e horizonte) maquínico produtivo — a fábrica —, movimento valorizante de conjunto. Essa separação é artificiosa, mas motivada por uma necessidade compreensível de fortalecer as resistências comunitárias ao devir capitalista do mundo, quer dizer, à fábrica social — mundial — capitalista, que dá racionalidade às instituições soberanas, e contra a qual trabalham as forças políticas da emancipação.

A fábrica social torna-se, então, perspectiva metodológica — e sua variação funda uma ontologia da variação — que permite, habilita, um ponto de vista crítico, de baixo, da inserção da vida ao capital, em que a crítica comunitária cumpre um papel relevante, tal como o mostra certa filosofia feminista. A qualificação do trabalho feminino como "serviço pessoal" é uma das modalidades de desqualificá-lo enquanto trabalho, na medida em que o localiza para além das relações capitalistas de produção (por fora do investimento de capital, segundo Marx), assim como relativiza sua produtividade específica e retira o caráter histórico de sua função.

Se "onde as mulheres estão envolvidas, seu trabalho parece ser um serviço pessoal fora do capital" (Dalla Costa, 1972, p. 32), a separação entre reprodução e produção condena a primeira a uma esfera não valorizante, não retribuível e subordinada à definição do salário em termos negativos (atividade não salarial). Não por acaso, Virno volta, no momento de pôr predicados na multidão, a associar o trabalho manual e servil, tal como o localiza Marx, como fonte de uma dimensão performática.

Escravos *versus* assalariados

Seguindo as análises de Dalla Costa e James, Federici (2012) sustenta que, com a desvalorização e invisibilização do trabalho das mulheres, se cria o trabalho doméstico como forma de separar taxativamente produção e reprodução e, desse modo, se habilita um uso capitalista do salário para comandar o trabalho dos não assalariados. Federici, no entanto, direciona a força desse argumento para pensar essa espoliação do trabalho feminino como núcleo da acumulação originária do capitalismo.

Nesse sentido, defende que, diante dos cercamentos (*enclosures*) — núcleo mais conhecido na teorização da acumulação originária —, as mulheres são transformadas nos "novos bens comuns". Isso significa que seu corpo e seu trabalho são mistificados como *serviço pessoal ou recurso natural*. Um território que pode ser usufruído na medida em que garante a reprodução social e fornece recursos comuns: "De acordo com esse novo contrato sexual, para os trabalhadores homens, as mulheres proletárias se converteram naquilo que substituiu as terras que perderam pelos cercamentos, seu meio de reprodução mais básico e um bem comunal de que qualquer um podia apropriar-se e usar segundo sua vontade. Os ecos dessa 'apropriação primitiva' podem ser ouvidos no conceito de 'mulher comum' (Karras, 1989), que no século XVI qualificava aquelas que se prostituíam. Mas, na nova configuração do trabalho, todas as mulheres (exceto as que tinham sido privatizadas pelos homens burgueses) se converteram num bem comum, pois, uma vez que as atividades das mulheres foram definidas como não trabalho, o trabalho feminino começou a aparecer como um recurso natural, disponível para todos, não menos que o ar que respiramos ou a água que bebemos" (Federici, 2012, p. 130).

A derrota histórica das mulheres foi, nesse sentido, a feminização da pobreza: por meio de uma nova ordem patriarcal, argumenta Federici, fez-se cumprir a "apropriação primária" masculina do trabalho feminino que "reduziu as mulheres a uma dupla dependência: de seus empregadores e dos homens". Desse modo, a *escravização* das mulheres à reprodução propõe justamente uma analogia com as escravizadas na América, num mesmo movimento do capitalismo em seus primórdios violentos. "Enquanto na Idade Média as mulheres puderam usar vários métodos anticoncepcionais e haviam exercido um controle indiscutível sobre o processo de parto, a partir de então seus úteros haviam se transformado em território político, controlado pelos homens e pelo estado, e a procriação foi diretamente colocada a serviço da acumulação capitalista. Nesse sentido, o destino das mulheres europeias, no período de acumulação primitiva, foi similar ao das escravizadas nas plantações coloniais americanas que, especialmente depois do fim do contrabando de escravizados, em 1807, foram forçadas por seus senhores a se converterem em criadoras de novos trabalhadores [...]. Apesar das diferenças, em ambos os casos, o corpo feminino foi transformado em instrumento para a reprodução do trabalho e a expansão da força de trabalho, tratado como uma máquina natural de criação, que funciona de acordo com ritmos que estão fora do controle de mulheres" (*Ibidem*, p. 127).

A naturalização e o servilismo são dois procedimentos que se renovam como figuras de mistificação, ao mesmo tempo que operam qualificando o trabalho doméstico. A massificação da prostituição tem a ver com o despojo de então, e com a criação da figura da dona de casa como enclausuramento familiar para a produção da força de trabalho. Daí também a importância da advertência metodológica: não se pode estudar de forma desconectada o trabalho assalariado das mulheres, o trabalho doméstico e o trabalho sexual (pago).

Trabalho: para além da distinção moderno/não moderno

A forma pela qual o capitalismo pós-industrial produz novas combinações entre economias de tipo servil e economias pós-modernas deve ser analisada levando-se em conta não mais uma tendência hegemônica (ou hegemonizante) de um trabalho assalariado *livre*, e sim a partir da extensão de uma nova feminização do trabalho que implica a valorização crescente dos atributos que permanentemente qualificam o trabalho como não livre. Reedição melhorada e ampliada de uma condição colonial de novo tipo, a situação da atual feminização do trabalho sugere sobretudo uma grande ambiguidade: aquela através da qual um novo impulso capitalista obtém competitividade e dinamismo para articular-se de modo flexível a práticas, redes e atributos que historicamente caracterizaram os fluxos de trabalho não pago.

É necessário sublinhar que o modo escravista/servil não é o outro do trabalho moderno, mas sua contraparte constitutiva, como demonstrado contundentemente por Susan Buck-Morss (2005), analisando a simultaneidade (e a imbricação) entre as filosofias iluministas e a economia escravista a partir do século XVII.[50] A condição colonial do mundo foi, desde então, caracterizada por essa dupla economia: as economias "não modernas" e as economias modernas — como dicotomia aparente entre servidão e liberdade —, funcionando de maneira coerente num mesmo modo de produção.

Carole Pateman (1995, pp. 167-8) escreve: "A comparação das mulheres e das esposas com os escravos foi feita com frequência a partir do século XVII [...]. A comparação das esposas com os escravos repercutiu no movimento feminista durante o século XIX. As mulheres eram muito proeminentes no movimento abolicionista e relacionaram rapidamente a condição dos escravos com a sua própria condição de casadas". O mesmo poderia ser dito dos índios, que — sob outra economia — compartilham com escravos e mulheres um regime de trabalho que tem as características próprias do trabalho *não livre*. Em comum também apresentam as exigências de fidelidade e disponibilidade, assim como o fato de que não há *medida* (salarial) de seu trabalho, que são exigências comuns — mesmo que de diferentes modos — à economia doméstica, à economia escravista (do engenho) e à

---

50 Segundo a autora: "Há um elemento de racismo implícito no marxismo oficial, ainda que se deva apenas à noção de história como progressão teleológica. Isso fez-se evidente quando os marxistas (brancos) resistiram à tese do historiador marxista nascido em Trinidad, C. L. R. James, em *The Black Jacobins* (1938) [Os jacobinos negros] — secundado pelo marxista jamaicano Eric Williams em *Capitalism and Slavery* (1944) [Capitalismo e escravidão] — de que a plantação escravista constituía a quintessência da instituição moderna de exploração capitalista".

economia da *mita*, da *encomienda* e do *pongo*.[51] Isso supõe que os sujeitos feminizados — numa versão reativa da feminização — ficam do mesmo lado da linha *moderna* que divide o trabalho servil do trabalho assalariado livre. Surge, assim, uma série de binarismos: salário *versus* subsistência; força de trabalho *versus* propriedade sobre a pessoa; livre escolha *versus* imposição/captura. Esse argumento se estende inclusive à expropriação sexual e à menoridade — muitas vezes vinculadas à impossibilidade de ter nome ou sobrenome próprios — que subtrai a possibilidade de encontrar uma vontade nestes sujeitos, como modo também de feminizá-los reativamente, de vitimizá-los ao extremo.

O feminino, então, se refere a uma debilidade imposta a certos atributos paradigmáticos: aqueles que apresentam uma suposta menoridade, que estão destinados à condição de estar sob a propriedade sexual de outro; e um tipo de trabalho que não é regido formalmente pelas regras do trabalho assalariado moderno, de modo que o feminino ou a feminização de um sujeito — como o tom de voz e a posição do corpo, e também enquanto uma relação determinada com a produção e a propriedade, o anônimo e o coletivo — implicam um modo de nomear o subalterno. E essa nomeação traz implícita uma distinção que opõe um corpo passivo — reduzido à sua pura reprodução biológica — a um corpo ativo — com poder de produzir sentido e palavra —, na qual o passivo fica ligado ao feminino ou àquilo que se feminiza.

É possível propor outra definição, uma variação, de feminização. Trata-se de uma distinção de termos (potência política/potência biológica-adaptativa) que não se excluem mutuamente, mas

---

[51] *Mita*, *encomienda* e *pongo* são diferentes sistemas de trabalho forçado implantados por regimes coloniais usando mão de obra indígena nas Américas, especialmente para extrair ouro e prata.

afirmam sua diferença sem uma contraposição: não é uma lógica de contrários. Disjunção é, portanto, a dinâmica de uma separação: contudo, nos interessa distinguir entre a disjunção que exclui um dos seus termos e aquela que permite a afirmação de ambos, mantendo suas diferenças.[52] Esta última imagem pode ser vinculada à conceitualização da mulher como "ser de fronteira" entre *zoé* e *bíos*, como analisam Clément & Kristeva (2000). Segundo essa autora, o corpo feminino expressa — de modo mais dramático — "uma estranha encruzilhada entre *zoé* e *bíos*, fisiologia e narração, genética e biografia", e é a fronteira porosa entre "biologia e sentido" o que precisamente familiariza esse corpo com esse estar em trânsito. É sua fixação em algum tipo de naturalidade, na realidade, que o encerra como "ser de fronteira", ao mesmo tempo que marca um claro espaço de exclusão.[53]

O feminino como economia

Portanto, esses modos da disjunção diferenciam o feminino, por um lado, como uma economia de produção, uso e circulação (dos bens e da voz) que é expressão de condutas de rebelião e, por outro, o feminino funciona nomeando a exasperação ou fixação dos traços de uma submissão que impede a palavra, ou a reduz ao lamento como

[52] Essa mesma distinção nos modos da disjunção pode ser pensada para a relação voz/escritura.

[53] De acordo com Kristeva (2000, p. 23), "é bem possível que uma sociedade dominada pela técnica e pelo lucro reduza as mulheres a serem apenas as detentoras da vida 'zoológica' [*zoé*, vida biológica] e em nada favoreça a interrogação, a inquietação espiritual que venha constituir um 'destino', uma 'biografia' [*bíos*, vida a ser contada, digna de biografia] [...] essa nova versão do totalitarismo *soft* que, após a célebre 'perda dos valores', erige como 'valor supremo' a vida, mas a vida por ela mesma, a vida sem questões, as mulheres--mães como as executoras naturais dessa 'zoologia'".

naturalização de sua condição sexual, tornando-a inofensiva. Essa fixação ou unidimensionalização do feminino funciona fazendo da voz um registro — semântico e somático — da submissão ou da falta de autorização para fazer uso da palavra. No entanto, há outro uso: a voz feminina é a que rompe a divisão público/doméstico através do uso da língua como espaço do heterogêneo, ao mesmo tempo que é capaz de uma eficácia estratégica do silêncio e da palavra, ambos como voz organizada e secreta do motim ou da rebelião. Isso supõe o desafio ou a desmontagem dos atributos acima nomeados em sua pura negatividade.

Através da análise da experiência e do discurso migrante no Peru, Antonio Cornejo Polar (1996) produz a categoria de *migração* para ler segmentos da literatura latino-americana que se distinguem por sua "heterogeneidade radical". A migração, como categoria, permite não opor de maneira exclusiva identidades indígenas e metropolitanas — e, portanto, o deslocamento dos termos centro/periferia —, evitar a figura plena do subalterno como vítima e perceber os modos de repetição na diferença: por exemplo, como certas formas produtivas dos migrantes — "reciprocidade, operatividade econômica da família ampliada ou o simples apadrinhamento" — são implantadas nas cidades de maneira não linear com a normativa capitalista.

Essa ideia de migração como "heterogeneidade não dialética" permite uma leitura particular a respeito dos sujeitos e alianças possíveis:[54] se o sujeito é *in-definido* por sua experiência de migração, isso não acontece por dissolver sua identidade, mas porque a multiplica ao ponto de tornar cada sujeito uma pluralidade

---

54 O conceito de "aliança insólita", proposto pelo grupo feminista boliviano Mujeres Creando, postula o desafio de uma composição heterogênea como dilema fundamental da militância.

de processos de subjetivação em andamento. Algumas feministas teorizaram esse tipo de relação como *coalizão*, pois é praticada por afinidade e não por identidade, o que desloca as categorizações de sujeitos binariamente constituídos e fixos: extracomunitários e letrados *versus* originários e não letrados. Ou então: subalterno *versus* não subalterno.[55]

A língua como lugar comum

A experiência da migração constrói "lugares comuns" na palavra e no canto; espaços que dissolvem a rigidez do dentro/fora ou interior/exterior próprios de alianças de sujeitos constituídos. Ángel Rama (1984) sustenta que o registro oral se apega a normas comunitárias e faz uso de "verdadeiros lugares comuns". Uma definição de Pierre Clastres (1976, p. 32) traz a mesma relação

---

[55] A respeito da ambiguidade do termo para o argumento que estamos considerando, é interessante a leitura que Gayatri Spivak (1997) faz do Grupo de Estudos Subalternos, tentando aproximá-los do desconstrutivismo: "nossa própria leitura transacional de seu trabalho justifica-se se percebemos que se aderem *estrategicamente* a uma noção essencialista de consciência — que seria vulnerável à crítica anti-humanista —, mas a partir de uma prática historiográfica que extrai muitas de suas virtudes dessa mesma característica [...]. É neste sentido que leio os Estudos Subalternos, na contramão de si mesmos, propondo que sua própria subalternidade, ao alegar uma posição-de-sujeito *positiva* para o subalterno, poderia ser reinscrita como uma estratégia para nossos tempos". O "essencialismo estratégico" proposto por Spivak parece ir contra as narrativas "bifrontes" ou "esquizofrênicas" que Cornejo Polar teoriza para pensar a migração. No entanto, algumas feministas como Chela Sandoval (2004) tornam compatíveis as duas estratégias ou "tecnologias" numa "forma pós-moderna diferencial de consciência opositiva" do feminismo terceiro-mundista que reúne um vetor semiótico ("leitura de signos"), um vetor destrutivo ("a *outsider* intrusa"), um vetor metaideologizador ("essencialismo estratégico"), um vetor moral ("o mulherismo") e vetores diferenciais ("a consciência mestiça" etc.).

linguagem/lugar comum: o que produz sociedade em sociedades sem estado é "a palavra como o gozo do bem comum". Esse território imaterial da palavra é capaz de produzir sociedade quando é situado como fundamento (não sintético-estatal) do comum. Talvez por isso as experiências das sociedades sem estado mencionadas por Clastres possam ser pensadas hoje a partir de um parentesco contemporâneo: a experiência migrante que desarma *por baixo* a unidade simbólica e territorial do estado. Nesta constelação, pode ser situada a referência que Paolo Virno desenvolve também sobre os "lugares comuns" como formas linguísticas e lógicas de valor geral (relação mais/menos; relação de contrários; categoria de reciprocidade), que, enquanto recurso da espécie, hoje passam a primeiro plano como possibilidades de orientação frente ao desvanecimento de comunidades substanciais como o estado-nação. Virno, precisamente, fala desses lugares comuns como a experiência própria do estrangeiro que não tem mais nada além dessas referências comuns para se movimentar num lugar que não conhece. A língua, com capacidade de resgatar esses lugares comuns, é um espaço de amparo diante do movimento espacial, essa sensação de não se sentir em casa, que, no entanto, habilita a experiência simultânea da desorientação e do movimento.

Há *lugares comuns* entre a experiência migrante e a experiência do feminino quando as vozes femininas dão lugar a situações de fronteira, isto é, à experimentação de uma divergência não excludente de itinerários, recursos linguísticos, afetivos e intelectuais, que convivem como multiplicação de territórios.

Um deslocamento: a migração em seu sentido espacial — da qual fala Cornejo Polar — é também multiplicação de sentidos, histórias e temporalidades a partir das quais se fala e funciona, fazendo desdobrar-se o próprio presente. A prática de fronteira (e a possibilidade de uma "epistemologia fronteiriça"), hipotetizada aqui para pensar a feminização, não tem um sentido estritamente espacial. No entanto, há vínculos possíveis entre ambas: em primeiro lugar, uma relação ambígua, não excludente ou diretamente simultânea entre diversas camadas de memória, narração e sentido num contexto em que a biopolítica opera como máquina de segmentação e imposição de hierarquias sobre os modos de vida; depois, a dificuldade de que essa ambiguidade seja lida em termos puramente identitários (seja mulher ou migrante), e a discussão sobre sua funcionalidade estratégica; finalmente, uma temporalidade não progressivista, como resume a mexicana Gloria Anzaldúa (2004) — *"for this Chicana, la guerra de independencia is a constant"* [para essa *Chicana*, a guerra de independência é uma constante] — que, por sua vez, habilita uma espécie de montagem expressiva e produtiva.

Há alguns traços (abstratos) em que essa voz feminina se diferencia. Por um lado, é capaz de pôr em ato a diferença — ou disjunção — entre a religião como figura de resignação, domínio e consolidação, e um ateísmo feminino de duplo sentido.[56] Invoca um ateísmo que defende que falar ou silenciar é sempre uma ação estratégica de desconfiança e confrontação com a voz "religiosa" enquanto voz autorizada; um ateísmo, então, que — no mesmo sentido que Hegel posicionou as mulheres como "a ironia da comunidade" — profere enunciações heréticas, malditas. Por outro lado, esse ateísmo se

---

[56] É interessante comparar aqui a análise que Foucault (2006) realiza das contracondutas das profetisas e místicas nos conventos (entre os séculos XI e XVII), já que essas mulheres propõem outro jogo de visibilidade que não o [regulamentado] pela pastoral cristã a partir de uma série de experiências ambíguas, motivadas por uma comunicação corpo a corpo e por uma confiança na inspiração sensível imediata; nelas, essa rebelião supõe ademais o recurso da escritura.

materializa também no sentido de uma ação sem a referência a uma totalidade abstrata e maior na qual se referenciar: daí o caráter concreto e imediato com que se tingem suas ações, de onde extraem seu sentido[57] e pelo qual abrigam uma politicidade distinta.

O pré-linguístico funciona como matéria sensível que se articula com a língua e que a faz ir para além do estritamente lógico-comunicativo: a voz que se feminiza parece abrir-se a outras lógicas de palavra e escuta nas quais os materiais afetivos têm um lugar fundamental. Segundo Suely Rolnik (s/d), o canto — "reserva de memória dos afetos" — é o que permite que o corpo se conecte com seus estados sensíveis. O canto atualiza no corpo uma série de "memórias" como recursos extralinguísticos, que qualificam o timbre de voz. Finalmente, o canto e uma economia invisibilizada que se faz visível no calor da revolta não é outra coisa que o surgimento de outra lógica produtiva e distributiva. Por isso, o caráter subversivo da feminização da voz encontra como resposta reativa sua sexualização: um modo de confirmar uma repartição de tarefas e lugares que confina o feminino a um *status* subordinado e desprovido de politização.

De algum modo, esses traços que apontamos como feminização da voz se contrapõem aos modos mais habituais em que os sujeitos subalternos são feminizados, já que essa operação costuma implicar — e assinalar — sua debilitação ou submissão. Os pressupostos de feminização em seu modo reativo podem ser contrapostos à sua positivização a partir de outros atributos: como aqueles que fazem da feminização (e seus correlatos de infantilização) uma experiência

---

[57] No entanto, esse ateísmo propõe uma relação com o sagrado não religioso. Julia Kristeva (2000, p. 39), seguindo a indagação da mulher como "ser de fronteira", postula-o assim: "E se o sagrado, em lugar de ser a *necessidade* religiosa de proteção e de onipotência que as instituições recuperam, fosse o *gozo* dessa *clivagem* — dessa potência/impotência —, desse desfalecimento delicado?".

de coletivização — neste caso, no canto — que não é linearmente homogeneizante; de vínculo com o afetivo e o sagrado que não é necessariamente religiosa e, finalmente, como uma economia que ativa outras estratégias de produção, circulação e consumo, que encontra, na rebelião pública, o modo de se tornar visível — e não simplesmente de ser refuncionalizada na economia de mercado:

i) uma economia de discursos, tons e narrativas;

ii) políticas e usos do corpo;

iii) um determinado vínculo com a produção de riqueza e o regime de propriedade;

iv) uma relação com a autoridade/autorização (ou uma relação com a lei); e

v) uma definição da própria condição de sujeito ou o modo como são pensadas as alianças/relações com outros.

Sobre essas questões, o feminino se torna base de conflito permanente.

Fazer do translado uma origem

Nos relatos de migração e nas formas de arrastar e reconverter formas de fazer, pensar, relacionar-se, na continuidade de rituais religiosos, festivos e culinários, o que se vislumbra é uma enorme capacidade para flexibilizar o pertencimento comunal, a ponto de refazê-lo, redefini-lo e instalar novas possibilidades do comunitário, efeito do trânsito. Uma desterritorialização da comunidade? Trata-se de um modo de construir um território que *faz do translado sua origem*. A constituição de um território novo (que envolve mais de um trânsito) é efeito de uma longa travessia que relança a própria ideia de origem. O trânsito é tecido no relato de desventuras, penúrias e dores, e sob a narrativa de uma empresa de progresso, de decisão de maior bem-estar e de inauguração de uma vida numa cidade desconhecida.

Como se recria a comunidade no desarraigamento? Que elementos comunitários viajam e são passíveis de ser transladados? Uma comunidade funciona sem território? Como se constrói um novo território? Quais são os elementos que convertem o comunitário numa maquinaria social com capacidade de mobilização, transladação, reconversão e recriação?

O estereótipo da comunidade faz dela uma figura homogênea, estável e arraigada sobretudo a um território. Exploramos outra vertente dessa figura. Uma que permite reconectar a questão comunitária com a migração. O nó do problema é a comunidade em movimento, a comunidade deslocada de sua estabilidade e, no entanto, persistente. Nesse paradoxo ou ambivalência é que sua atualidade é tecida.

A comunidade flexibilizada

Segundo García Linera (2015, p. 19), a capacidade para flexibilizar o pertencimento comunal "para além do parentesco consanguíneo, a adoção negociada dos forasteiros, a utilização deles para a manutenção do fluxo de produtos de distintas zonas ecológicas, a mercantilização formal e controlada dos bens comunais, do produto do trabalho, das forças de trabalho para sustentar e preservar a ordem comunal de acesso à terra, suas forças produtivas e cosmovisão etc." são uma estratégia enfrentada pela Colônia, diante da qual as comunidades "desenvolvem uma resistência tenaz e persistente de reprodução e preservação de sua dinâmica e logicidade interna diante da realização colonial-mercantil".

No entanto, diferentemente do argumento citado, é possível pensar que, na etapa neoliberal, a comunidade, mais que "se desrealizar", seria capaz de misturar-se e reinventar-se sob novas lógicas?

Isso supondo que a comunidade, como compêndio de saberes, tecnologias e temporalidades, entra num complexo sistema de relações variáveis com os diversos momentos do capitalismo em suas — também diversas — fases (pós) coloniais. A organização comunitária voltou à cena como recurso de mobilização social nas manifestações ocorridas na Bolívia no século XXI. Essa organização novamente mostra sua flexibilidade em termos de mistura de elementos, escalonando o comunitário em camadas diversas: "a maioria das comunidades-*ayllus*[58] que sustentaram as mobilizações são estruturas produtivas, culturais e de filiação que combinam modos tradicionais de organização com vínculos com o mercado, com a migração urbana e com pausados processos de diferenciação social interna. A posse da terra mescla formas de propriedade ou posse familiar com a comunal; as regras de posse territorial estão conectadas a responsabilidades políticas no interior da comunidade-*ayllu*; os sistemas de trabalho assentados na unidade doméstica mantêm formas não mercantis de circulação da força de trabalho e do esfoço coletivo para a semeadura e a colheita; o sistema ritual e de autoridades locais vinculam a responsabilidade rotativa de cada família no exercício da autoridade sindical e no ciclo de celebrações locais com a legitimidade e continuidade da posse familiar das terras de cultivo e pastoreio e das técnicas produtivas básicas, que estão dirigidas por padrões culturais de reprodução da unidade comunal" (García Linera, 2001, p. 309).

As modalidades comunitárias — de organização, autoridade, trabalho etc. — encontram uma nova compatibilidade com o mundo pós-fordista, de desarticulação do estado nacional e debilitação dos

---

[58] *Ayllu* é o grupo familiar extenso com uma origem comum, detentor ou não de um território utilizado de modo comunitário para a subsistência de seus integrantes. [N.E.]

grandes centros de trabalho. Nesse sentido, o comunitário também adquire novidade e relevo como modo de "ação coletiva desterritorializada". Deixamos sublinhadas duas ideias: a transformação comunitária em direção à sua desterritorialização e, enquanto tal, sua capacidade de converter-se em recurso organizacional para uma nova realidade social, caracterizada por uma transversalidade de problemáticas que respondem simultaneamente à decomposição do mundo do trabalho fordista.

Falando também da comunidade na história da Bolívia, Sinclair Thomson argumenta que se trata *de uma forma de organização política simultaneamente cambiante e perseverante*. Sua perspectiva consiste em "ir contra os estereótipos da comunidade como um agente unificado e discreto, que simplesmente resiste, se reconstitui ou se desestrutura diante das forças externas hostis" (Thomson, 2006, p. 11). A partir desse lugar, Thomson estuda as mutações políticas na organização comunitária do sul andino durante o século XVIII, mas com uma hipótese de transversalidade temporal:[59] "Os eventos de 1780 e 1781 afetaram não só a sociedade colonial e a reforma imperial dos fins do século XVIII nos Andes, mas também a natureza do processo de independência e a formação posterior dos estados nacionais no século XIX. Dois séculos mais tarde, a insurreição adquiriu poderosa significação simbólica na cultura política nacional e nos movimentos populares" (*Ibidem*, p. 9).

Assim, sua influência alcança as lutas político-sindicais dos anos 1970 e, ainda mais, chegam ao ciclo de sublevações que começa no ano 2000 e vai pelo menos até 2003. Flexibilidade da comunidade

---

[59] O achado de seu livro, segundo suas próprias palavras, foi descobrir "a importância dos ciclos políticos e das conexões históricas de longo prazo na região andina" (Thomson, 2006, p. 15).

ou dissolução de seu estereótipo unitário e homogêneo: chaves para pôr em movimento um conceito antigo.[60]

O segundo ponto de Thomson que é central na discussão do horizonte comunitário pós-estatal: *a perspectiva da comunidade na América Latina é uma linguagem e uma forma organizacional que andou em paralelo e foi politicamente eficaz diante da retórica da cidadania*. Para Thomson, a insurreição pan-andina foge do paradigma do Atlântico revolucionário, que supunha que os "ideais e exemplos de liberdade varreram a França e a América do Norte, deixando de lado o resto do mundo atlântico". Esse mapa do Atlântico revolucionário deve ser ampliado, sugere Thomson, "aos povos indígenas americanos [que] nutriram seus próprios ideais de liberdade e autodeterminação": "Ainda que as comunidades indígenas não tenham se mobilizado com o objetivo de alcançar a 'democracia', suas lutas contra a dominação de um império do Velho Mundo apresentavam práticas de democracia comunal e de soberania tão efetivas como duráveis, ainda que muito diferentes dos princípios liberais ocidentais" (*Ibidem*, p. 331).

Nesse sentido, destaca que o projeto de Tupac Amaru e Tupac Katari não se fez em nome de ideais republicanos, tanto que não rechaçaram a soberania monárquica para reivindicar um projeto político moderno (*Ibidem*, p. 7). Suas revoltas foram feitas em

---

[60] E que carrega várias acusações, especialmente a partir da tradição da esquerda europeia, "como algo que mistificava as articulações concretas da exploração, ocultando-as numa figura na qual o conjunto associativo dos sujeitos estava dado pela unidade da função, mais que pela articulação contraditória do processo associativo e produtivo" (Negri, 1997, p. 13). Negri reinventa o conceito como modo de pensar uma nova transição ao comunismo por meio da construção de "uma comunidade social autônoma" que já não se define por oposição ao estado, mas pela definição dos tempos e das formas nas quais poderá dar-se a reapropriação das funções produtivas por parte da comunidade" (*Ibidem*, p. 15).

nome de direitos "ancestrais, hereditários, territoriais e comunais, mais do que de noções abstratas e ostensivamente atemporais de direitos humanos e cidadania individual".[61]

Finalmente, "comunidade" é *o nome que ganharam certas tentativas de radicalização democrática*. Outro ponto de singularidade fundamental das insurreições anticoloniais de 1780 e 1781 é que, "diferentemente das outras revoluções, nesse movimento os nativos das Américas foram os sujeitos políticos que formaram o corpo de combatentes, assumiram posições de liderança e definiram os termos da luta". Foram eles também que imaginaram as formas de emancipação e falaram de um momento em que "só reinariam os índios" (*Ibidem*, p. 12). Nesse sentido, a radicalização democrática não era um horizonte para o futuro, pois já existia na prática política da vida comunitária "descentralizada e participativa" (*Ibidem*, p. 8). A comunidade, nesse ponto, é reconfigurada como imaginação e prática anticolonial (*Ibidem*, p. 323). Interessa-nos projetar a hipótese de Thomson: a vitalidade comunitária se nutre e se expressa em momentos de tensão e conflito, tanto externos quanto internos.

---

[61] De acordo com o historiador, "as comunidades andinas se levantaram de forma coincidente aos insurgentes da América do Norte, e um pouco antes dos *sans-culottes* da França e dos 'jacobinos negros' de Santo Domingo (Haiti). Três décadas mais tarde, os espanhóis *criollos* iniciaram as grandes guerras que finalmente conseguiram a independência da autoridade política ibérica. Dada a simultaneidade desses movimentos, é interessante notar que a insurreição pan-andina recebeu escassa menção na historiografia ocidental acerca da Era da Revolução [...] não existe quase nenhuma evidência de que a insurreição pan-andina tivesse sido inspirada pelos *philosophes* da Revolução Francesa ou pelo êxito dos *criollos* norte-americanos. Tampouco foi provocada pelo trabalho de agentes secretos britânicos hostis à Coroa espanhola. Diferentemente da Revolução Haitiana, que se desenvolveu em conexão estreita com a dinâmica política multilateral das Américas e da Europa, o caso andino novamente encontra-se aqui fora do paradigma convencional para o Atlântico revolucionário" (Thomson, 2006, pp. 6-7).

Comunidade *abigarrada* e mercado global

Falar em comunidade, hoje, pode ser uma oscilação entre um modo de substancializar um sujeito ou um modo de nomear o *abigarrado*. Em todo caso, trata-se de apreender seu significado no capitalismo pós-fordista, e não como um modo de referir-se a práticas ou solidariedades pré-capitalistas. Voltemos ao *abigarrado* como traço da *cuadrilla variopinta* dos trabalhadores atuais. Nesse sentido é que Rivera Cusicanqui (2010a) projeta sua perspectiva *ch'ixi* para conceitualizar os trânsitos da diáspora indígena no mercado global: "As comunidades transnacionais de migrantes aymara transitam assim em um *thaki*[62] pós-colonial, feito de fluxos e refluxos cíclicos. Em seu deslocamento, articulam modas com tradições recuperadas, inventam genealogias e reinterpretam mitos, manchando com seus pumas e seus sóis as telas da indústria global, transformando seus caminhões de alta tonelagem em altares de santos e diabos. O cenário da diáspora laboral aymara contém, assim, algo mais que opressões e sofrimentos: é um espaço de reconstrução da subjetividade, como o são seguramente todos — inclusive os mais brutais — cenários da dominação, se somos capazes de ir para além da figura da vítima sacrificial".

A comunidade aparece assim em sua versatilidade: um movimento capaz de antropofagias com a própria voracidade do capital global, com capacidade de conversão de cenas de despojo em espaços de apropriações diversas. A chave é levar a sério as figuras subjetivas da vitimização. Não se trata, claro, de uma ingenuidade ou de um romantismo simplório, mas de levar a sério a capacidade subversiva no próprio plano da globalização capitalista. Como um princípio

---

[62] *Thaki* é uma palavra aymara que pode ser traduzida por "caminho", já que faz referência às formas de regulação das relações entre a comunidade e instituições estatais e à organização da vida ritual. [N.E.]

inverso, na linguagem também metodológica de Rivera Cusicanqui (2010a), "a atuação inversa dos *takis-thakis* contemporâneos altera o ritmo da máquina capitalista neocolonial, cria espaços intermediários, se reapropria dos métodos e práticas do mercado global, ao mesmo tempo que afirma seus próprios circuitos, seu repertório de saberes sociais e as vantagens e artifícios que permitem a eles enfrentar com desenvoltura esse cenário desigual e suas violências".

O desafio é pensar essas formas variáveis de comunidade que são, ao mesmo tempo, transnacionais, estão em trânsito, misturam economias e manejam de modo preciso um saber-fazer e uma riqueza comunitária que está em permanente tensão entre a exploração e as reinvenções do popular.

Economia têxtil

Não é casualidade que, ao redor do têxtil e do tecido, como formas de *trama*, há toda uma *economia* a ser desentranhada. O rastreamento da figura do tecido não tem um sentido puramente alegórico, mas tenta reconhecer sua dimensão política num duplo aspecto: sobre a arte de tecer como discurso em relação à arte de governar, por um lado; e sobre a indústria têxtil como vetor-chave da história do desenvolvimento capitalista, por outro: dos campos escravistas de produção algodoeira e das oficinas na Inglaterra do século XIX, analisadas por Marx, aos tributos têxteis impostos às mulheres tecelãs nas colônias e às oficinas clandestinas na Argentina e na China, atualmente, podemos traçar uma problemática, mesmo em sua descontinuidade e diversidade de escalas e tempos.

Adrienne Rich (2001, p. 150) exige essa atualização quando diz: "Um proletariado feminino internacional de trabalhadoras têxteis continua sendo hoje igual ao da revolução industrial, enquanto recuperamos as mulheres tecelãs e fiandeiras como metáfora, e a própria palavra solteira [*spinster* refere-se ao duplo sentido de fiandeira e mulher que não se casou]; enquanto cantamos o hino 'Bread and Roses' [pão e rosas] das meninas dos moinhos de Lawrence, Massachusetts, no século XIX; enquanto examinamos com respeito e orgulho o resplendor e a autoridade da imaginação das mulheres tal como se manifestavam nas colchas que faziam, e estudamos as histórias que se escondiam nas cores, nos pontos, nos tecidos; enquanto escrevemos elegias às mulheres que morreram queimadas no fogo da companhia Triangle Shirtwaist, não nos deixem esquecer a história ainda representada pelas mulheres filipinas de 19 anos que cosem as costuras difíceis das pernas de uma calça Levi's de algodão numa nova zona industrial nos arredores de Manila".

Desse proletariado feminizado — ainda que não majoritariamente feminino — nutriu-se certa reconstrução da economia local graças à proliferação de oficinas têxteis fundamentalmente encabeçadas por bolivianas e bolivianos que trabalham para grandes marcas, confeccionam para a exportação e, ao mesmo tempo, criam suas próprias linhas a serem vendidas nas feiras informais. Tais circuitos permitem reconstruir um mapa transnacional de várias camadas: as migrações da Bolívia à Argentina, os assentamentos de população migrante na cidade de Buenos Aires e seus arredores, a construção de toda uma rede de trânsitos — familiares, comerciais etc. — que sustentam permanentemente essa economia, a transnacionalização de uma força político-econômica num momento particular do continente, e a incorporação do saber-fazer feminino e comunitário a uma série de estratégias de produção-comercialização que fazem parte de uma linha de montagem global das economias contemporâneas.

De modo mais esquemático: a análise da economia "nacional" exige uma desnacionalização das variáveis que devem ser levadas em conta. São elas: i) o trabalho migrante; ii) o trabalho clandestino/ilegal; iii) a construção de redes de comercialização e distribuição que misturam grandes marcas e feiras ilegais em cidades argentinas e países limítrofes; iv) a politização dessa atividade; e v) a feminização de tal economia.

Imagem-tecido

Na tradição filosófica há várias citações e alusões à arte do *tecido*. Costumam funcionar como evocação *construtiva*. De Platão a Walter Benjamin, trata-se de uma imagem que remete à operação de entrelaçamento.

Especificamente em "Político", parte dos *Diálogos*, o tecido é, para Platão (1991), paradigma ou modelo da política e se diferencia de outras figuras que competem com a política para ocupar o mesmo papel de cuidar dos homens, tais como o "pastoreio" (o político como "pastor do rebanho de homens"),[63] o médico, o célebre piloto de embarcação, o estrategista militar, o retórico persuasivo, o juiz. A arte do político — transformado em *tecelão* — constitui-se por meio do enlace entre os assuntos da cidade e o caráter dos homens que a compõem. Em primeiro lugar, reúne "segundo as afinidades, a parte eterna de sua alma com um fio divino". Trata-se do entrelaçamento entre virtudes opostas — de que surge uma "raça mais que humana". Em segundo lugar, "depois dessa parte divina, une a parte animal com fios humanos" — o casamento.

A obra desse tecido revela o projeto inteiro da filosofia política: a busca pelo ponto de equilíbrio — entre as virtudes como o valor e a prudência, entre os de "caráter moderado" e os de "caráter enérgico" —, dando lugar a uma estrutura de "comunidade de opiniões, honras e glórias, pela troca de promessas, para fazer

---

[63] Foucault (2006) retoma e expande essa oposição entre o tecelão platônico e a figura do pastoreio.

deles um tecido flexível e, como se diz, bem cerrado, confiando-lhes sempre em comum as magistraturas nas cidades".

A virtude do discurso platônico é propor uma compatibilidade única, a partir da arte suprema da pólis, entre a materialidade histórico-concreta da política e a orientação ordenadora da filosofia, a partir da postulação de uma superfície apta para tramar almas e corpos, de acordo com saberes e inspirações divinas.

No caso de Walter Benjamin (2008), trata-se de encontrar, nas descontinuidades da história, uma imagem afirmativa para ampliar sua filosofia teológica da disrupção messiânica: tecemos no presente com os fios da tradição, perdidos durante séculos. A qualidade da metafísica benjaminiana se opõe e refuta a filosofia política platônica a partir do estouro messiânico. Trata-se de desfazer o tecido platônico para extirpar seus "fios divinos" — infectados pela metafísica da medida (o ponto médio como ponto exato, não como moderação aristotélica) e da Ideia — e recuperar os corpos ali tecidos, dessa vez em outra arte do tecido, consertando peças interrompidas, velhos fiapos descuidados pelos idealismos da história ocidental.

Há um outro pensador do século XX que levou a sério a metáfora do tecido, mas em sua variante feminizada. Sigmund Freud (1999) assinala essa arte como a única contribuição das mulheres à história das invenções civilizatórias. Trata-se de uma arte feminina que é a "cópia da natureza". Natureza e feminidade se constituem, finalmente, uma vez mais, num par análogo. Nesse caso, a arte do tecido não pertence à esfera política, mas à condição feminina enquanto próxima ao naturalismo pré-político.

Ao mesmo tempo, diz Freud, a mulher tece para cobrir-se dos defeitos da natureza. Dupla operação: parte da natureza ao mesmo tempo que a oculta. E, portanto, oculta *a si mesma*. A arte do tecido seria como um rito de passagem: como mulheres, nos torna parecidas com a natureza e, ao mesmo tempo, nos dá as ferramentas para negar-nos a nós mesmas — essa poderia ser a definição da mulher que se desprende dessa imagem de tecido.

A feminista francesa Luce Irigaray (2007, p. 102) submete à crítica essa observação de Freud: "A mulher (não) poderia (mais que) imitar a Natureza. Redobrar o que essa provê, produz. Para ajudá-la, supri--la, *tecnicamente*. E paradoxalmente. Posto que a Natureza é (o) todo. Mas esse todo não pode aparecer como nada. De sexo, por exemplo. Assim, então, a mulher tece para cobrir-se, para ocultar os defeitos da Natureza, restaurá-la em sua integridade. *Desenvolvendo-a*. Envoltura da qual se diz, nas palavras de Marx, que preserva o 'valor' de uma justa apreciação. Que permite o 'intercâmbio' de produtos 'sem o saber' do seu valor efetivo. Abstraindo, universalizando, fazendo substituíveis os 'produtos' sem o (re)conhecimento de suas diferenças".

Irigaray amplia a questão ao valor: qual é aquele que se oculta, cujo saber se expropria, e anula a diferença a favor do intercâmbio universal? Fundamento do intercâmbio de mercadorias que encontra seu paralelo na operação do intercâmbio universal-patriarcal de mulheres. "Daí a arte de tecer, para subtrair dos olhares aurificados/horrorizados a incandescência possível do patrão [...]. Mobilização, monopolização do valor sexual para a produção de teias, tecidos ou de textos, que sutilizam o jogo, para benefício, com frequência, de um nome próprio. Remete-nos, ou devolve-nos, aos paradigmas da posse do discurso, a Deus, o paradigma de todos os nomes próprios, que se (re) produz numa virgem por mediação da palavra. Enquanto que a mulher tece para sustentar a negação de seu sexo" (*Ibidem*, p. 103).

O tecido está impregnado de mudez — ou de mistificação da palavra, mesmo quando sua materialidade é do que pode ser lido: num texto, numa teia ou num tecido. Se o tecelão platônico desenvolve a arte da mediação — e, portanto, podemos supor, da palavra —, a tecelã freudiana fica confinada à tarefa da camuflagem (é e não é natureza) e do emudecimento (tira-se o valor político-público) de seu trabalho. Tece, assim, sua própria economia de submissão/ocultamento, como gueto feminino.

Mas, se Irigaray questiona a infraestrutura econômica que domina a concepção do papel da mulher em Freud, é porque reconhece ali uma "misoginia que pode entender-se como aval ideológico aos regimes de propriedade em vigor": a família patriarcal monogâmica. Só dando por estabelecido tal contexto de reclusão familiar é que Freud pode entender o trabalho feminino como "carência de interesse social" e "inferioridade social" das mulheres (*Ibidem*, p. 107).

O tecido como língua

Para Silvia Rivera Cusicanqui (2011, p. 9), a noção de identidade como território é masculina. Em contrapartida, "a noção de identidade das mulheres se assemelha ao tecido. Longe de estabelecer a propriedade e a jurisdição da autoridade da nação — ou povo, ou autonomia indígena —, a prática feminina tece a trama da interculturalidade através de suas práticas: como produtora, comerciante, tecelã, ritualista, criadora de linguagens e símbolos capazes de seduzir o 'outro' e estabelecer pactos de reciprocidade e convivência entre territórios. Esse trabalho sedutor, aculturador e envolvente das mulheres permite complementar a pátria-território com um tecido cultural dinâmico, que desenvolve e se reproduz até abarcar os setores fronteiriços e misturados — os setores *ch'ixi* — que aportam com sua visão de responsabilidade pessoal, de privacidade e de direitos individuais associados à cidadania. A modernidade que emerge desses tratos *abigarrados* e linguagens complexas e misturadas — Gamaliel Churata chamou-os de 'uma língua com pátria' — é o que constrói a hegemonia indígena ao realizar-se nos espaços criados pela cultura invasora — o mercado, o estado, o sindicato".

Como formular uma teoria e uma prática do comum que não se tornem um modo novo de exclusão dos outros em nome da comunidade?

3.

**entre a servidão
e a nova
empresarialidade
popular:**

a oficina têxtil
clandestina

Orientalismo

"No Bajo Flores, fazemos peças de roupa e colocamos etiquetas que dizem *Made in India* ou *Made in Thailand*. Desse modo, ninguém pensará que está comprando produtos feitos por bolivianos em Buenos Aires, em oficinas clandestinas. Acreditam que vêm do Extremo Oriente." A teorização foi elaborada por um ex-costureiro que sintetiza claramente a suposta clandestinidade das oficinas têxteis argentinas. Estima-se que existam mais de quinze mil delas entre a cidade de Buenos Aires e sua área metropolitana.[64] Elas produzem para as grandes marcas, assim como para os circuitos de venda têxtil informal, e são a engrenagem oculta da reconversão e do impulso do setor no país. Desarmada após a importação em massa que facilitou a conversibilidade, a indústria, depois da crise, se relançou sobre novas

---

[64] A informação mais aceita é a de que haveria cinco mil oficinas na cidade de Buenos Aires e outras quinze mil na região metropolitana. O ex-cônsul boliviano José Alberto González sustentou este dado: "Nesse caso, estaria falando de cerca de vinte mil oficinas que não estão regularizadas. Calcula-se que exista uma média de cinco trabalhadores por oficina, a quantidade de pessoas trabalhando nesse esquema estaria por volta das 100 mil", disse ele, esclarecendo que se "trata apenas de números estimados" ("100 mil bolivianos esclavos en talleres", em *Los Tiempos*, 7 set. 2009). O Centro de Demonstrativo de Indumentaria (CDI) calcula a existência de 1,7 mil oficinas clandestinas na cidade de Buenos Aires e 3,5 mil em seu entorno. A Defensoria del Pueblo estima a existência de doze mil oficinas clandestinas em todo o país e pelo menos 3,5 mil na capital. A Unión de Trabajadores Costureros (UTC) denunciou que só na província de Buenos Aires "mais de 150 costureiros são escravizados nas quinze mil oficinas que se encontram espalhadas pelo distrito". Mas o próprio caráter de sua condição clandestina evidentemente dificulta medições oficiais completas. Alfredo Ayala, dirigente de Asociación Civil Federativa Boliviana (Acifebol), ao ser questionado sobre a existência de quinze mil oficinas clandestinas na cidade e outras dez mil na área metropolitana, respondeu afirmativamente e ainda observou que esse número só cresce: "São dados mínimos, diria eu. Há mais do que isso. E cada oficina reúne uma média de dez a vinte pessoas. Quase 80% dos bolivianos que vivem aqui se dedicam ao ramo têxtil" (Colectivo Simbiosis & Colectivo Situaciones, 2011, p. 50).

bases, cujo eixo é a terceirização da confecção (corte e costura) nas chamadas oficinas clandestinas.[65]

De acordo com o titular da Unión Industrial Argentina (UIA), José Ignacio de Mendiguren, ex-vice-presidente da Cámara Argentina de la Indumentaria, 78% das roupas produzidas no país são feitas em circuitos legais. Isso pressupõe a terceirização da produção das peças nas oficinas clandestinas, que recebem tecido — que pode estar ou não cortado — de um intermediário.

Se durante os anos 1990, na Argentina, as oficinas têxteis eram chefiadas majoritariamente por migrantes coreanos que empregavam costureiros e costureiras de origem boliviana (Kim, 2014), na última década os estabelecimentos se massificaram e os patrões-donos — os *talleristas* — agora também são bolivianos. Isso significou uma mudança decisiva, na medida em que seu crescimento aconteceu sobre a base de um capital comunitário. Esse capital ingressa como atributo de trabalho diferencial para o recrutamento de mão de obra a partir de laços de confiança e parentesco, e funde modos de viver e trabalhar que exploram a riqueza comunitária.

Da maquiladora à oficina têxtil

A oficina têxtil clandestina pode ser pensada como uma variação do paradigma da maquiladora. Não por se situar na fronteira geográfica, nem por empregar principalmente mulheres, muito menos por trabalhar com uma tecnologia sofisticada, mas sim por constituir um *protótipo*, uma fórmula de organização do trabalho que vai além da oficina têxtil, sendo replicada em outros ramos de negócios e inovando as formas de precarização e transnacionalização dos processos produtivos. Outro ponto em comum é a utilização da mão de obra migrante,

---

[65] Para uma trajetória ampla da indústria, consultar Adúriz (2009).

com todo o jogo do cálculo urbano e as expectativas mobilizadas por esse cenário. A fábrica, uma indústria de ensamblagem, é parte de uma economia de ensamblagem global, bem como a oficina têxtil.

Além disso, por não ser uma forma hegemônica de modo de produção na Argentina, as oficinas exibem *in extremis* certas características que hoje estão ligadas às formas precárias dos dispositivos contemporâneos de exploração que sustentam cada vez mais o governo da vida — e não a regulação das modalidades do emprego. Finalmente, compartilham a estrutura transnacional em que estão inscritas ambas as economias. Nesse ponto, a dimensão do território assume um papel decisivo: trata-se de zonas de fronteira, em um duplo aspecto: pela composição migrante de seus trabalhadores e pela produção de uma *zona de acumulação excepcional* que delimita, justamente, um limite de excepcionalidade para a produção de valor.

Desse modo, a oficina têxtil dá forma ao núcleo da economia migrante, e nessa dinâmica se trama com a economia das feiras "ilegais" e os circuitos comerciais "legais", e com a *villa* como espaço — também excepcional — da cidade. Na medida em que o espaço da oficina têxtil se enlaça com a feira e com a *villa*, organiza-se, nessa trama, uma produção específica de espaço, uma zona que amalgama uma economia que a excede e que, ao mesmo tempo, a sustenta como lugar excepcional.

Cálculo urbano

A maquiladora, diz Alfredo Limas Hernández (2004), formata uma cidade: *a indústria maquiladora* em Ciudad Juárez, no México, *maquila a cidade inteira*. Trata-se da expansão de uma forma produtiva a uma forma-cidade. Assim, essa urbe — um deserto salpicado de maquiladoras — "urbaniza a injustiça". Essa urbanização explora milhares de mulheres jovens, provenientes do interior do México, que encontram nas maquiladoras novas possibilidades de consumo, diversão, trabalho e vida. O desarraigamento que povoa a cidade é fonte de experiências urbanas desobedientes e, ao mesmo tempo, superfície sobre a qual se assenta uma cidadania apócrifa de trabalhadoras sem direitos, as quais são sacrificadas e assassinadas (Segato, 2013). O resultado é uma economia transnacional de sucesso: Ciudad Juárez, nos 1990, teve o índice de desemprego mais baixo de todo o México. De modo mais geral, assinala Sergio González Rodríguez (2002), essa indústria mistura poder e tecnologia de maneira fortemente hierárquica: a "pessoa como braço cibernético sob o jugo do maior verticalismo, em troca de pagamento exíguo". A indústria maquiladora se transforma em indústria do feminicídio, na medida em que viabiliza "o ódio idiossincrático, misógino, de classe" e explora "corpos descartáveis". Diz González Rodríguez que Ciudad Juárez é um território-geografia de migrantes "que aceita o desarraigamento e o abandono da memória comunitária que expulsou" essas pessoas, ao mesmo tempo que substitui essa memória "por *um novo cálculo urbano que se desenvolve entre a exploração, a sobrevivência, a esperança*" (González Rodríguez, 2002, p. 87, grifos da autora).

Tomamos a ideia do cálculo urbano para pensar a racionalidade que organiza uma experiência metropolitana que ensambla empregos de alto grau de exploração e desgaste com formas de acesso ao consumo, à diversão e à possibilidade de experimentar a cidade. Esse cálculo, no caso de Juárez, está em jogo nas mulheres migrantes de todo o país, e impulsiona um nomadismo de riscos, sofrimentos e perigos, assim como de desejos de progresso, de expectativas e projetos, de busca de independência.

Algumas hipóteses

A hipótese para entender a dinâmica da força de trabalho migrante é compreendê-la como uma força de decisão e vontade de progresso que mistura a definição foucaultiana do migrante como investidor de si mesmo à interação com um capital comunitário. Trata-se de um impulso vital que desenvolve um cálculo no qual se sobrepõe uma racionalidade neoliberal com um repertório de práticas comunitárias.

Uma segunda hipótese, complementar, é a articulação especificamente pós-moderna do comunitário: sua capacidade de converter-se em atributo laboral, em qualificação específica para a mão de obra migrante do Altiplano em Buenos Aires. *O comunitário se transforma, em sua laboralização, em fonte de uma polivalência pragmática, transfronteiriça, capaz de adaptação e invenção.*

Nessa linha específica, trata-se de explorar uma terceira hipótese: a *reproletarização* da força de trabalho, não no sentido de um disciplinamento que enquadre a força de trabalho sob uma forma predominante, mas para detectar os modos como se ampliam os setores que formam parte de um proletariado difuso e fortemente heterogêneo, reconfigurado depois da crise segundo modalidades de trabalho cada vez menos uniformes. Com isso, interessa-nos situar o trabalho migrante no coração de um processo de reproletarização que questiona um imaginário e um discurso "normalizado" do trabalho, que se torna visível como uma primeira contraface da recuperação econômica da última década e, depois, que unidimensionaliza as classes populares sob a ideia de desproletarização.

A situação da oficina têxtil clandestina, no entanto, pode ser apresentada como uma situação exemplar dos matizes com que deve ser compreendido o termo proletarização. Como assinalam Shahid Amin e Marcel van der Linden (1997, p. 4), "o 'Terceiro Mundo' só pode ser entendido se as formas intermediárias do trabalho assalariado (indicadores de uma proletarização parcial) forem seriamente levadas em conta". Isso supõe uma não linearidade progressiva entre trabalho moderno e formas não modernas e, sobretudo, um modo de ler as articulações globais da segmentação da força de trabalho. Com isso queremos assinalar que o uso do termo proletarização deve ser enquadrado, em nossa pesquisa, a partir de uma perspectiva que põe em primeiro lugar a heterogeneidade dos trabalhadores e trabalhadoras em contextos de forte mutação e que, sobretudo, redefine a própria noção de identidades ambíguas, situações precárias e contextos "periféricos" que, ao mesmo tempo, tornam-se centrais para compreender as mudanças na força de trabalho.

Mas essa proletarização na economia da oficina se tensiona com a produtividade e os usos do comunitário. Quando Raquel Gutiérrez Aguilar fala de "trama comunitária", ele se refere às formas múltiplas de reprodução e produção da vida social "sob pautas diversas de respeito, colaboração, dignidade, carinho e reciprocidade, não plenamente sujeitos às lógicas de acumulação do capital, ainda que agredidos e muitas vezes asfixiados por elas" (Gutiérrez Aguilar, 2011b, p. 13).

O termo, assinala a autora, refere-se a sujeitos coletivos diversos e "tem a virtude de não estabelecer seu fundamento no próprio interior da produção do capital — isto é, na esfera econômica do capital — e tenta, antes, acentuar-se na forma do vínculo estabelecido — comunitário, centrado no comum — e na finalidade concreta que o anima: a pluriforme, versátil e exigente reprodução da vida enquanto tal. Nesse sentido, se assenta 'naquilo' especificamente humano que uma vez ou outra transborda o capital, expandindo-se pelos diversos terrenos do que se costumava chamar de 'esfera da reprodução social natural', em contraposição e contraste à esfera civil e à esfera política" (*Ibidem*, p. 14). Aqui fazemos um contraponto entre essa noção de tramas comunitárias e acepções de outro tipo, capazes de organizar formas de exploração e negócio, de microempresa e progresso econômico e, por sua vez, não serem completamente alheias a essas "pautas diversas".

Da fábrica recuperada Brukman à oficina clandestina

Brukman, a fábrica têxtil ocupada majoritariamente por mulheres, permite um contraponto. Um contraponto extremo, para propor um primeiro dualismo que, no entanto, depois será desmontado e problematizado. Brukman foi uma das empresas recuperadas por seus trabalhadores, em sua maioria mulheres, apenas alguns dias antes da explosão de dezembro de 2001. Tratava-se de uma fábrica têxtil que produzia sobretudo ternos e que, ao quebrar, foi abandonada por seus donos. Sua experiência autogestionária foi protagonista da crise e um emblema da recuperação de fábricas por seus próprios trabalhadores em plena debacle política e econômica do país. Suas confecções se converteram em *stencil*, perambularam por mostras de arte internacionais, e o discurso dessas costureiras que puseram suas máquinas na rua foi escutado e difundido por centenas de pessoas (Moreno, 2011). A oficina têxtil clandestina, como imagem, é, à primeira vista, seu reverso: privada de público, sob um chefe, quase invisível.

Se a experiência de Brukman torna positiva a crise mostrando que a forma política de enfrentar a falta do trabalho não pode passar por sua pura aceitação como submissão, a oficina aparece como uma forma brutal de subordinação e confinamento dos costureiros e costureiras majoritariamente bolivianos, subtraindo essas condições de toda visibilidade pública. A reclusão da oficina é parte de uma articulação biopolítica e racista que se difunde como imagem extrema, mas instrutiva, para toda a sociedade.

Como contraponto nos interessam essas duas imagens: se a exibição da relação rompida entre certa forma do capital e do trabalho, sob a paradoxal ocupação de fábricas, uma vez que essas haviam sido esvaziadas e abandonadas por seus donos, politiza essa relação, revelando contingências de toda ordem e a capacidade coletiva para problematizá-las, a reclusão da oficina despolitiza porque retira da discussão pública o momento do domínio, tornando-o abstrato, mistificado e, como veremos mais adiante, baseado em argumentos culturalistas para sua justificação. Em que se sustenta esse ocultamento, essa pretensão de afastá-lo da "cena" do trabalho?

Sua denominação como *clandestinos* se refere a várias arestas, de um modo nem sempre definitivo. Por um lado, alude às condições de documentação irregular, em um leque que vai da ilegalidade à documentação precária, chamada estritamente "a precária". Por outro, tem a ver com a situação tributária relativa à legislação trabalhista dos donos das oficinas, que é majoritariamente irregular, ainda que também se trate de um leque de situações entre a habilitação e a infração, entre a ilegalidade e o acordo paralelo com as instituições de controle e fiscalização. Sua inscrição "clandestina" refere-se de modo mais amplo a um espaço ambíguo, indefinido, no momento de conceituar e diferenciar o trabalho legal/ilegal, informal, *en negro*.[66] Além disso, muitas oficinas são objeto de denúncias judiciais por tráfico de pessoas com fins de exploração trabalhista.[67] O que determina, então,

---

[66] Na Argentina, trabalhar *en negro* é sinônimo de informalidade, sendo o oposto de trabalhar *en blanco*, em situação formalizada, isto é, coberta pela legislação trabalhista vigente. [N.T.]

[67] Um informe apresentado em maio de 2011 pela relatora especial das Nações Unidas sobre Tráfico de Pessoas, Joy Ezeilo — que visitou a Argentina em setembro de 2010 —, reúne informações sobre a existência de oficinas têxteis que funcionam na província e na cidade de Buenos Aires, "onde os trabalhadores migrantes são explorados": "as oficinas oferecem seus serviços às grandes marcas comerciais, tanto nacionais quanto internacionais. Os trabalhadores são obrigados a trabalhar e viver em instalações onde seus documentos são retidos e sua liberdade de movimento é totalmente controlada", descreve. E, baseando-se no que foi informado pela ONG La Alameda, sustenta que essa organização "identificou cerca de seiscentas oficinas clandestinas em todo o país que trabalham para pelo menos 103 marcas", e que também denunciaram casos ocorridos na indústria avícola e nas distintas atividades agrícolas nas diferentes economias regionais".

a condição de clandestinidade no caso das oficinas? Como assinalamos mais acima, não é nítido nem unidimensional o enquadramento que caracteriza as oficinas como tais. "Em geral, as oficinas clandestinas se encontram inscritas na Administración Federal de Ingresos Públicos (Afip) e emitem notas fiscais, e foram encontradas poucas oficinas que estavam habilitadas ou com habilitação em trâmite e nas quais os trabalhadores se encontravam reduzidos à servidão" (Lieutier, 2010, p. 24). Outras oficinas contam com alguns trabalhadores registrados como autônomos. São oficinas-dormitório, isto é, o local onde se trabalha é também o espaço onde se vive. Oferecer moradia não é algo em si mesmo ilegal e não supõe uma causa de clandestinidade *a priori*. Daí os matizes ao caracterizar de modo absoluto essa condição. A questão que permite a atuação judicial passa pelo enquadramento da mão de obra empregada sob a figura de "reduzida à servidão", que habilita a intervenção por meio da normativa do tráfico de pessoas.

Em princípio, quando se fala das oficinas, chama-se de clandestinidade a justaposição de uma série de condições de trabalho de extrema precariedade que misturam, num contexto de crescimento da economia (tanto formal como informal), *irregularidades* a partir da ótica da regulação do trabalho formal, contratual, com *ilegalidades* do ponto de vista jurídico estrito a situações de forte indistinção entre condições de vida e de trabalho, de emprego e servidão.

Características dessas *formas laborais* já estão espalhadas no mercado de trabalho em geral como formas concretas de precarização, mas, na oficina, devido a seu caráter extremo, enfatiza-se sua situação simultaneamente *excepcional e geral*.

Então, se a linguagem da regulação refere-se a um mundo do trabalho no qual busca-se legislar sobre condições de produção, a noção de clandestinidade expõe uma gestão da mão de obra que excede os parâmetros jurídicos e que inclui esferas vitais no interior de um governo mais amplo do corpo e da subjetividade de quem trabalha. A gestão desse excesso acontece em dois sentidos: i) como um tipo de exploração que vai além da legislação trabalhista flexível; ii) como valorização de uma vida comunitária. A oficina, em todo caso, faz ressurgir a servidão num contexto desenvolvimentista — isto é, de certa recuperação da economia nacional — em condições pós-neoliberais.

Uma sobreposição imprevista complicou ainda mais a imagem da oficina têxtil. No antigo centro de detenção clandestino Automotores Orletti — uma velha oficina mecânica utilizada como lugar de tortura para detidos e desaparecidos políticos da Argentina e de outros países sul-americanos sob a estratégia repressiva continental do Plano Condor, durante a ditadura —, descobriu-se que funcionava em 2007 uma oficina clandestina de costura (Rodríguez, 2007). A sobreposição desencaixada de clandestinidades perturba ainda mais o discurso público sobre as oficinas têxteis.[68] O que significa a persistência de espaços clandestinos de confinamento num momento em que os ex-centros de detenção estão se transformando em espaços públicos dedicados à memória? O fato de esse mesmo lugar, embora apresentando vestígios e rastros de seu funcionamento nas mãos do terrorismo de estado, ter sido alugado e utilizado como oficina clandestina de confecção transforma esse confinamento numa imagem saturada simbolicamente e que, de modo involuntário, conecta momentos históricos radicalmente distintos. A modalidade de confinamento não se refere a uma perse-

---

[68] Um artigo de Lucila Anigstein informou que vários bolivianos estiveram detidos no fábrica da Automotores Orletti: "Segundo os dados outorgados pela Federación Latinoamericana de Asociaciones de Familiares de Detenidos Desaparecidos (Fedefam) sobre os desaparecidos bolivianos na Argentina, há 35 casos documentados e, aparentemente, mais de cem casos de desaparecidos no norte argentino, em sua maioria gente muito pobre que não denunciou o desaparecimento. Sabe-se que uma grande parte foi levada ao centro clandestino de detenção Automotores Orletti, localizado na rua Venancio Flores, 3.519, esquina da Emilio Lamarca do bairro Floresta" ("Experiência boliviana en la lucha del Movimiento Villero", em *Renacer*, s/d).

guição política, com suas táticas de sequestro, tortura e morte, mas à fixação de uma mão de obra migrante administrada como força de trabalho em condições renovadas de exploração.

Da rua ao trabalho

A crise de 2001 e o posterior declínio das impugnações ao trabalho assalariado que surgiram dos setores mais radicalizados do movimento de desempregados (Colectivo Situaciones & MTD de Solano, 2002; Zibechi, 2003; Svampa & Pereyra, 2003) promovem a leitura em perspectiva e a visibilidade da mão de obra migrante como elemento-chave da recomposição do mundo do trabalho sob novas formas de trabalho. O fato de a maioria dos trabalhadores e trabalhadoras das oficinas terem origem migrante revela e permite analisar algumas chaves dessa recomposição. Ou, como assinalamos mais acima, exibe as características de uma reproletarização em curso. O trabalho migrante nas oficinas clandestinas, ao mesmo tempo que expõe certas condições excepcionais do emprego, também revela uma matriz comum do emprego depois da crise. Nesse sentido, as condições de trabalho migrante exacerbam e ampliam um debate em torno das condições gerais de trabalho e de sua constitutiva heterogeneidade atual (Mezzadra, 2011b).

No caso das oficinas têxteis, trata-se de uma *fórmula organizativa* que não se restringe à oficina, mas que é replicada em outros ramos e âmbitos laborais. A proliferação da oficina têxtil para além de seu espaço tradicional permite tomá-la como situação paradigmática de uma precarização/informalização que não deixa de se ampliar e ganhar contornos variados. Como um cromatismo no interior do mundo do trabalho. A mão de obra migrante condensa, à primeira vista, a face inversa do rechaço ao trabalho ou, ao menos, de sua problematização tal como na Argentina se experimentou a partir dos altos índices de desemprego e do surgimento de um amplo espectro de movimentos de desempregados que politizaram, nomearam e discutiram a crise do emprego. Falamos de "face inversa" porque o trabalho migrante promove a "mansidão" como chave de sua produtividade. Nessa equação, o impulso da migração como decisão e desejo de novos horizontes fica confiscado ou anulado e impede uma conceituação das formas de trabalho migrantes que não se sustentem em explicações culturalistas.

Deve-se assinalar que essa situação coexiste com um discurso macropolítico que enfatiza cada vez mais as possibilidades nacionais de recuperação da crise e do sistema político, e que tem como corolário uma reformulação dos subsídios ao desemprego que, de ser contra o desemprego, apresenta, a partir daí, políticas que pretendem a recuperação do trabalho sob novas modalidades.

A defasagem, ou melhor, a coexistência entre um discurso neodesenvolvimentista em nível macropolítico e essas formas de trabalho é uma chave fundamental para entender a complexidade de sua relação. Jorge Vargas, num artigo do jornal boliviano *Renascer* intitulado "La variable política con los talleres textiles", vincula as oficinas ao crescimento da indústria local não como uma ameaça, como se costuma argumentar, graças ao protecionismo relativo do governo [durante os anos Kirchner]: "Se fosse outro tipo de governo, neoliberal por exemplo, abriria a importação livre de vestuário e, então, veríamos quantas oficinas poderiam produzir quando uma avalanche de peças e preços irrisórios inundasse as lojas e feiras argentinas e obrigasse as oficinas a fechar e a mudar de ramo econômico. Mas esse não é o viés desse governo. Mesmo com erros e falências, há uma política geral de proteção, fomento e desenvolvimento da indústria e da produção argentina. E as oficinas têxteis portenhas e de Buenos Aires fazem parte disso, por mais que muitos documentos de patrões e trabalhadores nos digam que nasceram em Tarata, Postosí, Achacachi, Oruro ou que dançaram *saya* em Los Yungas".

A oficina têxtil como núcleo da economia da migração

A oficina têxtil concentra modos de trabalho que exploram a "nacionalidade boliviana" — que é um modo rápido de nomear variáveis não nacionais, vinculadas a um pertencimento comunitário quéchua/aymara, e não só — como recurso de valorização. Nesse sentido, o que se explora é simultaneamente um diferencial triplo: salarial, de estatuto legal e, sobretudo, de riqueza comunitária.

O dono da oficina se encarrega do contato e do transporte dos trabalhadores, assume muitas vezes responsabilidades diante da comunidade de origem dos trabalhadores recrutados, organiza a comida (o que se come, quanto, quando, onde), dispõe dos documentos como garantia de fixação dos trabalhadores, maneja o pagamento segundo critérios *ad hoc* (familiaridade, preferências pessoais, obediência, cumprimento, agradecimento etc., em cálculos de qualidades pouco mensuráveis), organiza o sistema de endividamento pelo adiantamento do custo da passagem e da moradia e da alimentação, e regula o contato com o exterior da oficina, o tempo e as atividades de ócio, assim como os contatos com o país de origem e as condições e modalidades de moradia compartilhada (superlotação e aluguel de camas por turnos).

Esse pertencimento comunitário à qualificação laboral se traduz na medida em que se propõe e se promove como uma "nacionalidade" especialmente submissa e laboriosa graças a usos e costumes *arcaicos*. Trata-se de certos atributos que, como estereótipos, funcionam para qualificar a força de trabalho, diferenciando-a, isto é, produzindo e validando essa diferença étnico-nacional no mercado.

Como se sustenta e reforça essa "qualificação" específica? Em primeiro lugar, os trabalhadores migrantes se encontram sozinhos e desconhecem a cidade, assim como seus direitos. Isso é o que caracteriza a condição migrante. Eles chegam movidos por laços familiares ou relações de vizinhança, que funcionam como contatos concretos, influenciando na decisão de migrar e conseguir trabalho nas oficinas. Essas relações de parentesco ou vínculo comunitário obrigam esses migrantes a fazer inumeráveis concessões aos empregadores e reforçam o compromisso com a oficina. A oficina torna-se, então, um dispositivo de reterritorialização, criando um novo tipo de comunidade numa cidade desconhecida.

"Trabalhou alguns meses na cozinha e depois foi trabalhar na máquina e já ganhava como nós. Como eu manejava todas as máquinas, e como era a 'sobrinha', depois dos primeiros quatro ou cinco meses recebi um aumento de cem pesos. Já não ganhava trezentos, mas quatrocentos pesos. E me diziam: 'Isso é um favor que estamos te fazendo, porque você é a sobrinha, porque você aprendeu a manejar todas as máquinas e porque está como responsável'. E, como responsável, eu também tinha que ajudar a trabalhar nos tecidos antes da produção, estirá-los, fazê-los 'dormir' para que estivessem limpos para serem costurados. Tinha que dividir o corte, organizar as meninas, ajudar meu primo com os deveres de casa, ir à feira. Por todo esse trabalho, aumentaram cem pesos. Não tínhamos descanso" (Colectivo Simbiosis & Colectivo Situaciones, 2011).

A soma de tarefas parece infinita e sem fronteiras graças a um *diferencial de exploração* que se sustenta no desarraigamento e no tipo de reterritorialização comunitária que se explora, mas que também se suporta, como veremos mais adiante, por uma forte vontade de progresso. *Trata-se de um cálculo duplo. O primeiro se faz antes de migrar. O segundo, quando se constata que as condições de trabalho são piores do que as imaginadas.*

A economia da oficina não fica circunscrita ao seu espaço, pois abrange uma constelação de instituições: rádios, boates, empresas de transporte e de remessas, clínicas, certos bairros, acordos (implícitos ou clandestinos e explícitos ou legais) com as autoridades (policiais, municipais, estatais), e é replicada (ainda que de modo diverso) em outros ofícios/atividades: lavradores e lavradoras, limpadores de peixes, verdureiras, pedreiros, trabalhadores rurais. Ao replicar nessas tarefas condições similares de trabalho, a fórmula organizacional da oficina torna-se uma espécie de protótipo:[69] expansivo, mas mantendo uma relativa *invisibilidade*.

Dimensão transnacional

O tipo de articulação heterogênea que se trama ao redor da oficina mostra uma ensamblagem transnacional, que dá conta de um

---

[69] Para o caso da população boliviana migrante, nos referimos aos dados do próprio ex-cônsul José Alberto González: "Os bolivianos estão trabalhando em situações inacreditáveis, como, por exemplo, limpar peixe. Tivemos a oportunidade de falar com companheiras, fomos a uma limpadora de peixe, uma cooperativa, onde se vê o mesmo sistema das oficinas têxteis. Eles fazem os trabalhadores acreditarem que são cooperativistas, quando na realidade há um dono que explora todos. Ele os chama de "irmãos cooperativistas". Mentira, são seus empregados. Chamam de cooperativa, mas é uma empresa onde há um dono dos meios de produção e os outros trabalham para ele. Companheiros que viviam em Potosí, que nunca em sua vida haviam visto um peixe, estão descamando peixe, como especialistas, a uma velocidade alucinante. Companheiros tijoleiros, sobretudo na zona de Neuquén. O melhor tijolo da Argentina se produz nessa zona, onde é dramática a situação dos trabalhadores, porque são negócios familiares, e aí os pequeninos, logo que aprendem a andar, começam a trabalhar. Da mesma forma, acredito que as piores condições de vida estão nas oficinas, porque aí ficam confinados, e isso é perverso. Quem fabrica tijolos pelo menos olha o sol, olha as estrelas à noite, respira o ar. E é um trabalho muito esmerado, muito sacrificado. Eles não querem fazer seus documentos porque não têm digitais, porque trabalham com barro e as digitais apagam. Para os migrantes, a solução é que parem de trabalhar por dois meses, porque em dois meses a pele se regenera. Mas, do que viveriam nesses dois meses? Nunca nos responderam. Então, continuam sem poder se registrar" (entrevista pessoal).

estatuto de trabalho difuso e confuso: articula a microempresa com o autoemprego, o trabalho de tipo familiar com relações salariais sustentadas em laços de parentesco e a oficina de tecnologia pouco desenvolvida com a comercialização de grandes marcas que, inclusive, exportam seus produtos.

A oficina têxtil articula níveis e sequências produtivas distintas. Os costureiros e costureiras migrantes cortam, confeccionam, vão à feira e também vivem nas oficinas; cuidam de seus filhos e dos filhos dos outros, limpam e cozinham. Os donos das oficinas que comandam essa produção — que também são migrantes, mas com trajetórias de sucesso nos negócios — trabalham por demanda como fabricantes para diversas marcas, mas também produzem peças para serem vendidas em La Salada, inclusive, por vezes, com marca própria.[70]

Há mais uma figura: o intermediário, que costuma operar como elo entre os donos das oficinas e as marcas. Às vezes, são fabricantes fantasmas que servem como vínculo de formalização para as marcas ou figura responsável em termos tributários. Depois, identificam-se as marcas de primeira linha que vendem

---

70 — *Eles produziam para uma marca ou trabalhavam para outras marcas também?*
— Eles tinham sua própria marca. Trabalhavam para sua marca e nada mais. Era roupa para bebê: camisas, camisetas, coisas simples que saíam rapidamente e eram fáceis de fazer.
— *Iam para a barraca de La Salada e tudo era vendido?*
— Sim, tinham uma barraca fixa, que haviam comprado, e tinham mais duas barracas que alugavam. Aí vendia-se de tudo. Tinham uma boa entrada. Inclusive, havia algumas vendedoras que eram argentinas que recebiam vinte pesos por feira ou algo assim. Elas também foram acusadas de terem roubado. Mas sempre tínhamos que aguentar, porque não tínhamos para onde ir. E a garantia que tínhamos era o documento que ela tinha. E sem o documento você não pode fazer nada. (Colectivo Simbiosis & Colectivo Situaciones, 2011)

nos comércios mais caros do mercado, e algumas delas destinam parte da produção à exportação.[71]

[71] A descrição que Alfredo Ayala, líder dos donos das oficinas e dirigente da Asociación Civil Federativa Boliviana (Acifebol), faz do funcionamento dos intermediários é a seguinte:
— As marcas hoje em dia têm espécies de testas-de-ferro. Há intermediários. Não são elas que nos contratam diretamente. Eles, os intermediários, são os que negociam os preços entre as marcas e os donos das oficinas. São eles que dão as caras e distribuem.
— *O intermediário é legal?*
— É ilegal também. Nem sequer emitem recibo. É o dono da oficina que emite o recibo, e a marca obtém esse recibo pelo intermediário.
— *Vocês reivindicam a legalização à embaixada?*
— Claro, porque senão vamos continuar sempre na mesma.
— *Diante da legalização, pode ser que as marcas deixem de se interessar pela economia das oficinas?*
— Não, não creio. Pelo contrário, isso faria com que muita gente obtivesse o trabalho diretamente.
— *De qualquer maneira, o intermediário é uma figura possível porque garante à marca trabalho muito barato.*
— Não apenas trabalho barato, mas também a liberação de impostos. Pelos trabalhadores, teria que pagar plano de saúde. São milhões de pesos que a marca economiza.
— *O intermediário costuma ser argentino ou boliviano?*
— São majoritariamente argentinos, mas também há bolivianos.
— *E qual é a figura legal com que a marca fatura?*
— Como dono da oficina. Ainda que não seja proprietário de oficina, ele representa várias pequenas oficinas. E essa gente tem o controle das oficinas. Conheci um caso em que o intermediário não queria pagar à oficina e o dono não podia reclamar de nada porque não havia nenhum papel.
— *Quer dizer que o futuro do empresariado boliviano seria ou legalizar-se ou ir para a Bolívia e exportar a partir de lá para a Argentina.*
— Sim. A primeira das possibilidades que você enunciou é a que gostaríamos que ocorresse. Nós lutamos pela legalização. Porque muitos estão fartos de trabalhar como criminosos, se escondendo da polícia e dos inspetores. Inclusive, também há falsos inspetores que são criminosos e que se aproveitam dessa situação. (Colectivo Simbiosis & Colectivo Situaciones, 2011)

Uma primeira leitura poderia argumentar a extrapolação na Argentina de uma realidade produtiva que já existe na Bolívia. Trata-se de uma integração por baixo, com modalidades flexíveis de emprego, num tipo de homogeneização regional pós-neoliberal capaz de incluir uma variedade de formas de trabalho cada vez mais ampla, recombinada em cada território. Esse é um modo de supor que, com as migrações, também migram formas laborais que multiplicam e transnacionalizam o estatuto informal do trabalho. Como assinala Álvaro García Linera (2008, p. 270) para referir-se à Bolívia, após as reformas neoliberais dos anos 1990, organiza-se um sistema produtivo "dualizado": entre empresas com capital estrangeiro e unidades domésticas e pequenas oficinas. "Abandonando o ideal da 'modernização' via substituição de importação das estruturas tradicionais urbanas e camponesas, a nova ordem empresarial subordinou de maneira consciente e estratégica a oficina informal, o trabalho a domicílio e as redes sanguíneas das classes subalternas aos sistemas de controle numérico da produção (indústria e mineração), e aos fluxos monetários das bancas. O modelo da acumulação tornou-se assim um híbrido que unifica de forma escalonada e hierarquizada estruturas produtivas dos séculos XV, XVIII e XX através de tortuosos mecanismos de exação e extorsão colonial das forças produtivas domésticas, comunais, artesanais, camponesas e pequeno-empresariais da sociedade boliviana". É a esse modo misturado que García Linera chama de *"modernidade" barroca*.

No entanto, há um *plus* no trabalho protagonizado pela mão de obra migrante. O desarraigamento, o desconhecimento da cidade e dos direitos, assim como a reclusão forçada em espaços como as oficinas produzem um diferencial de exploração que é central na organização produtiva. "Como migrantes, a exploração que nós sofremos é muito mais pesada que a exploração normal, em nosso próprio país. Por muitas razões: porque não temos documentos, porque não conhecemos o lugar, não sabemos as leis que devemos seguir nem quais seriam na realidade nossos direitos. Além disso, não conhecer ninguém, nem saber como se movimentar na cidade obriga você a ficar confinado, enfim, a aceitar tudo o que seus patrões dizem" (Colectivo Simbiosis & Colectivo Situaciones, 2011, pp. 10-1).

Conforme nossa hipótese, esse diferencial de exploração provê a mão de obra migrante de um complexo treinamento que se monta sobre o cálculo que regula a aspiração de progresso e obediência. Obedece-se porque se calcula ao mesmo tempo que a obediência chega a somas incalculáveis. Nessa encruzilhada, o trabalhador migrante cavalga entre a definição foucaultiana do migrante como "investidor de si mesmo" e a de quem se vê compelido e vitimizado por condições de extrema solidão e dependência pessoal.

Uma nova empresarialidade

Uma empresarialidade específica surge da informalização explorada pelas oficinas têxteis, que valoriza elementos doméstico-comunitários, põe em jogo dinâmicas de auto-organização e nutre redes políticas concretas. Se Sassen (2006, p. 149) assinala que a crescente polarização da economia entre lar e empresa tem como efeito informalizar cada vez mais setores da economia urbana, nos propomos aqui pensar a mistura lar-empresa e seu funcionamento na informalização da economia urbana.

O componente étnico-comunitário dessa empresarialidade cumpre um papel fundamental na medida em que valoriza essa diferença em termos de flexibilização no mercado. Apela a ela para construir confiança, e faz do tradicionalismo familiar um código de funcionamento do mercado de trabalho.

Decalca-se um mapa sobre outro: o familiar sobre o laboral; o dos povos do interior boliviano sobre Buenos Aires. Mas, nessa sobreposição, tudo muda: o valor da comunidade se flexibiliza até transformar-se em forma de extração de mais-valia na oficina; o pertencimento territorial torna-se forma de agrupamento transnacional.[72]

Avancemos sobre sua caracterização comunitária. Tal empresariado combina concorrência e cooperação, o que dá um estatuto fundamentalmente ambivalente a suas modalidades operativas. Concorrência: intrínseca à lógica de proliferação e fragmentação das oficinas que fornecem peças de roupa, via intermediários, às grandes marcas. Cooperação: devido à representação unificada como "economia boliviana" que se ergue frente às denúncias (midiáticas e provenientes de algumas organizações contra o trabalho escravo), e que se protegem nas entidades que reúnem os donos de oficinas. Essas entidades, no entanto, não se exibem como laborais ou empresariais, mas como representações "comunitárias". Devido à mesma formulação comunitária de sua estrutura associativa, conforma-se um empresariado político-social que assume uma gestão quase integral da mão de obra: transporte, moradia, alimentação, saúde, emprego, ócio etc.

A figura do trabalhador assalariado livre é posta em questão pela própria lógica e funcionamento — isto é, de rentabilidade —, a favor de uma modalidade que na linguagem midiática foi difundida como "trabalho escravo".

---

[72] "O que acontece é que a Bolívia é muito tradicional. Sempre houve ajuda entre famílias e não se considerava trabalho trabalhar com sua mãe ou com sua tia. Não é trabalho, é ajuda, é compartilhar com a família. Então, utilizam muito isso para atrair pessoas. Eu soube de uma senhora de um pequeno povoado que vai todos os anos reunir crianças de doze a catorze anos para trabalhar na costura. Ela é vista no povoado como muito bondosa porque leva as meninas à Argentina. E a gente do povoado confia nela porque é do povoado, como da família". Por isso é que "há povoados quase inteiros da Bolívia aqui. No Parque Avellaneda existem torneios de futebol que são povoados contra povoados" (Testemunho anônimo, entrevista pessoal).

Esse tipo de empresário viabiliza a ajuda aos recém-chegados, consegue moradias, comunica contatos, atua como bolsa de trabalho e agência funerária, intervém na hora de fazer reivindicações ao governo local e se constitui corporativamente frente às organizações políticas, midiáticas e empresariais argentinas. Sua efetividade está dada por um tipo de "poder de gueto": na medida em que circunscrevem à "economia boliviana" a rede em que funciona a oficina têxtil, eles se mostram como defensores e garantidores dessa economia. Ao mesmo tempo, como essa economia se apresenta indissociável de um *ethos* cultural, os empresários também validam sua representatividade como legítimos intérpretes dessas culturas e tradições. Não é casual que a maioria das organizações que reúnem os donos de oficinas tenham nomes de associações culturais mais que empresariais.

Essa empresarialidade explora o pertencimento comunitário num duplo aspecto. Um é mais literal: os donos das oficinas se dirigem às comunidades na Bolívia com o intuito de recrutar trabalhadores. O outro é mais amplo: uma vez na oficina têxtil, as qualificações do trabalho estão referidas a um saber-fazer comunitário. A implicação da família inteira, a relação com o empregador baseada muitas vezes numa confiança também familiar (muitas vezes ele é chamado de "tio", independentemente da existência ou não de um vínculo familiar, e não de "chefe" ou "patrão") e a interpelação de saberes e modalidades ancestrais de esforço e trabalho coletivo dão lugar a uma qualificação flexível, capaz de enormes sacrifícios e privações, que funciona como sustento material e espiritual de um tipo de exploração da força de trabalho que a torna extremamente rentável como elo primeiro da fabricação têxtil.

Nesse sentido, a linguagem da comunidade e a constituição da comunidade como capital são uma especificidade dessa economia. É também o que permite que seja lida em termos culturalistas, desconhecendo a materialidade de sua constituição como força de trabalho e de suas relações produtivas.

A ênfase na nacionalização da diferença — "a bolivianidade" — se desdobra e se transforma em *etnização da diferença*: o ser "originário/comunitário" como qualidade específica no processo de valorização. Por sua vez, ambos os mecanismos são reforçados e interpelados com base em várias políticas. Em especial, essa identidade é invocada e simultaneamente definida a partir da representação que os donos das oficinas desempenham corporativamente. E isso com dois propósitos estratégicos: o primeiro, como modo de obter acesso privilegiado à "força de trabalho comunitária";[73] o segundo, como forma de fechar a economia migrante dentro de si e reforçar a segmentação da força de trabalho.

Como assinala Moulier Boutang, se as comunidades estrangeiras, diante das condições de desigualdade institucional, respondem reagrupando-se defensivamente e gerando formas de organização próprias, conseguem traduzir-se como "vantagem econômica", na medida em que minimizam os custos de transação e viabilizam a exploração de estereótipos como forma de hierarquizar o mercado de trabalho. O que se explora é uma "renda de posição" (Moulier Boutang, 2006, p. 113).

Esse uso se diferencia radicalmente da *etnicidade como estratégia* (Baud *et al.*, 1996) — ou "etnicidade estratégica", para parafrasear o uso que o feminismo faz do termo essencialismo —, desenvolvida como destreza de mobilização e construção de uma agenda política e de um repertório de reivindicações (Comaroff & Comaroff, 2011). E, ao mesmo tempo, assinala um claro antagonismo com as experiências de construção da comunidade como recurso eminentemente antagonista.

---

[73] Aqui parafraseio Sinclair Thomson (2007, p. 48), quando caracteriza os caciques do século XVII por seu acesso privilegiado à terra e à força de trabalho comunitária.

É nesse sentido que *a comunidade também pode ser usada como imagem organizacional para os trabalhadores urbanos, de outro ponto de vista.*

A respeito disso, e discutindo reformas a favor da flexibilização trabalhista e sindical na Bolívia, Oscar Olivera (2010), dirigente fabril de Cochabamba e líder da Guerra del Agua, de 2000, disse: "A comunidade e o sindicato. Agora, nós temos raízes ancestrais que se referem ao conceito de comunidade. Esse sentir e atuar da comunidade está se perdendo, e queremos recuperá-lo. Da nossa perspectiva, *o sindicato pode ser uma réplica urbana da comunidade, isto é, ninguém consegue nos fragmentar nem dividir, as decisões são tomadas coletivamente e por consenso, e deve haver uma rotação nas responsabilidades, o cargo pode ser revogado*, enfim, da mesma forma como funciona nas comunidades andinas" [grifos da autora]. Como se verá, os traços comunitários assinalados por Olivera não têm nada a ver com a tradição comunitária invocada como argumento culturalista na exploração das oficinas têxteis que analisaremos a seguir.

Uma economia-ensamblagem

Oficina-e-feira, assim como oficina-e-marca, são indivisíveis. Mas, por isso mesmo, a relação marca-feira tem o mesmo caráter. A segmentação da cadeia de valor[74] permite o surgimento de

---

[74] Segundo María D'Ovidio (2007, p. 33), "é importante, para fins analíticos, diferenciar o setor têxtil do setor de indumentária. O setor industrial têxtil não está diretamente vinculado à problemática do trabalho escravo nas oficinas de confecção por ser um ramo da fabricação de fios e tecidos para a realização dos têxteis, que depois são utilizados pelo setor de indumentária para a confecção de peças. É característico dessa indústria seu maior grau de formalidade pelos requerimentos de grande acervo de capital devido ao tipo de maquinário utilizado. De qualquer maneira, a problemática não escapa de sua órbita, e o setor manifestou sua preocupação em abordá-la, já que fornece matéria-prima para o resto da cadeia de valor, existindo aqui um vínculo direto com as oficinas".

intermediários, donos de oficinas, marcas e trabalhadores, funcionando em espaços físicos reduzidos. O importante é a conexão entre esses elos: a ordem do pedido, o cumprimento de prazos, o transporte de mercadoria e de trabalhadores. Essa situação, por sua vez, também permite que algumas marcas misturem parte de sua produção realizada *en blanco*, de forma legal, cujos recibos e comprovantes podem ser apresentados durante uma inspeção, à parte confeccionada *en negro*, de modo clandestino, que permanece oculta.

A partir da realidade das oficinas, podemos descrever um modo de acumulação em microescala, enquanto trata de oficinas relativamente pequenas e que, sobretudo, não têm o objetivo de se expandir, mas de se multiplicar por meio de relações de parentesco. Seria possível conceituar um novo empresariado popular das economias informais — feirantes, donos de oficinas etc. — por sua capacidade de "acumulação fractal" (Gutiérrez Aguilar, 2008), isto é, que não busca mudar de escala?

As oficinas têxteis são preferencialmente pequenas, empregando de dez a vinte pessoas, em geral. No entanto, é difícil catalogá-las como "pequenas" e, portanto, como familiares, pressupondo que esse é um estágio provisório diante de uma busca por crescimento e expansão. De fato, as maiores são minoria. É justamente essa escala pequena e familiar a que rende e as torna rentáveis. Isso as torna flexíveis diante do ritmo e variação dos pedidos e da possibilidade de alternância com uma produção para venda própria. De modo que torna obsoleta a distinção entre empresa familiar e pequena ou média empresa.

É essa microescala que, por um lado, gera uma margem de lucro que viabiliza a multiplicação dos empreendimentos em direção à venda de roupas próprias em La Salada, ou em direção à abertura de um bar ou restaurante, ou algum outro "negocinho". Por outro, agiliza a concorrência entre as oficinas.[75]

A oficina, então, funciona em rede: presume uma quantidade de oficinas pequenas que produzem a concorrência do ramo. É um dos elos fundamentais da indústria têxtil, uma vez que esta foi reestruturada depois do fim da convertibilidade e da importação massiva. Sua escala majoritariamente pequena não é uma condição de excepcionalidade difundida, mas um traço de uma nova modalidade de funcionamento da indústria têxtil.

É essa escala que promove a possibilidade de diversificação dos pequenos empreendedores. A oficina facilita uma expansão de outras redes econômicas nas quais encontra, ademais, sua razão de ser. A venda de roupa nas feiras, as estações de rádio que se escuta nas oficinas, assim como os trabalhadores das oficinas conformam uma constelação de empreendimentos que têm seu lugar e capital de origem majoritariamente nas oficinas têxteis.

Já há imobiliárias especializadas em alugar a empresários clandestinos: casas de propriedade horizontal, quase sempre antigas, em condições estruturais ruins, mas com vários cômodos ou dois andares. Essas imobiliárias sabem que esses imóveis abrigarão oficinas sem registro, e, por isso, também não exigem contratos e garantias

---

[75] — Suponhamos que uma fábrica precise produzir mil peças de roupa. Elas podem ser confeccionadas em menos de três dias, segundo sua complexidade; agora, se precisa delas para um ou dois dias, o terceirizador não as entrega a uma única oficina, porque sabe que vai demorar três dias. Por isso, ele faz a encomenda a três donos de oficinas para que cada um se esforce. E a cada um deles, diz que precisa das peças em um dia. Então, cada oficina interrompe o que estava fazendo para se dedicar a essa encomenda.
— *A lógica da oficina pequena também tem um sentido para isso, não?*
— Absolutamente. Por isso, falar de oficina pequena ou familiar, ou fabricantes de artesanato, como querem agora, não é o importante. O que importa é seu funcionamento. (Testemunho anônimo, entrevista pessoal)

como em uma locação comum. São propriedades que não se prestam para outros usos porque não estão em bom estado.

A oficina funciona, então, como dormitório, cozinha, sala de jogos para as crianças e espaço de trabalho. Em geral, existe uma cozinheira ou responsável pela comida. Só um banheiro. As condições de superlotação, falta de privacidade ou espaços próprios, assim como falta de segurança e higiene, são relatadas por vários ex-trabalhadores e apresentadas em diversas crônicas. Essas condições são consideradas, portanto, como prova da chamada "escravidão".

É fácil montar uma oficina. O maquinário necessário é barato e simples, o que facilita uma eventual mudança ou desmonte completo da oficina. Então, para colocar uma oficina em funcionamento, bastam uma casa-local, alguns bens de capital não muito custosos e uma conexão elétrica. A superlotação e a má alimentação produzem anemia e, por causa do acúmulo de poeira no ambiente, são frequentes os casos de tuberculose e outras doenças pulmonares. A alta rotatividade dos trabalhadores se sustenta no fluxo contínuo de migrantes, que são vistos como "aprendizes". As competências técnicas da costura são difundidas na Bolívia entre homens e mulheres, cujas habilidades são complementadas de acordo com os requisitos da oficina.

A oficina organiza toda uma economia de fixação da mão de obra recém-chegada. Mistura mobilidade e imobilidade: ao mesmo tempo que fixa camas por turnos, se alimenta de uma alta rotatividade da força de trabalho, que é impulsionada pelas condições extremas a que as pessoas são submetidas: os migrantes ficam, no máximo, por alguns anos nesse ramo de atividade, ritmo que se acelera com a mudança geracional. Enquanto isso, há tentativas de fuga, pedidos de clemência para voltar ao país de origem, acordos-demissões, ascensões e independências.

Por sua vez, a importância econômica da oficina têxtil clandestina como núcleo da economia migrante trama-se direta ou indiretamente com a economia habitacional, espacial, informal e migratória, que se assenta nas chamadas *villas* de emergência portenhas e suburbanas.

A oficina têxtil como exceção: três argumentos para sua (in)visibilidade

A clandestinidade é exibida como uma condição ao mesmo tempo excepcional e proliferante. A oficina têxtil na Argentina não é um espaço de trabalho *usual*: é, ao mesmo tempo, oficina-dormitório e espaço "comunitário" de uma intensidade de trabalho que se estende em jornadas de mais de doze horas, com turnos rotativos, e que se combina com uma aposta migratória de grande risco. Nesses poucos metros transcorre a vida completa de muitos migrantes recém-chegados de distintos lugares da Bolívia, na medida em que a oficina soluciona num mesmo tempo-espaço a questão habitacional e laboral. Ali se cozinha, cuida-se de crianças, dorme-se e trabalha-se; inicialmente, é uma forma de se proteger em uma cidade desconhecida.

Há uma sequência na construção da visibilidade da oficina têxtil como espaço *anômalo*. Como encrave de uma economia específica, ficou conhecida por duas questões: o incêndio de uma oficina na rua Luis Viale, em março de 2006, no qual morreram seis pessoas, e a midiatização imediatamente posterior de sua caracterização como local de trabalho "escravo". Nessa definição do trabalho, rapidamente intervém uma polêmica judicial-antropológica que se torna fundamental para fazer uma genealogia das relações de força postas em jogo na própria definição desse tipo de trabalho. Um terceiro momento, depois da midiatização do caso e da judicialização de situações similares, vem de sua incorporação na agenda global a partir da vinculação entre um inflamado Papa Francisco e uma das organizações argentinas impulsionadoras da denúncia dessas oficinas como modalidades de trabalho neoescravistas.

É possível enlaçar essa sequência para ver o funcionamento das estratégias de vitimização, moralização e judicialização que organizam um determinado campo de visibilidade da questão do trabalho migrante na Argentina e, de modo mais amplo, para sugerir um tipo de vinculação entre norma e economia popular, que tem como efeito a moralização (e condenação) do mundo dos pobres.

Estratégias de visibilização

A produção de jurisprudência com relação a certas situações *anômalas* de trabalho é particularmente reveladora das formas como o direito se confronta com a produção normativa em situações de exceção — exceção que se converte em estado permanente na "tradição dos oprimidos", que Benjamin desenvolve em suas teses *Sobre o conceito de história*. No caso que analisamos aqui, a *exceção* está dada por uma via dupla: o caráter historicamente *excepcional* do estatuto migratório laboral com respeito à norma do direito trabalhista (Moulier Boutang, 2006) e, o mais decisivo em nossa análise, pela eficácia da comunidade como dimensão excepcional frente à norma moderna na organização do trabalho (Chatterjee, 2004).

Nossa hipótese propõe ir além desse estatuto duplamente excepcional para pensar, na prática, em uma *articulação especificamente pós-moderna do comunitário*: sua capacidade de se converter em atributo laboral, em qualificação específica para a mão de obra migrante do Altiplano em Buenos Aires, e ser, ao mesmo tempo, repertório de práticas que misturam vida e trabalho, laços familiares e comerciais, relações de confiança e de exploração. Essa mistura desafia o excepcional ao mesmo tempo que o exacerba.

Sem deixar de lado sua ambivalência, este *plus* comunitário (ou "valor comunidade") é convocado e usufruído sob modos conflitivos e heterogêneos, pondo em tensão justamente seus múltiplos usos e a pluralização de suas combinações como parte de uma economia da migração na Argentina. Entretanto, essa perspectiva — que não é apenas mais justa de um ponto de vista cognitivo, mas também mais ativa do ponto de vista das estratégias micropolíticas — fica solapada diante de uma série de argumentos que buscam reduzi-la por meio do que aqui identificamos como três procedimentos: culturalização, judicialização e moralização. Vejamos cada um deles.

O argumento culturalista

Essa perspectiva se resume numa sentença judicial polêmica e emblemática em relação às oficinas têxteis argentinas. Em 2008, o juiz federal Norberto Oyarbide absolveu três diretores de uma empresa de indumentária que haviam sido acusados "de contratar oficinas de costura onde eram empregados migrantes sem documentação, em condições de máxima precarização do trabalho". Na sentença, o magistrado argumentou que esse modo de exploração funcionava como herança de "costumes e pautas culturais dos povos originários do Altiplano boliviano, de onde provém a maioria" dos donos de oficinas e costureiros, e que aqueles que conviviam na oficina eram "um grupo humano que convive como em um *ayllu* ou uma comunidade familiar extensa originária daquela região, que funciona como uma espécie de cooperativa". Tal resolução sofreu apelação tanto pelo procurador quanto pelo advogado querelante. As autoridades bolivianas na Argentina, por meio do seu cônsul-geral, também rechaçaram a sentença, dizendo que o juiz "deveria ter se informado sobre a natureza dos costumes ancestrais, que nada têm a ver com os tristes sistemas de escravidão" das oficinas clandestinas (*Página 12*, 2008).

A sentença teve por objetivo explicitar uma continuidade direta e compreensível entre a forma do *ayllu* ou *comunidade familiar* e os requerimentos de novas modalidades de exploração. De modo que o *ayllu* é traduzido como unidade produtiva para a oficina têxtil, mas, ao mesmo tempo, ao enquadrá-la como estrutura ancestral-cultural, a ela é negada o reconhecimento como forma de organização do trabalho e, portanto, é deixada de fora do campo de alcance do direito. O paradoxo fica exposto: a sentença fala de tradições ancestrais para situar numa longínqua *origem cultural* o que, aqui e agora, funciona como modalidade de exploração. Essa origem funciona como argumento exculpante do modo atual de organização das oficinas. Justificativa culturalista que, em nome do reconhecimento de uma tradição, reivindica e ampara a excepcionalidade das formas trabalhistas da oficina têxtil justamente por não as considerar trabalho. Se a *lógica comunal* foi criada por fora dos parâmetros da produção capitalista, é essa mesma *remissão à origem* o que na atualidade a excetuaria de ser julgada segundo *a lógica da exploração*, ao mesmo tempo que a incorpora completamente na terceirização da indústria têxtil como base de sua nova estrutura flexível.

O mesmo argumento já havia sido utilizado pela Sala II da Câmara Federal de Buenos Aires: "Naquela ocasião, os magistrados Martin Irurzun e Horacio Cattani absolveram os trabalhadores das oficinas que haviam sido processados pelo juiz federal Ariel Lijo. E, em sua sentença, fizeram alusão à suposta tradição cultural dos povos originários e ao *ayllu*, uma organização comunitária do povo aymara. De acordo com as definições acadêmicas, o *ayllu* era uma forma de comunidade familiar ampliada que trabalhava de modo coletivo num território de propriedade comum, no Altiplano, onde todos obtinham o mesmo benefício e, no máximo, tributavam uma parte de sua produção ao estado inca. A tradição diz que ali não existiam práticas discriminatórias nem possibilidade de acumulação individual, sendo o oposto dos sistemas pré-capitalistas de exploração praticados nas oficinas clandestinas que funcionam em Buenos Aires" (*Idem*, 2008).

Como funciona especificamente o discurso da unidade comunitária como sintaxe da exploração? Por *extrapolação no tempo* de formas produtivas completamente diferentes, agora unificadas na unidade espaço-temporal da oficina têxtil integrada por migrantes; e por *extrapolação territorial*: se nivela a diferença entre um "território de propriedade comum" e sua relação com uma forma de autoridade estatal pré-nacional e a oficina como encrave privado que o poder judicial de um estado, nesta sentença, excetua da normativa trabalhista nacional. O juiz Oyarbide, para absolver os réus, também sustentou que não havia provas de que estavam querendo "obter direta ou indiretamente um benefício econômico", algo passível de punição pelo artigo 117 da Lei 25.871, que trata da migração na Argentina: "será reprimido com prisão ou reclusão de um a seis anos aquele que promova ou facilite a permanência ilegal dos estrangeiros" no território nacional "com o fim de obter direta ou indiretamente qualquer benefício".[76]

Oyarbide decidiu pela absolvição com base nos argumentos mencionados e em novas inspeções que detectaram a situação migratória regular das pessoas que estavam no local, e também porque "não se encontrou pessoa alguma realizando tarefas do ramo têxtil

---

[76] Por tal delito, o procurador havia imputado Nelson Alejandro Sánchez Anterino, Gabina Sofía Verón e Hermes Raúl Provenzano, responsáveis legais da firma Soho, "depois de determinar que a partir dessa companhia se terceirizavam trabalhos de costura em ao menos duas oficinas onde havia sido detectada a presença de estrangeiros sem documentação, que trabalhavam doze horas por dia, com rendas de quinhentos a novecentos pesos mensais, e que viviam num pequeno cômodo que era alugado por eles pelos próprios donos das oficinas. Nenhum empresário contrata uma oficina de costura sem ter um mínimo de contato prévio para lhe garantir o cumprimento dos prazos e as normas de qualidade", sustentou o promotor. "Essa circunstância de exploração do trabalho não só não pode ser desconhecida pelos empresários mas, pelo contrário, indica que é consentida e tacitamente favorecida, para obter maior produção a menor custo" (*Página 12*, 2008).

nem maquinaria para desenvolver essa atividade". "É evidente que, depois dos primeiros procedimentos, os trabalhadores da oficina deixaram de produzir, mudaram as oficinas de lugar e regularizaram a situação documental das pessoas que vivem aí", disse o advogado querelante, Rodolfo Yanzón (*Idem*, 2008), que também rechaçou os argumentos amparados nos "antigos costumes dos povos originários, que são totalmente inaplicáveis ao caso, e que inclusive poderiam ser tachados de discriminatórios". "O advogado pediu a intervenção da Sala I da Câmara, que tem um critério oposto ao de Cattani e Irurzun: no último 30 de novembro, os juízes Eduardo Freiler, Gabriel Cavallo e Eduardo Farah pediram a Oyarbide que não limitasse a investigação aos trabalhadores das oficinas e que inquirisse as empresas "que puderam ter se aproveitado dessa atividade mediante a demanda de trabalhos nessas condições" (*Idem*, 2008).

Em resposta a essa argumentação, o Colegio de Graduados de Antropología publicou um comunicado em 24 de junho de 2008, opondo-se à sentença de Oyarbide: "Ainda que o *ayllu* e o sistema atual de exploração do trabalho na indústria têxtil sejam basicamente distintos e se enquadrem em contextos que os tornam incomparáveis, ambos são confundidos na sentença. A mesma desconhece a organização própria do *ayllu*, que, fundado em torno de valores como reciprocidade e horizontalidade, contrasta com a assimetria da relação patrão-empregado [...]. Deveria ter sido levado em consideração o fato de que os trabalhadores não pactuam as condições trabalhistas em condições de igualdade, mas numa relação de poder desigual, aprofundada pela condição irregular que os mesmos empregadores fomentam". A sentença de Oyarbide, finalmente, foi revogada pela Cámara Federal da cidade de Buenos Aires em setembro de 2008, pois se considerou "desacertado pretender extrapolar estruturas próprias de pautas culturais do Altiplano para explicar o funcionamento de oficinas têxteis".

O argumento culturalista (um ardil da espiritualização da economia) possui uma face dupla. Exculpante, no caso da sentença de Oyarbide, na medida em que, ao confinar a questão das oficinas a práticas culturais arcaicas, evade de pensar a situação que desafia a normativa trabalhista nacional. No entanto, também o pronunciamento de antropólogos especialistas, que se encarrega de maneira relevante de diferenciar ambas as situações — a do *ayllu* e da oficina têxtil —, não reflete sobre o modo como certos elementos comunitários se ensamblam com a economia têxtil protagonizada por migrantes bolivianos. Ambas as argumentações se esforçam em classificar e enquadrar a situação da oficina têxtil dentro de uma definição de *ayllu* que não lhe cabe. Entretanto, haveria elementos de uma prática comunitária organizadora do espaço-tempo da oficina têxtil (e toda a economia em torno dela) que exige se pensar o comunitário numa declinação urbana e pós-moderna, como um ambíguo atributo do trabalho? A coetaneidade e a contemporaneidade de elementos não contemporâneos — para usar novamente a expressão de Bloch (2004) — exige analisar de outro modo a ensamblagem de lógicas e elementos distintos numa conjunção (a oficina têxtil) que os enlaça de maneira inovadora e problemática.

As modalidades comunitárias — de organização, autoridade, trabalho etc. — encontram uma nova compatibilidade com o mundo pós-fordista, de desnacionalizações parciais de segmentos do estado nacional e debilitação dos grandes centros de trabalho (Sassen, 2010; Ong, 2006; García Linera, 2001).

O argumento judicial

Se, como o advertiu Mauss (2009), o problema colonial é o problema da mão de obra, toda vez que tratamos a questão do trabalho migrante, sua dimensão colonial — isto é, uma determinada relação de exploração e domínio — torna-se inseparável. Nesse ponto, a questão da heteronímia é decisiva. Por que o mote do trabalho escravo foi difundido tão rapidamente? Por que caiu tão bem tanto nos meios de comunicação como nas representações de certas organizações, dos espectadores e comentaristas *argentinos* em geral?

A adoção desse termo veio de sua difusão pela ONG La Alameda e pela imprensa, que o usaram como representação de uma situação que ao mesmo tempo permitia dois registros: o escândalo e a denúncia. Classificaram assim as condições de confinamento, de fusão de lugar de trabalho e de moradia, e de relações de trabalho que misturam parentesco e não respeitam nenhuma convenção legal. Acreditamos, porém, que essa denominação quer principalmente destacar o fato de ser *trabalho estrangeiro*. *O escravo é estrangeiro, quase por definição*. A concepção transposta às descrições midiáticas sublinha fundamentalmente a distância e a estranheza dessa forma de trabalho, somente atribuída a uma condição de estrangeiridade. Não existe definição legal estrita de trabalho escravo na legislação argentina,[77] embora haja a figura de trabalhador reduzido à servidão, que tem servido para enquadrar penalmente alguns casos. Isso leva imediatamente a uma perspectiva mais geral: a discussão sobre o tráfico de pessoas e a recente sanção da Lei 26.364, de 2008, que é frequentemente invocada como possibilidade de enquadramento jurídico para o que ocorre nas oficinas clandestinas, associando — ou, inclusive, comparando — esse lugar aos prostíbulos. *Assim, a prostituição e o trabalho escravo têm um difuso estatuto comum, rela-*

---

[77] Como assinala Ariel Lieutier, a referência à proibição da escravidão está na Constituição Argentina de 1853, e no Código Penal é sancionada a redução à servidão, ainda que sem definir do que se trata, pelo qual se deve remeter à Convenção Suplementar sobre a Abolição da Escravatura, do Tráfico de Escravos e das Instituições e Práticas Análogas à Escravatura, adotada pelas Nações Unidas em 1956 e ratificada pelo estado argentino pela Lei 11.925.

cionado às migrações internas e externas vistas apenas da perspectiva do tráfico e, a seu modo, considerando os estrangeiros e as mulheres como duas figuras do outro desvalido. A inclusão de menores como trabalhadores/conviventes nas oficinas clandestinas reforça essa analogia.

O argumento para judicializar a situação da oficina têxtil, então, se ampara em lê-lo a partir da perspectiva mais geral do tráfico de pessoas. Assim, se expande a ideia de uma submissão da vontade, de um engano completo por parte dos trabalhadores e uma impossibilidade sem fissuras de sair da oficina têxtil, o que seria um estado totalmente forçoso. Esse enquadramento jurídico permite condenar essas situações, relacionando-o inexoravelmente ao argumento moralista. *O que a judicialização da oficina têxtil faz por meio da figura do tráfico de pessoas é tirar a questão do trabalho migrante da discussão para reduzir o trabalhador migrante à figura de vítima.* Foram as organizações patronais de trabalhadores das oficinas as primeiras a contestar essa ideia: "Não somos escravos, somos trabalhadores". A palavra "trabalhador" reivindica uma autonomia, a do assalariado livre, como imagem que se contrapõe à submissão escrava. Esse contraponto será uma constante no debate sobre as condições que definem uma situação laboral/vital, assim como sobre os limites nacionais que, a seu modo, comporta o estatuto de trabalhador.

Muitas vezes, a forma contratual entre o dono da oficina e o costureiro é a palavra. Essa relação começa quase sempre com um contato familiar com vínculo na Bolívia, para depois organizar o transporte e o endereço em Buenos Aires. Às vezes, os donos das oficinas vão eles mesmos até a Bolívia buscar seus futuros empregados. Recrutam, primeiro, dentro da própria família, abrindo depois a oferta para relações de proximidade: parentes mais distantes, amigos, pessoas da comunidade. Também existe uma rede mais independente, que se sobrepõe à anterior: anúncios de vagas de trabalho são difundidos na Bolívia por rádio e cartazes afixados em lugares públicos, e até em igrejas. Todo um sistema de transporte gira ao redor desse trânsito e, quando os migrantes chegam, há esquinas já conhecidas, especificamente nos bairros de Liniers e Flores, como local onde os trabalhadores podem esperar por alguém que os "contrata".

O contrato de palavra contém uma promessa que garante seu funcionamento: a de poupar tudo o que se ganha com o argumento de que não será preciso pagar pelas refeições e pela hospedagem. No entanto, o alojamento e a comida são "descontados" ou incluídos indiretamente como custo no salário.[78] Essa promessa torna-se mais concreta porque, quando alguém chega, não terá que arranjar moradia e comida em um lugar desconhecido, na maioria das vezes sem ter o contato de ninguém ou só com o contato de uma única pessoa, que está na oficina. No entanto, esse salário costuma estar atrelado ao preço por peça, o que faz recair a obrigação de produtividade sobre os costureiros e costureiras.

Há ou não contrato? Seria essa linha tênue que separa o trabalhador e o escravo? Sob o título "Trata de personas a través de agencias de empleo en El Alto" [tráfico de pessoas através de agências de emprego em El Alto], a revista *Cambio* citou o diretor de Emprego do Ministério do Trabalho da Bolívia, César Siles, dizendo que a única entidade oficial que pode abrir uma bolsa de trabalho é o governo, por meio da Unidad Promotora de Empleos: "Essa instância cumpre o papel de intermediária entre a oferta e a demanda do mercado de

---

[78] Um dos testemunhos da organização patronal, em seu raciocínio, inverte o cálculo: em vez de dizer que são descontados, ele os "soma" à renda: "há que considerar o seguinte: na maioria das oficinas a modalidade de trabalho inclui moradia e comida. A Lei de Trabalho não estipula nem a comida nem a moradia. Se fossem somados os gastos com comida e moradia dos que ganham 3,5 mil pesos, veria-se que eles ganham cinco mil" (Colectivo Simbiosis & Colectivo Situaciones, 2011).

trabalho, de acordo com o artigo 31 da Ley General del Trabajo". Entretanto, diante da quantidade de agências comerciais que também são de emprego, buscou-se legislar por decreto: "Trata-se de um marco legal específico para proceder ao fechamento desses negócios", disse Siles. "Apesar da normativa, as agências vendem endereços de possíveis trabalhos e ofertam, em quadros negros ou cartazes, avisos de trabalho, mas sem dar a referência do empregador, porque os interessados devem pagar ao intermediário entre três e cinco bolivianos pelo endereço ou número telefônico" (*Cambio*, 2018).

A mistura entre formas contratuais e de tráfico não torna fácil a classificação e desafia o mote da escravidão. Também obriga a uma normativa *ad hoc* para assuntos que são de caráter transnacional. A crônica da detenção de um dono de oficina no norte argentino enquanto transportava trabalhadores para suas oficinas têxteis em Buenos Aires revela *o lugar do contrato de trabalho em condições não contratuais, uma caracterização que complexifica tanto a noção de tráfico quanto a de contrato*: "Primeiro, disseram que iam visitar familiares, mas depois admitiram que tinham assinado um contrato para trabalhar em oficinas localizadas em Buenos Aires, com uma jornada de trabalho de sete a 23 horas, a um pagamento de quinhentos pesos mensais, com a obrigação de morar nas próprias oficinas", disse ao jornal *Página 12* o chefe de Prevención y Lucha contra la Trata de Personas da polícia da região de Salta, comissário Reinaldo Choque (Videla, 2010).

O contrato aludido aqui implica: i) uma jornada de trabalho de dezesseis horas diárias, sem folga prevista; ii) um salário de pouco mais de cem dólares mensais, sobre o qual são descontados o transporte, o alojamento e a comida; iii) a obrigação de morar no local de trabalho; iv) a retenção da documentação pessoal; v) o recrutamento voluntário por agências de emprego e o translado transfronteiriço. Trata-se de contratos de servidão? Formas de servidão voluntária?

Parece que, quando a situação do trabalho migrante fica restrita ao tráfico, apaga-se um elemento diferencial decisivo: um mapa de desterritorializações e reterritorializações de populações inteiras de trabalhadores, que vai da deslocalização mineira na Bolívia da década de 1980 à sua localização nas periferias urbanas, principalmente em El Alto, e, depois, às rotas migratórias para Argentina, Brasil e Espanha. Ressituar essa série de deslocamentos e movimentos territoriais — que são ao mesmo tempo forçados pela situação de desemprego e efeito de decisões e estratégias vitais — permite reenquadrar o impulso migratório para fora da questão da escravidão, como narrativa da submissão e da infantilização completa dos migrantes. O diferencial de poder que esses movimentos implicam, com relação a uma rede de tráfico de pessoas, é incomparável. Antes, vale enquadrá-lo no que o coletivo Mujeres Creando denomina "exiladas e exilados do neoliberalismo", incluindo o termo "exílio" para além de seus usos tradicionais de exílios políticos durante as ditaduras e remarcando, desse modo, a continuidade de efeitos entre ditadura e neoliberalismo na América Latina. Por sua vez, isso exige elaborar uma perspectiva das migrações como crescente transnacionalização da mão de obra em relação aos requerimentos do mercado global (Mezzadra & Neilson, 2013) e, em nosso caso, enfatizando a particularidade de um movimento Sul-Sul. E, nesse aspecto, tendo em conta a migração que desarma e reensambla lares e que calcula suas formas de obediência em relação a projetos de progresso de mais longo prazo.

Essa ideia situa a pergunta pela questão comunitária para além de sua acepção culturalista, sem deixar de ver sua *atualização* sob novas modalidades ambíguas, variáveis e em tensão permanente. Nessa flexibilidade, pode-se ver um desafio ao estereótipo da comunidade que faz dela uma figura homogênea, estável, arraigada sobretudo a um território fixo e delimitado. Conectar essa questão comunitária com a migração obriga a pensar a comunidade em movimento, com todas as ambivalências que são postas em jogo. E, sobretudo, mostra uma economia popular ativa, capaz de renovar seus usos e costumes e se vincular a uma economia transnacional. A dinâmica migratória aparece, então, de outro modo: como uma força complexa e estratégica, ambivalente com respeito às declinações sob as quais o comunitário se converte num elemento de valorização, e expressiva do caráter *abigarrado* dos circuitos de valor percorridos por nossas cidades.

O argumento moralizador

A ONG La Alameda, que surgiu das assembleias de bairros depois da crise de 2001, transformou-se em ator importante da visibilização das oficinas têxteis e da propagação da figura da escravidão. Recuperando a metodologia do escracho, La Alameda recebe denúncias provenientes de ex-trabalhadores e de outros tipos de informantes e protagoniza atos públicos em frente aos lugares onde funcionam oficinas clandestinas. La Alameda coordena uma rede internacional, junto com o movimento No Chains [sem grilhões], de combate ao "trabalho escravo", apontando o consumo como responsável por esse cenário. Seu líder, Gustavo Vera, já denunciou as principais marcas de roupas que contratam oficinas clandestinas, tornando-se, assim, um personagem de grande impacto midiático, tanto pelas ameaças como por sua aliança com o então cardeal Jorge Mario Bergoglio, agora Papa Francisco. Produziram juntos imagens de alta repercussão, com manchetes do tipo "Acompanhado de costureiros, catadores e prostitutas, Bergoglio condenou a 'escravidão'" e "Com dureza, o cardeal denunciou que há pessoas que 'sobram' na cidade" (Camps, 2009). A pedido de La Alameda e do Movimiento de Trabajadores Excluidos, Bergoglio dedicou a missa "aos catadores de papelão e às vítimas do tráfico de pessoas, exploradas nas oficinas têxteis clandestinas e nos prostíbulos". A primeira missa ocorreu no dia 1º de julho de 2008 na Igreja dos Emigrantes de La Boca, na capital argentina, quando o arcebispo de Buenos Aires reiterou que na cidade "há escravos" (Camps, 2009).[79]

Gustavo Vera sustenta que a voz que se escuta da coletividade é a voz dos patrões e que, portanto, está hegemonizada pela perspectiva dos donos das oficinas. A estratégia de La Alameda é dar voz às vítimas: aos denunciantes e àqueles que são "resgatados". Constrói-se o trabalhador boliviano como tal, presa de enganos, maus tratos e confinamentos. Não é casual que esta iniciativa "salvadora" tenha pontos de contato e uma aliança crescente com a Igreja católica.

A moralização posta em movimento de maneira conjunta entre La Alameda e a Igreja parte da consideração de que o que os trabalhadores migrantes fazem não tem uma racionalidade própria, que é condenável, e que o fazem, justamente, por serem submetidos e obrigados. A marca colonial das organizações salvadoras organiza todo um discurso de resgate e tutela que se "frustra" quando os supostos resgatados regressam à oficina têxtil ou "defendem" seus patrões ou, mais ainda, quando rechaçam ou criticam a missão de fundar cooperativas segundo a normativa dessas organizações.

Anotemos três traços comuns aos procedimentos que detectamos: todos vêm de organizações argentinas (a justiça, o saber especialista, a organização social e eclesial); compartilham, de modo diverso, a caracterização da oficina como um tema de estrangeiri-

---

[79] A cerimônia religiosa teve oferendas: "uma bolsa de serapilheira transbordante de caixas de papelão dobradas, 'o que juntamos de dia e de noite para dar de comer a nossos filhos'; uma bolsa confeccionada por costureiras e costureiros bolivianos que escaparam de oficinas clandestinas; uma peça de roupa fabricada pela cooperativa La Alameda" (Camps, 2009).

dade, isto é, consideram o funcionamento do trabalho migrante como algo estritamente alheio e estranho; e, para retirá-lo de seu estatuto de incompreensível, o enquadramento jurídico do tráfico e seu correlato organizacional (La Alameda e a Igreja) propõem a vitimização e a infantilização dos trabalhadores. Essa perspectiva anda junto com a moralização, que inclui a condenação dessas economias e a denúncia de seu funcionamento. A *exterioridade* dessas perspectivas com respeito à lógica da oficina têxtil não é questionada em nenhum momento.

Onde está a voz das e dos costureiros?

Numa entrevista realizada em Buenos Aires, Silvia Rivera Cusicanqui (Colectivo Simbiosis & Colectivo Situaciones, 2011) sustenta que a voz dos costureiros e costureiras exibe um cálculo que ninguém quer escutar, uma racionalidade de progresso que inclui e justifica o que de outra perspectiva é considerado trabalho "escravo". Ela retorna à pergunta de Spivak (2011) sobre a potência de fala do subalterno, para advertir o que não se quer/pode escutar ou ver. Como a alegria da viúva imolando-se ao fogo (o célebre caso de Chandra, relatado por Spivak), a tenacidade do migrante que se encerra na oficina. A perspectiva de Rivera pode ser confrontada com a perspectiva dos ex-costureiros e costureiras do Colectivo Simbiosis (Colectivo Simbiosis & Colectivo Situaciones, 2011), cuja voz não nega a existência desse cálculo, mas o complexifica com uma experiência, uma trajetória que agrega camadas de sentido, memória e mal-estar ao mundo da oficina têxtil. Nesse diálogo é possível pensar duas questões radicalmente opostas aos procedimentos que destacamos mais acima. Por um lado, o cálculo migrante e suas itinerâncias. Por outro, a produção de uma perspectiva da injustiça e a exploração da oficina a partir do próprio interior da oficina.

Vamos à explicação pela qual Rivera Cusicanqui sugere que uma caracterização da dinâmica da oficina não se encaixa na noção de "trabalho escravo". Propõe, em contrapartida, utilizar as categorias de *dominação legítima*, *derecho de piso* e *reciprocidade diferida* como formas alternativas de compreender a dinâmica geracional, econômica e progressiva da microempresa migrante.

Silvia Rivera Cusicanqui: Enquanto se fazem explorar, vão construindo sua microempresa. A ideia de que nesses lugares está em jogo uma dinâmica de escravidão me parece totalmente equivocada.
Colectivo Situaciones: Como você a chamaria?
Silvia Rivera Cusicanqui: Subordinação, exploração, uma mão de obra que está pagando um *derecho de piso* migratório, para no primeiro estágio receber o que se chama uma reciprocidade diferida. Isso é o que fazem seus pais com você, e você tem a obrigação de fazer o mesmo com seus filhos. Sua mãe cuidou da sua filha, você tem que cuidar da filha da sua filha, como uma devolução à sua mãe. Diferido no tempo, trata-se de um circuito de devolução: esse foi explorado, agora é sua vez de explorar. Parece ser algo cruel vindo do colonialismo, mas essa regra não é colonial. Em todo caso, seria uma relação de classe. Eles não consideram selvagens os explorados. Consideram-nos aprendizes, mas não selvagens. Por isso é que a palavra "escravo", que sempre parte de uma heterologia cultural, é equivocada — embora seja certo que o conhecimento adquirido na exploração colonial se torne um insumo para toda forma de exploração. Por exemplo, é comum, em contextos de intensíssima exploração, que se desenvolva uma outrificação do trabalhador, até considerá-lo um selvagem. Por isso é tão forte a cidadania peronista aqui, porque, se algo se rompeu, foi a premissa de que o traba-

lhador é um selvagem-outro, um recurso herdado da exploração colonial, porque o repertório da dominação tem também sua própria bagagem de saberes adquiridos. E são culturas de servidão, como dizem os antropófagos. (Colectivo Simbiosis & Colectivo Situaciones, 2011)

O que impugnaria de fato chamar esse tipo de trabalho de escravidão seria, segundo Rivera Cusicanqui, a existência de regras claras de alforria. O que talvez pode ser visto em vários relatos é o tipo de cálculo urbano que o migrante põe em movimento: uma certa relação entre sacrifício e ciclo vital. O nomadismo dos trabalhadores migrantes, especialmente os jovens, é um saber-fazer que combina táticas de curto prazo ("por um tempo, nada mais", como diz o Colectivo Simbiosis) vinculadas a objetivos concretos, com uma ductilidade que permite combinar trabalho assalariado por tarefa, pequenos empreendimentos de contrabando, tarefas semirrurais, domésticas e comerciantes autônomas ou ambulantes.

Na *reciprocidade diferida* também aparece o núcleo temporal. "Isso é o que fazem seus pais com você, e você tem a obrigação de fazer o mesmo com seus filhos. Sua mãe cuidou da sua filha, você tem que cuidar da filha da sua filha, como uma devolução à sua mãe. Diferido no tempo, trata-se de um circuito de devolução: esse foi explorado, agora é sua vez de explorar" (*Ibidem*, pp. 21-2). A dupla face ou circularidade dessa economia da devolução diferida[80] tem

---

[80] A questão da reciprocidade, de Durkheim a Malinowski e, especialmente, com Mauss e Polanyi, se torna uma noção fundamental nas ciências sociais para pensar as economias que misturam formas mercantis e não mercantis. Segundo Abduca (2010), o "caráter localizado, nodal e central da 'reciprocidade', que une a distribuição econômica e a justiça jurídica e política, não é invenção do grego nem de seus leitores. Ela é encontrada, para dar apenas dois exemplos, tanto a oeste do estreito de Bering quanto na tradição andina [...]".

também uma dimensão contenciosa. "Em quéchua moderno, o intercâmbio temporalmente diferido de trabalhos iguais é conhecido como *ayni*. Mas essa expressão, em quéchua antigo, também queria dizer vingança" (Abduca, 2011). Na devolução ou reciprocidade posposta, haveria então uma espécie de sistema de justiça ou de vingança, de inversão de lugares, de intercâmbios de papéis, como narrado em *El sueño del pongo*, de J. M. Arguedas. Quem foi explorado, depois explora: reciprocidade-vingança.

Nesse circuito é possível interpretar a seguinte imagem. A feira das Alasitas, que é realizada todos os anos na Bolívia, também acontece em Buenos Aires, em janeiro. Nela, vende-se e compra-se, em miniatura, aquilo que se deseja para o ano: tijolos para se conseguir uma moradia, bebês para invocar fertilidade, carros e cédulas de dinheiro. Em Buenos Aires, uma das miniaturas mais compradas é a maquete de uma oficina têxtil, que promete a aquisição de uma oficina própria.[81]

A maioria dos trabalhadores têxteis aspira ser dona do próprio negócio. Tornar-se independente do proprietário da oficina para poder abrir a sua. É uma espécie de "evolução natural" para os costureiros: conhecem seu funcionamento de dentro, têm contatos e entendem a dinâmica do trabalho. Evidentemente, essa lógica de proliferação "a partir de dentro" das oficinas tensiona e problematiza a noção de "trabalho escravo" com que são caracterizados. Retornemos a Rivera Cusicanqui: "Parece ser algo cruel vindo do colonialismo, mas essa regra não é colonial. Em todo caso, seria uma relação de classe. Eles não consideram selvagens os explorados. Consideram-nos aprendizes, mas não selvagens. Por isso é que a palavra "escravo", que sempre parte de uma heterologia cultural, é

---

[81] Pode-se ver a narração fílmica dessa cena em *Colección Overlock*, de Julián D'Angiolillo.

equivocada — embora seja certo que o conhecimento adquirido na exploração colonial se torne um insumo para toda forma de exploração" (Colectivo Simbiosis & Colectivo Situaciones, 2011, p. 22).

A proposta da autora enfatiza, então, uma *autonomia* nessa economia que impossibilita concebê-la como sistema escravista. O dinamismo da economia têxtil se alimenta desse cálculo de progresso, de conversão de costureiro em dono de oficina, mesmo quando, como apontam muitos costureiros e costureiras, esse cálculo só se torna possível para alguns poucos. Rivera Cusicanqui encontra uma frase sintética: "Enquanto se fazem explorar, vão construindo sua microempresa".

Derecho de piso, reciprocidade diferida e dominação legítima

Essas três noções que Rivera Cusicanqui põe em jogo podem ser contrastadas, ou testadas, no contexto da oficina têxtil. Quer dizer, seu uso provém de situações de trabalho na Bolívia; no entanto, nos perguntamos se sua extrapolação à realidade trabalhista migrante na Argentina, tendo em conta o *diferencial de exploração* que assinalamos mais acima, faz com que continuem funcionando do mesmo modo.

A *dominação legítima*, baseada no *derecho de piso*,[82] segundo a socióloga boliviana, supõe uma economia do sacrifício geracional: "O jovem sempre é pobre. A não ser que seja herdeiro de uma fortuna ou que disponha de rendas que não tenham surgido de seu trabalho" (*Ibidem*, p. 19). Nessa linha de raciocínio, a dominação *é legítima porque é temporária*. Essa chave temporária é, por sua vez, o núcleo do *derecho*

---

[82] *Derecho de piso* é uma expressão usada para significar um "direito" informal resultante de um conjunto de situações e obrigações, na maioria dos casos, vexatórias e incômodas, pelas quais um novo empregado deve passar por sua condição de novato em algum ambiente de trabalho. [N.T.]

de piso: refere-se a uma espécie de cânone de iniciação, um estatuto de aprendiz, que tem seus custos, que se postula como uma conquista.

Em tal legitimidade, portanto, subjaz uma *gradação progressiva* de trabalhos e remunerações, de abnegações e recompensas. É uma lógica de aprendizagem e um sistema de pagamentos — que, além disso, não distingue dinâmica familiar e dinâmica laboral. "Na Bolívia, você trabalha a vida toda com a família, mas muito poucas vezes há formas de considerar isso trabalho. Está ajudando desde pequena sua mãe, ou desde adolescente, sua tia, e assim continua, mas apenas por pequenos momentos isso é chamado de trabalho". Na oficina têxtil, toda uma quantidade de atividades domésticas, de limpeza e cuidado é incorporada ao "trabalho" assalariado sem retribuição extra, pois é vista como obrigação imposta pelo patrão que busca replicar um esquema de divisão do trabalho familiar/patronal. Os vínculos familiares, quando existem, paradoxalmente reforçam essa obrigação e essa conversão de tarefas domésticas em obrigações de trabalho.

Como se declina esse conceito de *ayni* na economia das oficinas? Quando os donos de oficinas vão aos povoados ou comunidades recrutar trabalhadores, o "acordo" é o seguinte: "eu pago tudo para você e depois você me devolve o que estou investindo em você". Isso se faz em nome do *ayni*. *Em parte esse uso do termo vem de donos de oficinas que são originários de comunidades e que estão familiarizados com esse tipo de relações de reciprocidade.* Um ex-costureiro, explicando o *ayni*, diz: "Aqueles que manipulam essa ideia sabem o que fazem, os que estão sendo manipulados estão sendo convencidos de que têm de devolver aos donos de oficinas. Isto é: sentem um dever para com aqueles que os trouxeram da Bolívia. O dono da oficina usufrui da confiança numa economia da reciprocidade, para fazer um uso perverso em termos de exploração".

O Colectivo Simbiosis reconhece o cálculo da microempresa, sua mobilização de expectativas e também as desilusões e enganos que devem ser enfrentados. Além disso, a partir da trajetória migrante de seus membros, o coletivo agrega um elemento central. Se o *diferencial de exploração* que se vive e se sofre ao chegar à oficina arruína o primeiro cálculo que impulsionou a migração, isso não obstrui um recálculo que essa nova situação leva em conta. Nesse recálculo, é fundamental, novamente, a questão do tempo.

Barroco

Rivera Cusicanqui (2010a) relata o caso de dois empresários têxteis que proveem suas comunidades de festas luxuosas. O principal é Edgar Limachi, dono de oficina, residente do bairro Charrúa, adjacente à *villa* 1-11-14. Eles impulsionam o baile das Morenadas, pagam os vestuários, contratam as bandas, dão as bebidas de graça, oferecem a iluminação do ambiente. As Morenadas são bailes em que "os morenos se vestem de ouro" [*sic*]. Com indumentárias luxuosas, joias, grandes bandas e variedades de cores, as Morenadas são uma exibição de poderio, desdobramento ostentador, ocasião anual de excessos: "O principal promotor da festa, Edgar Limachi, chegou com sua esposa do bairro Charrúa de Buenos Aires, onde conduz uma empresa têxtil de sucesso que dá trabalho a muitas oficinas subsidiárias. Sua fábrica, junto à rede de microempresas que articula, contrata centenas de conterrâneos da província como diaristas. Além disso, dá trabalho a muitos afilhados e caseiros de outras localidades e províncias [...]".

O promotor do segundo bloco é também empresário do ramo têxtil, mas se dedica ao contrabando em grande escala de tecidos produzidos em alguma das milhares de oficinas de um bairro industrial em Pequim, na China. A Morenada Central adotou como emblema uma matraca com a figura estereotipada do "chinês", em homenagem à sua exitosa "conexão oriental", que lhe permitiu gastar mais de trinta mil dólares para celebrar a Tata Santiago. Contratou um famoso conjunto de cúmbia *villera*, que colheu sucessos em Buenos Aires com letras que falam das dores e dos sofrimentos da emigração, mas também de seus sucessos e empreendimentos (Rivera Cusicanqui, 2010a).

A pergunta de Rivera sobre as festas bancadas por donos de oficinas tratam de detectar a zona indiscernível em que estes gastos têm lugar, para afastar-se das representações estereotipadas: "Poderíamos conformar-nos com a imagem dualista e maniqueísta que opõe um ocidente mercantil e capitalista a um sul-oriente de índios atrasados — ou rebeldes — que resistem inercialmente a partir da sua economia 'natural', ou estalam espasmodicamente em gritos de dor e violência punitiva? No polo oposto do raciocínio: poderíamos dizer que estamos assistindo à formação de uma nova cidadania globalizada, homogênea, uma espécie de mestiçagem transnacional que faria da 'hibridez' e da indeterminação sua principal força?" (Rivera Cusicanqui, 2009).

Descartando ambas as perspectivas — a localista-vitimista e a cosmopolita desproblematizada —, o *ch'ixi* (*abigarrado*, manchado), em oposição à noção mais habitual do híbrido, dá conta justamente de uma forma de recombinação complexa, que não expulsa de seu interior o contraditório nem o antagônico: "A vitalidade desse processo recombinatório amplia essa fronteira, converte-a em uma trama e em um tecido intermediário: *taypi*, arena de antagonismos e seduções. Esses são os espaços fronteiriços nos quais aflora a performatividade *ch'ixi* da festa". Esse modo de *abigarramiento* é um modo do barroco — o "barroco *ch'ixi*" —, e o barroco assume uma nova inflexão ao ser entramado com o *ch'ixi*, como expressão extremamente contemporânea.

Festa e economia da viagem: poupança e planificação

d"Meu tio tinha chegado à Bolívia para uma festa. Ele sempre viaja para as festas, porque eles dançam em fraternidades. Então, eles chegaram para a festa de Carnaval no prédio de Alasita. Eu estava tendo alguns problemas em minha casa, e esse ano estava decidindo se parava de estudar para trabalhar. Foi aí que a mulher do meu tio me disse: 'Por que não vai trabalhar na Argentina? Vai ser bom para você, vai ganhar em dólares, não vai gastar nada, nem em comida, nem em passagem. Eu te dou tudo e você vai ganhar seu salariozinho'. Quando me disse que ia receber em dólares, me animei mais, porque pensei que ia poder poupar, voltar e estudar e ajudar minha família. Então, por esse lado, eu estava um pouco mais segura de vir. Depois dessa oferta, passou algum tempo. Eu pensava que já não viria, até que depois me ligaram e perguntaram se eu me animava em ir. Meu tio me disse que ia me dar trezentos dólares. E como eu já não estava estudando, decidi ir" (Colectivo Simbiosis & Colectivo Situaciones, 2011).

A festa, a partir da economia que as oficinas têxteis organizam, também é um pretexto de trânsito, modo de chegada à Bolívia, pretexto para regressos permanentes e para recrutamentos sedutores. Também funciona como explicação nas passagens de fronteira: transporta-se gente com a justificativa de que se vai a uma festa ou se volta dela; é uma forma de dizer que é "por um tempinho, nada mais". Logo, a festa é também um modo de continuar e acrescentar o prestígio daqueles que migraram em busca de melhores horizontes. Assim, as viagens à Bolívia tornam-se exibição de riqueza, ocasião de expor o que se conquistou: o carnaval ou a festa do Gran Poder organizam esses trânsitos e também pontuam o calendário.

A partir da perspectiva de dois ex-costureiros, depois dirigentes de bairros, penetra também em sua trajetória a relação entre a decisão de migrar, a oficina e a festa religiosa como parte de uma mesma trama de percursos. Um deles nos conta:

"À capital chego para trabalhar de rectista[83] de uma oficina de costura. Trabalhava dezoito horas, dormia apenas duas ou quatro horas, davam-me uma cama. Recordo que, assim que cheguei, fiz a primeira caminhada a Luján, a peregrinação juvenil, em 1990. Foi no primeiro domingo, lembro que um conterrâneo me disse: 'É aqui pertinho'. E levei minha irmã, porque não sabia que eram cinquenta quilômetros. Tive que levá-la nos ombros! Chegamos ao meio-dia, na quarta missa. Cheguei partido em quatro. Nem bem terminou a missa, voltamos de ônibus. E, assim que entrei na *villa*, me assaltaram. Nessa época, eu gostava de me vestir com roupas da Puma, essas camisas floridas, estava um luxo só. Apontaram-me o revólver e levaram minha câmera fotográfica, levaram tudo. Daí em diante, nunca mais usei roupa de primeira. Dias antes, havia comprado a casa. Era uma casinha de terceira mão. Depois, em 1994, tivemos um incêndio, e é aí onde nasce a Virgem de Luján aqui no bairro, a imagem propriamente dita. Houve uma coleta em que se juntaram novecentos dólares usados para comprar as chapas. Aí também apareceu Juanito, um diácono que estava fazendo sacerdócio, e trouxe a imagem de Copacabana. E o Padre Juancho trouxe a imagem de Luján. Fez-se uma missa e vieram tipo quinze padres. Desde então, nós a recordamos todos os anos. Todos os anos numa casa diferente. A primeira foi na casa de Nancy, uma moça solteira com três filhos, que tinha muito entusiasmo. Muitas vezes coincidiu de os promotores da Virgem de Copacabana serem da coletividade boliviana e os promotores da Virgem de Luján também. O incêndio deixou no bairro um costume de lá, da Bolívia. Nós o fazemos como é, com os ritos, os costumes, a festividade, bebidas, música, dança. Dura até as seis da manhã. Faz-se na rua, aí em Bonorino. Antes o espaço

---

[83] Chama-se *rectista* quem opera a máquina *recta* (reta) da oficina, isto é, a que realiza esse tipo de costura.

era muito maior, mas com o tempo foi diminuindo. Vão tirando o espaço dos pobres! A virgem tinha toda essa frente, mas as pessoas foram usurpando dela [risos]."

Bolívia como promotora

O modelo da festa e do compromisso de seus "promotores" foi proposto pelo presidente boliviano Evo Morales em um discurso de 2009, como modalidade de integração regional, quando a Bolívia foi a anfitriã da cúpula da Aliança Bolivariana para os Povos da Nossa América (Alba). "Irmãs e irmãos, somos 'promotores' da cúpula [da Alba], e quando há 'promotores' tem que se acompanhar a festa, uma festa democrática, uma festa revolucionária, uma festa anti-imperialista." As palavras foram proferidas em um encontro com camponeses e indígenas do departamento de Chuquisaca, as quais convidou a participar do evento internacional. "Disso dependerá que essa festa seja um êxito", agregou (*Los Tiempos*, 2009). Declinando o vocabulário da festa a um discurso anti-imperialista, Morales propõe uma figura popular comunitária como recurso diplomático.

Assim, Morales posiciona seu país na "tradição do prestígio social que envolve as festas patronais andinas, financiadas por uma pessoa ou um pequeno grupo de pessoas, para destacar o papel que terá a Bolívia na organização da cúpula da Alba e nas reuniões paralelas, de organizações sociais e de empresários, que ocorrerão simultaneamente nessa cidade do centro da Bolívia [...]. 'Gostaria que nos acompanhassem nesse ato. Gostaríamos que estivessem com seus ponchos, suas saias, seus cartazes', insistiu Morales. [...] Os povos indígenas e organizações camponesas também adiantaram que exibirão seus trajes originários para a 'festa de reencontro entre irmãos'" (*Idem*).

A festa, com suas figuras-responsáveis, se projeta e torna-se parte da política internacional de estado e uma fórmula de interpelação às comunidades locais. Em algumas dessas festas, a China se converteu num emblema e agora fica perto da Bolívia: invadiu as comemorações, imprimiu-se em suas imagens. Uma dinâmica de contaminação que participa e, ao mesmo tempo, reinterpreta esse espaço de produção global.

"Falando com uma das bailarinas de Morenada, perguntei-lhe por que o promotor de sua *comparsa*[84] havia escolhido a imagem do 'chinês' como emblema de sua matraca. Me respondeu em aymara: 'é que os chinesinhos têm muita cabeça', porque 'eles sabem fazer tudo, fabricam tudo'. A potência manufatureira da China se encarna na matraca como *illa* fecundadora. E isso não é apenas uma metáfora. Os organizadores das festas andinas intervêm diretamente no processo produtivo dessas indústrias têxteis localizadas nas cidades chinesas. As mulheres da *comparsa* ganhadora da festa do Tata Gran Poder 2009 se vestiram com uma indumentária desenhada pelo artista plástico [Roberto] Mamani Mamani. Na borda inferior das saias, via-se um desenho de pumas ao estilo Tiwanaku; nas mantas, um deus-sol estilizado em laranja e amarelo. O suntuoso traje, que usavam quase mil bailarinas, poderia ser visto como um logotipo dessas novas estéticas e formas produtivas. O promotor só traz os tecidos à Bolívia, por rotas de contrabando que envolvem dezenas de relações e nós afetivos. Em La Paz e em El Alto, são os confeccionistas e produtoras de saias quem fabricam os trajes, trançam as franjas ou costuram as dobras, cuidando da boa composição, da medida cabal segundo os tamanhos. A roupa terminada resulta, assim, um emblema, um produto prodigioso dessa espécie de 'globalização por baixo',

---

[84] As *comparsas* são uma espécie de blocos carnavalescos que combinam música e dança, quase sempre tradicionais, segundo costumes particulares em cada um dos distintos países onde se expressa. [N.T.]

marcada por informalidade e ilegalidade, mas dotada de uma força ao mesmo tempo simbólica e material, capaz de reverter o próprio sentido da dominação de capital transnacional" (Rivera Cusicanqui, 2010a).

O cálculo como *conatus*

O cálculo é sempre um modo de fazer. Isso não implica um reducionismo ao princípio de utilidade ou benefício como única lógica da ação, mas, antes, uma ampliação da ideia de utilidade como tática de sentido, como princípio de perseverança, similar ao modo com que Bovée (2009) pensa o *conatus* spinozista em termos de estratégia: como um conjunto de modos de fazer que se compõe para construir e defender o espaço-tempo de sua afirmação. Desse modo, as trajetórias são mais bem lidas a partir de uma pragmática vitalista. Com essa ideia queremos diferenciar-nos de duas perspectivas: certos argumentos funcionalistas da "economia moral", quando aparece deslocando as identidades e conflitos de classe (Spivak, 2011), e também do vitimismo pré-político com que os trabalhadores migrantes — e as economias populares de modo mais geral — são neutralizados enquanto sujeitos de decisão, cálculo e estratégia.

Levando a sério a densidade e a trama complexa desse cálculo é que surge uma perspectiva interior à oficina têxtil, que é capaz de fazer justiça e enfrentar os modos de exploração, e principalmente de pensar alternativas que não delegam os dilemas existenciais e trabalhistas a organizações redentoras. Aqui o problema político é maior e, sobretudo, apresenta-se um questionamento sobre a racionalidade que essas economias populares desenvolvem e sobre as lutas que se dão no seu interior.

De onde vem a iniciativa de outro tipo de atividade que questiona as regras de exploração que estruturam a oficina têxtil? Deixar de dormir no mesmo lugar onde se trabalha é um passo decisivo.[85] Implica deixar de depender em termos de "teto" e "comida" do dono da oficina. Não deixar que vida e trabalho sejam fundidos completamente e, portanto, regulados de forma íntegra pelos horários da produção que regem a oficina. O fundamental, dizem várias ex-costureiras, é construir um "fora": de contatos, de informação, de imaginação de outras atividades e possibilidades. Esse fora implica a necessidade de liberar horas, de dispor de si. Mas essa disposição de si é um modo em que se reorganiza o cálculo que regula a aspiração de progresso e a obediência. Obedece-se porque se calcula ao mesmo tempo que a obediência chega a somas incalculáveis. Nessa encruzilhada, o trabalhador migrante caminha entre a definição do migrante como "investidor de si" (Foucault, 2007) e a de quem se vê compelido a resistir e superar condições de dependência pessoal, agora tramadas em novos usos comunitários.

Não há fórmula jurídica simples capaz de resolver essa situação. Se, como sustentam Comaroff & Comaroff (2011), a nação moderna está experimentando um afastamento histórico do ideal de homogeneidade social, política e cultural, e isso se dá como "mudança nervosa de rumo, com frequência xenófoba, rumo à heterogeneidade", é porque se traduz numa heterogeneidade que desafia a governabilidade tradicional nas cidades. O ponto que queremos frisar é a relação entre essa heterogeneidade e a produção normativa: "E a diferença engendra mais leis. Por quê? Porque, com uma heterodoxia crescente, os instrumentos legais parecem oferecer um meio de comensuração [...]. Daí a fuga planetária rumo a um constitucionalismo que abarca

---

85 No original, *"cama adentro"*, segundo o jargão usado majoritariamente para significar essa prática com referência ao trabalho realizado pelas empregadas domésticas. [N.T.]

explicitamente a heterogeneidade em declarações de direitos altamente individualistas e universalistas, inclusive nos casos em que os estados prestam cada vez menos atenção a essas declarações. Daí também o esforço por fazer do discurso sobre os direitos humanos um discurso cada vez mais global e sério". No entanto, a diferença, para ser pensada como fonte material, produtiva e dinâmica da heterogeneidade de nossas cidades, tem que criar suas próprias "medidas" e "normas", institucionais e constitucionais, para que seja reconhecida, a partir de sua produção de valor, para além de uma declaração abstrata e moral do humano.

A voz etérea: as rádios

É nas rádios da comunidade que se escuta a voz dos trabalhadores e donos de oficinas bolivianos. A função que as emissoras comunitárias cumprem nas oficinas é orgânica à sua economia. Só em Buenos Aires há mais de vinte. São os principais meios de comunicação, já que são majoritários com relação ao papel dos veículos impressos ou televisivos vinculados à coletividade boliviana. As longas jornadas de trabalho — distribuídas pelas 24 horas do dia em turnos rotativos —, a monotonia do trabalho diante das máquinas e a distância do lugar de origem e, muitas vezes, da família e dos amigos, tornam estratégico o espaço sonoro.

A rádio converte-se também em via de comunicação e informação sobre o país a que se chegou: oferece as referências básicas de lugares, contatos, possibilidades de lazer e consumo e ofertas de trabalho, além de informações sobre o lugar que foi deixado para trás: através das rádios é que circulam as notícias do país do qual se tem saudades. No entanto, o que as rádios constroem é uma Bolívia específica na Argentina: delimitam um circuito de bolivianas e bolivianos que se movem e se deslocam por determinadas zonas, aos quais são oferecidos determinados trabalhos e lugares de diversão, organizando-se, assim, certas redes de recursos, solidariedades e oportunidades.

As rádios substituem as conversas dentro da oficina. São o murmúrio que compete com o ruído das máquinas, ao mesmo tempo que acompanham os sonhos. Assim, as rádios são a trilha sonora das oficinas têxteis. Seus proprietários são donos de oficinas — e, nesse sentido, forma-se um conglomerado que não pode ser dissociado. Por isso mesmo, o trabalho é o "tema-tabu" das emissoras. O som continua nas festas promovidas por essas rádios em discotecas, cujos proprietários são donos de oficinas que, em vez de criar sua marca, por exemplo, abriram um lugar de diversão. De fato, há discotecas-oficinas: oficinas durante a semana e, aos fins de semana, discotecas.

O comunitário como condição

Como reaparece esse caráter comunitário na economia das oficinas têxteis? As oficinas clandestinas usufruem das conquistas comunitárias para seu próprio benefício. Os serviços de eletricidade e esgoto conseguidos pela luta dos moradores da *villa* 1-11-14 funcionam como infraestrutura gratuita para os donos de oficinas. Do mesmo modo, os donos também aproveitam os serviços dos refeitórios comunitários e, em muitos casos, mandam seus empregados almoçarem de forma gratuita nesses empreendimentos, sustentados em sua maioria por mulheres por conta de sua militância ou de modo quase gratuito, com alimentos subvencionados pelo governo municipal ou nacional. De tal modo que a fusão entre a economia da oficina e a economia da *villa*, nesse ponto, tem momentos muito imbricados e politicamente complexos. Na medida em que a oficina explora recursos comunitários e se sustenta sobre uma série de conquistas políticas, estas, de maneira paradoxal, passam a funcionar como trama comunitária "invertida", isto é, a favor da exploração dos empregados.

A sobrecarga de energia elétrica produzida pela instalação de oficinas é um problema importante na *villa*, porque é causa de acidentes — incêndios — e reiterados cortes de luz. A economia da oficina-*villa* agravou de maneira dramática essa defasagem entre aumento de consumo e precariedade das instalações, assim como entre esforço comunal e especulação. Então, o comunitário se expressa também como forma flexível e barata de prover recursos. Mas, novamente, tem uma face dupla, pois também é espaço de uma informalidade dinâmica e inovadora de formas de progresso.

Que tipo de representatividade política exige o valor-comunitário? Uma série de quadros dirigentes disputam entre si essa representatividade que é sustentada, principalmente, por uma economia pujante e que aspira traduzir-se em possível representatividade na Bolívia. A estrutura do voto no exterior e o desembarque das forças políticas da Bolívia na Argentina assumem o potencial de apoio que implica os quase três milhões de compatriotas vivendo no exterior.

O fato dos trabalhadores das oficinas serem migrantes permite sua exclusão da categorização de cidadãos no país de acolhida, pelo que a solidariedade entre ambos os termos (trabalhador = cidadão) deixa de ter regência e flexibiliza ao extremo todos os traços de sua inserção produtiva. No entanto, há em movimento uma disputa para validar ou conseguir traduzir sua força econômica em direitos. Para começar, no país de origem. Alfredo Ayala, dirigente da Asociación Civil Federativa Boliviana (Acifebol), é o quadro com mais repercussão midiática. Aparece em todos os eventos ligados à comunidade boliviana como defensor e representante dessa comunidade. Sua vinculação com os donos de oficinas é permanentemente colocada em segundo plano diante de sua gestão das múltiplas dimensões da problemática dos migrantes bolivianos.

Seu discurso, que condensa o dos donos de oficinas em geral, não se assume como corporativo, mas como representante de *uma economia*. Desse ponto de vista, por um lado, acusa as organizações argentinas — em especial La Alameda — de "exagerar e generalizar" os casos de abuso e, ao mesmo tempo, ensaia também uma justificativa: "O que ocorre é que muita gente, bolivianos por exemplo, vem de bairros marginais. E, ao conseguir um trabalho aqui, não vão ficar se preocupando com as condições em que vivem" (Colectivo Simbiosis & Colectivo Situaciones, 2011, p. 53). Outro de seus argumentos em defesa da economia das oficinas reverte a acusação às autoridades argentinas, às quais acusa de só fiscalizar as oficinas pequenas, incapazes de pagar propinas elevadas. Desse modo, sustenta, privilegia-se os donos de grandes oficinas, contribuintes da arrecadação ilegal da polícia. A liderança de Ayala está construída sobre o tipo de instituição comunitária que conseguiu sustentar e que, na prática, por vezes, substitui o consulado, já que conquista legitimidade e ganha apoio na medida em que se responsabiliza por toda eventualidade do migrante.

"O que nós fazemos é defender o direito das pessoas: seja pedreiro, verdureiro, dono de oficina ou não. Eles vêm às nossas oficinas. Quando acontece alguma coisa com alguém, vêm às nossas rádios e nós lhes oferecemos ajuda. De repente, não têm dinheiro para fazer um enterro, ou para um parto ou uma operação, e nós os ajudamos. [...] Cada vez que acontece algo, nós aparecemos e nos manifestamos. E hoje em dia temos uma estrutura bastante forte. São muitos os irmãos que nos apoiam. Se o consulado existisse e se responsabilizasse por tudo isso, nós não existiríamos (Colectivo Simbiosis & Colectivo Situaciones, 2011).

Trabalhar de dentro

"As cadeiras e os músculos doem, assim como a espinha, na parte superior, quando deixo o trabalho já não posso mais, seria impossível continuar mais uma hora; a visão fica nublada, e já não vejo nem o fio nem a costura", disse uma costureira em testemunho coletado por Juan Bialet Massé em 1904, quando percorreu o país para retratar a situação da classe trabalhadora argentina.

Como na atualidade, os primeiros trabalhadores têxteis na Argentina também foram migrantes, só que europeus. Em sua maioria mulheres, lograram a regulação de sua atividade com a Ley de Trabajo a Domicilio, que surgiu a partir da necessidade do setor têxtil. Defendida pelo senador Alfredo Palacios com o apoio conservador, ela foi sancionada em 1941. Ainda hoje essa lei regula a atividade, e ainda sofre resistência de alguns atores do setor têxtil. É com base nela que são amparadas as demandas contra as marcas. A Ley de Trabajo a Domicilio contempla a figura do dono da oficina sob um duplo estatuto: como empregado a quem se encarrega um trabalho, e como empregador, com relação aos costureiros.[86]

---

[86] Os fundamentos do Poder Executivo para a apresentação da lei dizem que "teve que ser incluído o dono de oficina, derivação do trabalho a domicílio, cuja difusão não fez senão agudizar o problema. Trata-se de pequenos empresários que fazem com que trabalhadores fabriquem sob suas ordens a mercadoria que recebem de quem oferece trabalho. Pagando uma soma muito inferior à legal, sacrificam seus trabalhadores com a implementação do 'taylorismo' mais desenfreado. Quando a pequena oficina se confunde com a habitação privada, a exploração se agrava com a permanente violação de toda lei protetora do trabalho" (*apud* Lieutier, 2010, p. 115). O artigo 4º da lei diz: "Os intermediários e donos de oficinas são considerados trabalhadores a domicílio, com relação a quem oferece trabalho, e como patrões sujeitos às obrigações que lhes são impostas pela lei e as regulamentações voltados aos encarregados da execução do trabalho" (*Ibidem*, p. 119).

Em 2008, o governo argentino apresentou um projeto de lei que responde a algumas das principais reivindicações empresariais.

Segundo Lieutier (2010, p. 121),[87] são elas: a eliminação dos artigos penais, uma modificação na forma de solidariedade e a eliminação da figura do dono de oficina. Esta última suprime o vínculo trabalhista entre fabricantes e donos de oficina. "Essa é, sem dúvida, a grande reivindicação dos setores empresariais; é o ponto nodal de suas reclamações. Os fabricantes querem que suas oficinas sejam consideradas como provedoras e não como trabalhadoras dependentes deles. Dessa maneira, por um lado, se desligam, em parte, da responsabilidade do que acontece nas oficinas e, por outro, se desregula o preço a ser pago" (*Ibidem*, p. 123).

A figura do dono de oficina torna-se visível com a tragédia do incêndio de uma oficina localizada na rua Luis Viale, 1.269, em 30 de março de 2006, em que morreram seis pessoas. Foi também nesse período que os donos de oficinas organizaram um discurso para se contrapor às acusações recebidas e protagonizaram várias marchas e protestos. Especialmente pelo fato de os meios de comunicação nacionais denominarem os costureiros das oficinas têxteis como "escravos", e o tipo de tarefa que desenvolviam, como "trabalho escravo". O governo de Evo Morales, então recém-empossado, manifestou mal-estar diante dessa denominação e oficialmente pediu que fosse substituída pelo termo "servidão", e que não se falasse mais de "mandados de busca nas oficinas, porque na Bolívia esse termo é traduzido como detenção e deportação" (Estrada Vázquez, 2010). As autoridades bolivianas, por sua vez, deram a entender que se devia evitar o regresso massivo de

---

[87] O livro de Lieutier foi escrito a partir de sua gestão como subsecretário de Trabalho, Emprego e Formação da cidade de Buenos Aires, entre setembro de 2006 e dezembro de 2007. Na publicação, afirma com sinceridade a perplexidade, a incredulidade e o desconcerto dos funcionários com relação à dinâmica das oficinas clandestinas.

bolivianas e bolivianos, porque criaria um problema social difícil de enfrentar. Isso atualiza a tese de que a migração, em sua face de exílio neoliberal, funciona como solução para os problemas sociais internos. Sob o mesmo raciocínio, a possibilidade do regresso supõe a superação dessas condições neoliberais; no entanto, a etapa pós-neoliberal dos países sul-americanos não reverte o fluxo migratório.[88]

A articulação entre o consulado e a economia da oficina havia funcionado até então de modo estreito: Álvaro González Quint, cônsul-adjunto naquele momento, fazia o papel de mediador dos conflitos trabalhistas entre donos de oficinas e costureiros.[89] Apesar de denún-

[88] Haveria uma relação, inversa mas paralela, entre a justificativa estatal da migração e da colonização? Essa segunda muitas vezes teve seu argumento de força como "solução interna": um modo de desfazer-se das "multidões de pessoas improdutivas". A migração seria um modo estatal de desfazer-se de pessoas no contexto de exclusão e de redução de gasto social? Em dezembro de 2010, frente à massiva tomada de terras no Parque Indoamericano por parte, em sua maioria, de famílias bolivianas, Evo Morales pediu que regressassem à Bolívia e que deixassem de ocupar terras, tentando justamente reverter teoricamente a imagem de um país que expulsa sua população por questões econômico-sociais. Diante do impacto midiático das denúncias de trabalho escravo, Gustavo Vera, da ONG La Alameda, expressa uma leitura divergente sobre esse fenômeno no interior do governo boliviano: "É evidente que não estamos no primeiro plano da preocupação do governo boliviano, mas cada vez que se toca no tema há uma espécie de discussão de duas tendências dentro do governo: uma principista, que diz 'não se pode contar com isso, de nenhum modo', e a expressão disso é a designação deste cônsul; e uma expressão mais pragmática, que talvez esteja mais ligada à chancelaria, que diz, 'bom, que decante apenas, porque, enquanto isso, é menos orçamento e mais remessas, menos investimento e mais remessas'".

[89] "Depois do incêndio, foi um dos que se aproximaram para assegurar-se de que a estrutura desse sistema não fosse ameaçada pela superexposição. Vários dos sobreviventes se sentiram fustigados em vários pontos da causa, além de seu total abandono, mas não pelos seus principais aliados, os donos de oficina. Segundo o único querelante da causa, Luis Fernando Rodríguez, o cônsul chegou a oferecer-lhe trabalho e dinheiro em troca de silêncio. 'O que você quer? Dinheiro? Trabalho? Por que você faz tanta confusão se seu filho já está morto e já passou!'." (Estrada Vázquez, 2010, p. 18).

cias publicadas nos meios de comunicação,[90] seu consulado funcionava como uma instância de fato de gestão da mão de obra estrangeira na Argentina. O livro *No olvidamos*, de Juan Estrada Vázquez (2010), militante do Colectivo Simbiosis, ex-costureiro, desenha pela primeira vez um mapa do mundo das oficinas que dá uma perspectiva "vinda de baixo", isto é, a partir da experiência dos costureiros e costureiras. Revela a complexidade dos atores envolvidos, a trama de silenciamento que impulsionou os donos de oficinas e a cadeia completa, das marcas aos migrantes recém-chegados, envolvida pela economia têxtil. Nesse sentido, formula de maneira precursora o funcionamento das organizações comunitárias como disciplinadoras do conflito, como pontos de pacificação da economia do dono da oficina, e assinala, inaugurando uma perspectiva política, o dilema dos trabalhadores jovens para sair ou encontrar uma alternativa à economia total da oficina.

Da regulação do trabalho à regulação da vida

A temporalidade com que é pensada a "temporada" de trabalho na oficina têxtil se resume em uma frase: "por um tempinho, nada mais". A primeira ideia costuma ser justamente esta: chega-se com um propósito limitado, buscando poupar uma soma determinada, com a ideia de voltar o quanto antes com "um pequeno capital". Essa contração de tempo é a que anima sacrifícios descomunais. Intensificar o trabalho permitiria simultaneamente assumir o custo de jornadas de trabalho quase intermináveis e encurtar o tempo de estadia. No entanto, esse "tempinho" se expande.

Primeiro, é preciso pagar os gastos da passagem, da comida e do alojamento. Tudo é descontado do salário, já que, no caso da viagem, o empregador — dono da oficina — costuma *adiantar* uma quantia,

---

[90] Para mais detalhes, ver E. V. (2005) e *Diario Hispano Boliviano* (2008).

e fica sob sua responsabilidade a manutenção cotidiana junto ao alojamento. Então, há um tempo de desconto. Depois, muitas vezes o patrão não entrega periodicamente o salário, mas o "guarda", como modo de forçar a poupança do trabalhador. A ideia é que o costureiro não precisa de dinheiro em espécie para se movimentar nem para os gastos cotidianos, exceto para usar o *locutorio* [cabine telefônica] pelo qual se comunica com seus parentes. Para isso, entrega-se ao trabalhador uma soma específica e mínima, quando se autoriza sua "saída". Muitos testemunhos revelam que, quando um trabalhador decide retornar a seu país e pede o total da "poupança", as somas são sempre desconcertantemente baixas. Surgem, então, explicações dos descontos ou acusações de roubo contra os costureiros para justificar a exígua cifra acumulada.

A transação dinheiro/trabalho, como assinala Moulier Boutang, está determinada pelos direitos de propriedade, políticos, civis e demográficos que ampliam ou restringem a eficácia dessa transação. Quando falamos de um *diferencial de exploração*, então, devemos ter em conta que esse diferencial joga negativamente a limitação efetiva de direitos. A situação de confinamento da oficina — a produção da condição de clandestinidade que implica a oficina — é a criação dessa restrição, inclusive quando a legislação sobre a população migrante se torna progressivamente mais inclusiva.

Essa modalidade da temporalidade contratual interrompe a discussão sobre regulação do trabalho para desentranhar, mais amplamente, formas de governo que se incumbem de todos os aspectos da vida. Da regulação do trabalho, em determinadas condições de produção, ao governo da esfera da vida (Samaddar, 2009), há uma mudança substancial, uma passagem decisiva em termos de uma *biopolítica*. A perspectiva foucaultiana que descreve o neoliberalismo enquanto libertação dos modos de fazer como forma de promover a inovação explicita também essa mudança entre *regular* e *governar*.

As redes de empregos e do empresariado formado pelos donos de oficinas, que gerem o trabalho dos costureiros e costureiras de forma total — isto é, desde seu recrutamento na Bolívia até suas condições de vida, sociabilidade e trabalho na oficina na Argentina —, nos fornecem outra imagem do trabalho. Uma imagem com a que chocam justamente as tentativas de regulação, especialmente estatais, na medida em que manejam orçamentos que estão defasados com respeito à complexidade de gestão que essa mão de obra implica. A rentabilidade dessa gestão total da vida dos trabalhadores migrantes está dada pelo modo com que as variáveis vitais (desde o impulso migratório à vontade de progresso) tornam-se dimensões que possibilitam um certo modo de exploração, isto é, de produção de valor.

Para além da escravidão

A partir da perspectiva de Spinoza, a potência perseverante do ser é o signo da capacidade de homens e mulheres. Claro que, como recorda Bovée, essa potência está "infinitamente extrapolada" pela potência de causas exteriores que põe em regime de heteronomia as formas como associamos imagens e constituímos hábitos. Essa *negociação* entre a potência de autonomia como traço da perseverança e a multiplicidade exteriores dá conta da composição variável e complexa disso mesmo que chamamos perseverança: não como uma força incontaminada da autonomia, mas como uma forma de lidar com uma complexidade que busca ser colocada a serviço do modo de insistir da vida autônoma.

O corpo do menino/menina, continua Bovée, é o mais infinitamente extrapolado por essas forças externas, sendo colocado, em termos existenciais, "em regime de quase total heteronomia". Duas coisas: primeiro, o estado quase completo de heteronomia corresponde à situação existencial da infância — daí que as condições de servidão ou escravidão, como realização extrema da heteronomia, sejam formas de infantilização ou, como diria Virno, de puerilização da experiência; segundo: a carência que então se instala abre passo para um corpo impotente, entendido como corpo que desconhece seu poder de atuar.

A leitura das situações migrantes a partir da ótica da escravidão reforça, da perspectiva nacional, uma ideia de diferença de naturezas entre nacionalidades. No caso dos migrantes da Bolívia, a zona é difusa: é a nacionalidade, mas tingida da questão indígena, isto é, de certos atributos ligados a usos e costumes ancestrais e duplamente estrangeiros. O que fica claro é que, com os trabalhadores catalogados como escravos, não pode haver reciprocidade ou medida de equiparação, porque se "instala no coração do político um mecanismo de discriminação baseado na exploração da diferença antropológica: a diferença dos sexos, a diferença de idades, a diferença entre as habilidades manuais e as capacidades intelectuais; portanto, esta justifica em particular a instituição da escravidão" (Balibar, 2013, pp. 29-30).

Por isso, como dissemos, migrantes e prostitutas são lidos e minorizados com base na legislação do tráfico de pessoas e na opinião pública como vítimas. Assim, a diferença de natureza fica sexualizada e etnicizada e, simultaneamente, confinada a duas economias específicas, que margeiam o clandestino,[91] e cujos protagonistas

---

[91] A feminização de ambas as economias é evidente. No caso da economia migrante, Aihwa Ong (2006, p. 124) assinala: "As redes de produção etnicizada dependem das instituições disciplinares de enclaves étnicos, fábricas e famílias que infundem os valores femininos de lealdade, obediência, paciência e moldam o trabalho dócil". Os mecanismos disciplinares de governo, para a autora, governam de maneira etnicizada, "provendo conexões étnicas com os *managers* empresariais e ágeis que formatam o espaço horizontal dos mercados". E acrescenta: "A combinação entre cidadania latitudinal e regimes disciplinares etnicizados pode debilitar os direitos territorializados da cidadania".

necessitam, pelas retóricas que os tutelam, ser resgatados e salvos. Rancière (2013, p. 51) também sublinha a questão do corpo a propósito da consagração de toda ordem de hierarquias que divide funções e capacidades: "é preciso produzir uma diferença dos corpos que não pode ser reduzida por nenhuma medicina moral", diz, para explicar a divisão de tarefas entre filósofos e artesãos.

A diferença, antropologizada, como chave da justificação *naturalizada* da escravidão — ou do trabalho manual e servil, feminino, enfim —, torna-se chave da ordem política. São capazes de fazer o que fazem (e incapazes do que se considera moralmente correto) justamente devido a uma natureza particular que, em suas versões mais politicamente corretas, tomará o nome de cultura, tradição, hábitos e costumes. De que outro modo é possível pensar a diferença?

Multinaturalismo

Eduardo Viveiros de Castro (2011) propõe uma inversão radical. A partir do título de seu livro, *Metafísicas canibais*, a operação de mudança fica clara. Não se trata nem de tolerar a diferença, nem de culturalizá-la, nem, muito menos, de espiritualizá-la. A diferença está dada pelos corpos, diz Viveiros de Castro. Efetivamente, a questão, como os modos responsáveis por justificar a ordem hierárquica, passa pelo corpo. Mas isso não se converte na explicação dessa ordem e naquele que haveria que domesticar, catequizar ou educar para dissimular sua *diferença*.

Para Viveiros de Castro, o corpo é o coração de um *perspectivismo* que nos ensina que *o ponto de vista está no corpo*. Toda diferença ou disjunção parte do corpo e cada corpo, seja individual ou coletivo, é uma singularidade. A singularidade do corpo está dada pelas forças e debilidades, por como se vive e se come, pela forma como se movimenta, se comunica etc. Mas essa singularidade não é argumento de servidões ou senhorios de inclinações intelectuais ou manuais, tampouco ilustração de diferenças como relativismos culturais.

Contra o espiritualismo abstrato, o corpo é um conjunto de maneiras de ser. Isso dá lugar a um *multinaturalismo* que, mais que muitas naturezas, significa "a variação como natureza". Uma diferença generalizada como natureza ("existir é diferir") inverte a tolerante e ocidental fórmula do multiculturalismo, que sob a ideia de "uma" natureza, admite e administra culturas diversas — numa versão edulcorada das diferenças, como se se tratasse de modismos exotizantes.

Finalmente, o perspectivismo ameríndio e o multinaturalismo proposto por Viveiros de Castro tornam-se aliados insuspeitos de certas filosofias contemporâneas, base de um método que o autor chama de "cromatismo generalizado". Como fórmula de oposição: entre o antinarcisismo das variações contínuas e (contra) o narcisismo das pequenas diferenças. As filosofias contemporâneas da diferença podem ser assumidas como "versões" das práticas de conhecimento indígenas, traçando uma continuidade estrita entre essas teorias antropológicas e filosóficas e a práxis intelectual dos indígenas.

Essa proposta dispara contra um lugar comum do narcisismo intelectual: que estes, os povos indígenas, são objeto de estudo daqueles que portam a palavra e a teoria. Antes o contrário: as variações e inovações produzidas na teoria devem-se à imaginação — à "capacidade imaginativa" — dos povos ou coletivos estudados, e não ao progresso interno da disciplina. Fere-se, novamente, o narcisismo da antropologia cada vez que esta crê estar nomeando do zero algo que os coletivos estudados já pensaram. Quando a antropologia se coloca, em contrapartida, em continuidade (ou imanência) com esses coletivos, empreende sua tarefa máxima: a descolonização do pensamento. Mais do que explicar o mundo dos "outros", o pensamento tenta assumir o contato com outros diferentes como parte de uma experiência que implica, sobretudo, um "colocar em variação" da própria imaginação.

Qual filosofia política se desprende desse perspectivismo indígena? Um canibalismo que implica devorar o inimigo, isto é, incorporar seus atributos, capturar "nomes e almas, pessoas e troféus, palavras e memórias" que fazem da alteridade, do inimigo, um ponto de vista sobre si (*Ibidem*, p. 145). Esse canibalismo — ou *antropofagia*, conceito retomado do famoso manifesto de Oswald de Andrade — é inseparável de outra chave dessa filosofia política: a "aliança", que inclui formas como o roubo, o presente, o contágio, o gasto e o devir. A aliança como prática das afinidades é a contraface do parentesco. Ou, dito de outra maneira, a aliança entre afins é uma teoria elementar do antiparentesco ou uma forma de pensar o familiar de outro modo. A antropofagia — o modo político da aliança que envolve — implica uma forma concreta de conexão de elementos heterogêneos que monta uma complexidade barroca (*Ibidem*, p. 104). Contrapondo-a às unidades organicistas românticas, essa complexidade barroca projeta uma ontologia fractal que ignora a distinção entre parte e todo.

4.

entre a oficina e a *villa*:

uma discussão sobre o neoliberalismo

Pós-neoliberalismo?

Se o neoliberalismo, à diferença de seus antecedentes, depende de inúmeras instituições e regulações — a ponto de Foucault defini-lo como uma política ativa sem dirigismo, e, portanto, objeto de intervenções diretas —, a crise do neoliberalismo não é a crise do livre mercado, mas uma crise de legitimidade dessas *políticas*. Por isso, é necessário iluminar o terreno das subjetividades resistentes, que, na América Latina, foram as responsáveis por levar à crise esse sistema de regulações, abrindo uma nova série de ritmos e escalas para pensar e praticar a vida coletiva. A questão-chave é enfatizar as *variações de sentidos* que vão sendo produzidas nas lutas em ritmos recursivos, não lineares, que são sempre impulsionadas de baixo para cima, como propõe Gutiérrez Aguilar (2008).

O neoliberalismo não é o reino da economia sem o da política, mas a criação de um modo político (regime de *governamentalidade*) que surge como "projeção" das regras e requerimentos do mercado competidor. Esse é o ponto no qual a negação dessa premissa faz com que o pós-neoliberalismo na América Latina, por meio da reivindicação da dupla estado *versus* mercado, dê lugar a uma nova autonomia do político.

Quando se apela à recuperação do estado, se pretende separar abstratamente a sequência "liberalismo-mercado-política" de "desenvolvimentismo-estado-política", e supor, aos poucos, que o segundo pode por si só corrigir e substituir o primeiro. Mas esse modo de considerar as coisas já implica o risco de uma reposição imediata e geral de relegitimação de um neoliberalismo "político", por falta de reflexão crítica sobre os modos de articulação entre instituição e concorrência — entre liberalismo e neoliberalismo. A renúncia à singularidade no diagnóstico traz como correlato políticas sem singularidade alguma diante do desafio atual.

Em certo sentido, todo o continente passa pelo mesmo problema: a reposição do estado e as novas lideranças antiliberais podem superar o neoliberalismo? Defendemos a tese de que só o desenvolvimento contido nos movimentos e revoltas das últimas décadas no continente antecipam novos sujeitos e racionalidades que por vezes são combatidos a partir da reintrodução de uma racionalidade propriamente liberal com base na "recuperação do estado".[92]

As perguntas que podemos formular a partir das premissas anteriores são as seguintes: como conceituar essa racionalidade e afetividade coletiva que se desenvolvem para além do neoliberalismo puro e duro, uma vez que elas colocaram esse projeto em uma crise política *ao mesmo tempo* que incorporaram boa parte das suas características, diante do fato de que disputam e usam a ideia de liberdade e subvertem e englobam certos modos atuais da obediência? Onde atua essa racionalidade-afetividade? Que tipo de política protagoniza? Quais economias são sustentadas por ela? Que uso faz do espaço urbano? Que conflituosidade é desenvolvida? Que institucionalidade própria é capaz de construir? Como negocia com a autoridade público-estatal em suas diversas escalas? Exibe que tipo de composição social?

Neoliberalismo: a leitura de Foucault

Foucault sustenta que a partir do século XVII os economistas fisiocratas, teorizando o conceito de "governo econômico", desenvolveram a noção de governo como um *laissez-faire*. Trata-se — para esses filósofos e homens de negócios — de uma liberdade que é ao

---

[92] Outra tese diferente é a que propõe Negri com respeito à potência dos movimentos de "atravessamento com distanciamento" das instituições estatais. Ver Gago (2007).

mesmo tempo "ideologia e técnica de governo". Essa "liberdade" foi uma das condições de desenvolvimento das formas capitalistas da economia e deve ser compreendida no interior das transformações das tecnologias de poder (Foucault, 2006, p. 70).

Sublinhemos: não se trata apenas de uma ideologia, mas de uma tecnologia de poder; um poder pensado como ação física na natureza e como regulação apenas por meio da liberdade de cada um e apoiando-se nela. O conceito de governo torna-se "governo econômico" no sentido do conceito fisiocrático das técnicas específicas de manejo das populações. Governar transforma-se na "arte de exercer o poder na forma de economia". Isso permite a Foucault definir o liberalismo econômico como uma arte de governar, o que constitui, sem dúvida, um paradoxo diante das teorias políticas e econômicas que, até então, teorizavam a capacidade de governo como uma virtude sustentada no negativo: isto é, em sua possibilidade de restringir condutas segundo uma certa ordem e obter uma obediência mais ou menos contínua.

A arte de governar se transforma radicalmente: trata-se agora de respeitar a proliferação de iniciativas, de não as limitar, enfim: governar é "saber como dizer sim a esse desejo".[93] Desejo como sinônimo de iniciativa livre, como impulso de desenvolvimento do próprio capitalismo. O contraponto ao soberano hobbesiano é contundente: este se forma quando os homens são capazes de renunciar a seus desejos para dar lugar a uma autoridade política unificada. Mas, num governo que suscita e promove o desejo, a ordem já não é mais assegurada pela totalização efetuada a partir da perspectiva do soberano. Pelo contrário, a eficácia de governar consiste em liberar a interação de uma pluralidade de fins específicos, por si só diversos.

---

[93] Segundo Foucault, isso implica a matriz de toda uma filosofia utilitarista e da ideologia do sensualismo.

Ao mesmo que se governa o desejo, ele também é fomentado. Por isso, à primeira vista, é um modo paradoxal de governar, por meio da *liberação e não da restrição* do fazer. A economia se converte num mundo de gestão do imprevisto — através de técnicas de segurança — que toma cada acontecimento "como um fenômeno *natural*" e, portanto, como algo que não é nem um bem nem um mal, mas aquilo que "é o que é". O acontecimento se *naturaliza*.

Isso implica um momento-chave: a passagem da tecnologia do poder soberano a uma arte de governo pós-soberano. "Graças à percepção dos problemas específicos da população e graças ao isolamento desse nível de realidade que se chama economia, que o problema do governo pode enfim ser pensado, refletido e calculado fora do marco jurídico da soberania" (*Ibidem*, p. 131), sintetiza Foucault. Nesse sentido, é uma arte que desterritorializa: abandona o controle do território como eixo fundamental — ou, em outras palavras: o território passa a ser considerado a partir de uma perspectiva desterritorializada —, marcando o declínio da soberania e colocando sua eficácia sobre essa multiplicidade de fins específicos que se tornam força produtiva. Podemos ver que nessas características cobre-se uma eficácia de intervenção inédita, expressada num *novo realismo*: parte-se das coisas "tal como são" e das relações efetivas entre elas para se tentar um modo de regulação sobre esse mesmo plano. Esse postulado da técnica política como continuação dos vaivéns da realidade com relação a si mesma, diz Foucault, é o que deve ser chamado de liberalismo (*Ibidem*, p. 70).

Trata-se, no entanto, de um realismo antimaquiaveliano. O giro fisiocrático, aponta Foucault, é um tipo de realismo no qual o governo já não se baseia na habilidade e pedagogia do príncipe com respeito a seus súditos, mas numa economia que se ocupa dos problemas da população e das "coisas". Aqui se apresenta um problema político fundamental: aceitar as coisas "tal como são" supõe a existência de um princípio de adequação das coisas ao naturalismo liberal. Contudo, o que há é um processo de modulação que opera no mesmo nível da formulação da realidade. Essa operação é a *imanentização de uma lógica transcendente do capital na medida em que esse novo realismo é identificado a um naturalismo liberal*.

Cabe assinalar aqui uma disputa pelo realismo. Tanto a economia quanto a política — em pleno processo de fusão ou reabsorção — são tratadas como uma *física*: deixam de lado a exortação moralista ou a ameaça de repressão e abrem o caminho a um tipo de *empirismo radical* que pode ser caracterizado a partir de alguns traços encadeados fundamentais: i) uma indistinção natureza/artifício; ii) uma lógica amoral ou realista; e iii) um pensamento estratégico das forças.

O papel do estado

Para Foucault, foram os economistas que inventaram uma nova arte de governar, herética com relação ao pensamento da razão de estado e ao estado de polícia (do século XVI até a primeira metade do XVIII): a *razão econômica* não substitui a razão de estado, mas lhe dá um novo conteúdo e, portanto, *designa novas formas de racionalidade estatal*. As condutas que se opunham à hegemonia anterior da razão de estado *antecipam* alguns traços da nova governamentalidade, a partir das ações pelas quais a sociedade se opõe ao estado (*Ibidem*, 2006, p. 406). Os traços salientes dessas condutas tinham como eixo postular o fim da hegemonia de estado, a qual se pretendia interminável. O que podia detê-la? A "emergência de algo que será a própria sociedade", diz Foucault (*Ibidem*, p. 407). A ruptura com a própria ideia de obediência permite que a "sociedade civil" se imponha ao estado em nome do direito à revolução de modo que, finalmente, o estado deixa de ser percebido como o detentor da verdade da sociedade (*Ibidem*, p. 408).

Foucault, no entanto, marca uma distinção importante entre o liberalismo do século XVIII e o neoliberalismo que se inicia depois do nazismo na Alemanha: no primeiro, tratava-se de introduzir a liberdade de mercado diante da existência de uma razão de estado e um estado de polícia que vinha do século anterior. Na Alemanha do pós-guerra — onde Foucault situa o desenvolvimento do neoliberalismo sob o pensamento "ordoliberal" —, em contrapartida, foi fundado e legitimado um estado "inexistente".[94] A liberdade está também no centro do problema do governo, mas é agora chamada para responder a outra questão: "como a liberdade pode ser ao mesmo tempo fundadora e limitadora, garantia e caução do estado?". Essa mudança de plano — mutação radical das condições de partida: a limitação de um estado existente à invenção/limitação simultânea de um inexistente — impõe uma "reelaboração" da doutrina liberal de governo, adverte Foucault.

Há uma série de inversões que os chamados ordoliberais alemães operam sobre o liberalismo de origem fisiocrática. São operações de radicalização: i) passa-se de um mercado vigiado pelo estado a um estado sob a vigilância do mercado (Foucault, 2007, p. 149); e ii) já não se trata de liberar a economia, mas de constatar até que ponto a economia funciona como princípio formal de organização do social, do político, do estatal. O princípio de concorrência como máxima suprema já não exige apenas o livre jogo de comportamentos e indivíduos, mas uma governamentalidade ativa que produza

---

[94] Poderia-se, então, traçar um paralelismo com a situação latino-americana chamada pós-neoliberal? O exercício seria pensar que, nos anos 1980 e 1990, foi introduzida de modo abrupto e violento a liberdade de mercado diante de um estado que se queria debilitar em sua modalidade intervencionista-fordista, e no pós-neoliberalismo se "inventa" um estado que assume o neoliberalismo como um projeto único, ao mesmo tempo que é reinventado em outro tipo de intervencionismo.

essa condição. Uma nova passagem: do *laissez-faire* a um ativismo permanente. No entanto, essa passagem, que Foucault postula como de um princípio natural a outro formal, pode ser entendida em termos de uma radicalização do paradoxo entre sujeição e subjetivação. Paradoxo, por sua vez, que dá conta de outra radicalização: a relação entre liberdade e segurança se torna cada vez mais extrema, enquanto a dependência de cada um dos termos com respeito ao outro se acentua e fica exposta sem nenhum contexto estatal que a amenize. Sua radicalização máxima é o modo com que toda a sociedade se torna empresa, como dinâmica de gestão de uma crescente necessidade de liberdade-segurança.

É também a descentralização do estatal em nome de uma dinâmica diretamente empresarial o que termina por diluir toda mediação do indivíduo consigo mesmo, com a gestão de si: de suas liberdades e de suas (in)seguranças. De fato, a reconceitualização da política social em termos neoliberais mostra essa guinada: deixa de ser um tipo mais ou menos paternal de proteção estatal para converter-se no modo de "conceder a cada um uma espécie de espaço econômico dentro do qual podem assumir e enfrentar os riscos" (*Ibidem*, p. 178).

Se o momento neoliberal é, portanto, um momento pós-soberano a partir de um certo ponto de vista, pode-se dizer, no entanto, que a soberania parece ser reterritorializada no corpo de cada um. A soberania é redefinida como relação consigo mesmo. Como controle, organização e produção de um território que é o próprio corpo; como conjunto de normas para sua defesa e enriquecimento. Cada corpo é, assim, produzido como segmento finito de uma rede de relações variáveis. A relação paradoxal que Foucault marca entre liberdade e segurança se duplica em outra dupla não antagônica: singularização e universalização. Como imbricação paralela entre uma noção cada vez mais complexa de indivíduo (como singularidade, autonomia e investigação permanente sobre si) e um modo padronizado de funcionamento coletivo que opera na população, exigindo e reduzindo ao mesmo tempo a contínua singularização de cada um.

Neoliberalismo de baixo para cima e economias barrocas

Na Argentina, pode-se ver um ciclo neoliberal que corresponde ao da região. Durante a década de 1990, o neoliberalismo se plasmou em reformas estruturais que tinham sua origem na última ditadura militar (1976–1983), com a repressão estatal e paraestatal da insurgência popular e armada, e com reformas paradigmáticas como a lei de entidades financeiras (1977). A década de 1980 terminou com uma crise inflacionária que abriu as portas para a sequência de privatizações dos serviços públicos, o fechamento de muitas empresas privadas e estatais, e a flexibilização do trabalho, em paralelo a uma abertura de importações e desregulação geral da produção (Basualdo, 2006; Aspiazu & Schorr, 2010). O desemprego em massa, depois dos primeiros anos de auge do *cuentapropismo*, fez os índices de pobreza dispararem. Foram os trabalhadores desempregados das cidades do interior (ex-funcionários da indústria do petróleo) que iniciaram o movimento *piquetero* na Argentina, que depois se difundiu por todo o país, assumindo formas de radicalidade política especialmente nas periferias de Buenos Aires. Em 2001, a crise estourou em todas as partes, provocando um colapso orgânico do governo e do sistema bancário, e comovendo a cena pública através da visibilização dos movimentos sociais como atores determinantes do conflito.

A crise do neoliberalismo, na Argentina, não significou a crise do livre mercado, mas uma crise de legitimação dessas *políticas*. Apresentamos dois pontos. Primeiro: é necessário pôr o eixo no território das subjetividades resistentes, que não só na Argentina mas em todo o continente levou à crise desse sistema de regulações neoliberais.

Segundo: propomos pensar a persistência do neoliberalismo para além da crise de sua legitimidade política, e fazê-lo do ponto de vista dos modos como se arraiga nas subjetividades populares, dando lugar ao que chamamos de "neoliberalismo de baixo para cima".

Depois de dois anos de desestabilização crítica (sucessivas mudanças de governo e repressão e assassinato de militantes populares), em maio de 2003, com a convocação antecipada de eleições e a ascensão de Néstor Kirchner à presidência da República, foi iniciada uma normalização do país baseada, em parte, numa forte recomposição econômica. Na esteira dos chamados "governos progressistas" da região, a nova modalidade de intervenção do estado deu lugar a uma simplificação dos diagnósticos e retóricas políticas sobre o neoliberalismo, entendido como simples ausência de estado e, portanto, de regulação política. Só que, se, como já dissemos, o neoliberalismo não é o reino da economia sem o da política, mas a criação de um mundo político (regime de *governamentalidade*) que surge como "projeção" das regras e dos requerimentos do mercado de concorrência, a própria noção de sua "superação" deve ser complexificada. Esse é o ponto no qual a negação dessa premissa faz com que o intenso debate ao redor do significado possível de pós-neoliberalismo na América Latina, quando limitado à reivindicação da dualidade estado *versus* mercado, fique confinado a uma nova autonomia do político, a qual nos interessa discutir.

É possível pensar a sequência da governamentalidade neoliberal na Argentina, projetando alguns de seus traços para a América Latina, a partir de quatro eixos. Em primeiro lugar, evidencia-se a relação entre *dinheiro* e *força de trabalho*, para além da tradição de suas leituras economicistas, para compreendê-las como "as duas modalidades fundamentais — para dizer nos próprios termos de Marx: *poder* e *potência* — da subjetivação resultante do encontro do capital com seus múltiplos foras constitutivos" (Mezzadra, 2011a). Faremos isso analisando o papel que tiveram as economias informais migrantes e os planos sociais destinados ao desemprego durante o auge da crise de 2001, a partir da perspectiva da financeirização da vida popular na atualidade. O segundo elemento-chave nesse esquema é a massificação do consumo, impulsionado pelos subsídios estatais, pelo crescimento da economia e pelo endividamento em grande escala, ao redor do qual propomos discutir a noção de uma "cidadania por consumo", que situaria o consumo como pressão para novas modalidades de criação de valor e em tensão com o argumento que o postula como a via de democratização das sociedades latino-americanas.

Esse trajeto servirá para argumentar sobre a necessidade de uma ampliação do conceito de extrativismo em direção à ideia de seu funcionamento como protótipo da ação das finanças para a região, com o intuito de levá-lo para além de sua crítica à reprimarização das economias latino-americanas e sua dependência das *commodities*. Para tal objetivo, é fundamental pensar a inserção da Argentina no mercado global sublinhando sua conexão com as modalidades de penetração financeira dos setores populares. Nos interessa pensar a dinâmica extrativista, vinculada aos dispositivos de consumo e endividamento que, como adiantamos, promovem novas formas de criação de valor das periferias através de uma variedade de economias informais, de fronteiras difusas com a ilegalidade, que podem ser lidas como protótipo da chegada da financeirização nos territórios. É nesse local onde se estendem as fronteiras do capital e se visualiza a necessidade de uma logística específica que conecta as altas finanças com as baixas finanças, e que operacionaliza o neoliberalismo a partir de dinâmicas simultâneas de territorialização e desterritorialização, por cima e por baixo.

Nessa linha, para usar a famosa fórmula de Aglietta (1999), deve-se assinalar pelo menos uma sequência decisiva sobre a "violência da moeda" na Argentina desde a crise de 2001 e 2002: o fim da convertibilidade peso-dólar, o colapso bancário e o confisco da poupança, a tentativa e o fracasso da dolarização da economia, as múltiplas moedas que conviveram no território nacional durante a crise (formais e informais, mas reconhecidas por distintos níveis de autoridade estatal, provincial e municipal), as experiências de economias alternativas que surgiram ao calor do questionamento da moeda como autoridade soberana; e, depois, a dinâmica de recuperação e crescimento da economia, o impulso ao crédito para os setores de baixos recursos e a progressiva financeirização das economias populares entre 2003 e 2013; finalmente, a aceleração da inflação atual em paralelo com a duplicação da cotização do dólar (um legal e outro denominado *blue*) e os saques recentes, ocorridos em 2013 e 2014. Tal saga tem o propósito de assinalar uma relação: da crise de 2001 como momento em que a moeda é exibida e desnudada como relação social sujeita a um campo de forças que expressa, justamente, uma síntese do valor social (Aglietta, 1999), a um novo momento de saques e tensão inflacionária, quando se disputa novamente de maneira mais aberta as condições nas quais se dão as operações do capital nesse momento de neoextrativismo, uma vez que a moeda é uma de suas variáveis mais sensíveis e expressivas.

Redefinir o neoliberalismo a partir da América Latina

O intuito de propor falar de um neoliberalismo de baixo para cima é reconhecer a complexidade do neoliberalismo, que não pode ser definido de maneira homogênea, assim como depende de suas ligações e montagens com situações concretas. Estas obrigam o neoliberalismo a se pluralizar para além de sua definição como um conjunto de políticas emanadas de cima, como planificação estrutural. A chave foucaultiana é justamente esta: a força do neoliberalismo como governamentalidade é incluir a "liberdade", essa ideia que modernamente colocava em perigo toda ordem, inclusive dentro do próprio núcleo de um novo dispositivo de *ordem livre*.

O neoliberalismo, que tem na extensão do *homo economicus* como racionalidade da ordem política um de seus fundamentos — tal como assinala Hirschman na genealogia dos argumentos políticos a favor do capitalismo que antecederam seu triunfo —, supõe uma ideia de cálculo determinado, sobre a qual vamos propor uma torção.

O cálculo como base de uma pragmática vitalista que pode ser pensado estrategicamente como forma de afirmação dos setores que ficam de fora tanto do cálculo econômico quanto do político: como população excedente ou como desclassificados ou aqueles que recebem algum tipo de assistência. Em todo caso, isso que Rancière chama "a parte dos sem parte", em geral, fica exposto apenas a cálculos de sobrevivência que, estatisticamente, organizam sua gestão como vítimas dos cálculos de outros.

Pensar o cálculo como condição vital num contexto em que o estado não garante as condições neoliberais de concorrência (prescritas pelo modelo ordoliberal) implica que o cálculo assume certa monstruosidade, na medida em que a empresarialidade popular é obrigada a ser responsabilizada por condições que não lhe são garantidas. Essa imperfeição acontece como indeterminação e, ao mesmo tempo, organiza uma certa ideia da liberdade que desafia a seu modo as tradicionais formas de obediência.

A pragmática vitalista que emerge tem um grande sentido *utilitário*. Um primeiro ponto é desmoralizar o útil como cálculo mesquinho, alheio às metafísicas do incalculável. "Os homens agem, em tudo, em função de um fim, quer dizer, em função da coisa útil que apetecem", essas coisas úteis são "particularmente, aquelas coisas que podem alimentar e nutrir o corpo" (Spinoza, 2009).

Sobre o cálculo como pragmática vitalista

As filosofias antiutilitaristas assinalaram o cálculo como a matriz de relação com o mundo. Daí suas reivindicações do antiutilitário, do esbanjamento, do gasto sem objeto, do inútil como momento de entrega ao incalculável. De Bataille a Derrida, trata-se de dar sem contrapartida, de suspender a lógica do benefício e da retribuição, da expectativa e da equivalência.

No entanto, é possível fazer uma torção sobre esse modo de raciocinar. É quando o cálculo se torna um modo de fazer impulsionado por uma estratégia vital que não pode ser resumida na ideia liberal de benefício. Nesse sentido, o cálculo é uma maneira de ler uma pragmática vitalista na qual o cálculo é *conatus* e funciona como tal.

Vamos desenvolver a fórmula: o *cálculo é conatus*. O tema não é nada simples. Abordaremos duas estratégias para melhor elucidá-lo. A primeira é puramente filosófica-conceitual, a outra é política.

i) O *conatus* é perseverança no ser. Em Hobbes, é fixo e corresponde à força de ser de cada indivíduo que persegue a liberdade ou, concebido negativamente, ao não bloqueio de seus movimentos. Como sabemos, esse *conatus* está definido por uma paixão "fria" chamada "medo", que facilita o cálculo como razão fundamental do homem que decide obedecer pactuando. Na filosofia de Spinoza, em contrapartida, o *conatus* é muito mais variável e seu desenvolvimento é plural: ele se enriquece e se desenvolve, e não somente preserva e conserva o ser. Nesse sentido, um *conatus* pode ser lido como o vitalismo de uma vida. O *conatus* envolve constelações afetivas: é infância, resistência, hábito, tristeza, memória, desejo, desenvolvimento, noção comum, potência organizadora de encontro, medida para as misturas dos corpos, descobrimento do próprio ser singular no mundo. É singular, ao mesmo tempo pessoal e coletivo. No extremo existe um *conatus*-natureza que guarda as razões inconscientes (para nós) — o corpo que se estende em corpo da natureza — de nossa subjetividade.

O cálculo vem de uma história de significação muito diferente. Segundo Heidegger, por exemplo, está indissoluvelmente ligado a um modo de ser do homem em que o mundo se apresenta reduzido ao presente; é o diante-dos-olhos, o objetivo e o representável. No mundo se destaca aquilo que podemos "calcular" — aquilo sobre o que podemos ter expectativas, com o que podemos contar. Para o filósofo alemão, esse modo de ser é essencial em si mesmo e, como tal, é preciso assumi-lo, mas, ao mesmo tempo, essa verdade, que é a do mundo como mundo técnico, tende a abrigar outros modos de ser em sua exigência dominante e excludente de exatidão. Diante dessa situação, Heidegger não cai no ceticismo, mas detém-se no fato, também essencial, de que, como toda verdade, os modos de ser humanos são, antes de tudo, "modos de ser", e não disposição verdadeira do mundo. Quando se alcança a compreensão de um modo de ser, de um destino do ser, temos acesso ao ser como destinação também possível de outros destinos.

Boa parte da tradição marxista denunciou isso como esforço de domínio sobre a atividade humana. Recordemos um importante texto de Gramsci (1975), "Americanismo e fordismo" (§158), que diz: "A história do industrialismo foi sempre [...] uma luta contínua contra o elemento 'animalidade' do homem, um processo ininterrupto, frequentemente doloroso e sangrento, de sujeição dos instintos [...] a normas e hábitos de ordem, de exatidão, de precisão, sempre novos mais complexos e rígidos [...]". É esse processo violento, acrescenta Gramsci, o que possibilita as formas cada vez mais complexas da vida coletiva que são a consequência necessária do desenvolvimento industrial. Na esfera do saber, esse processo de sujeição se traduz como luta por estabelecer a medida, cada vez mais complexa, que permite segmentar, extrair e apropriar-se privadamente do valor produzido coletivamente; isto é: a exploração. Nessa perspectiva, o cálculo é também — como em Heidegger — uma "peça negativa" que pode bem ser recusada (anti-instrumentalismo) ou ser confrontada por um cálculo de outra ordem, um cálculo propriamente "operário", que o partido e depois a economia socialista iriam racionalizar e instituir.

O próprio pensamento de Negri passa pelo potencial da desmesura, a crise de medida e do cálculo. Para tal, ele parte das teorizações feministas que de modo pioneiro postularam a impossibilidade de "medir" o trabalho afetivo-doméstico, pondo dessa maneira em tensão a própria medida do salário como retribuição quantitativa de uma quantidade de horas trabalhadas. Daí o afeto como potência que desestabiliza a medida e que é origem da "desmesura" (Marazzi, 2002, p. 235).

Se nos voltamos para certa fenomenologia, como a desenvolvida por León Rozitchner, o cálculo fala do império de uma racionalidade abstrata, mutação do espírito cristão que conserva e radicaliza um sistema de hierarquias mortífero. (Daí que a saída seja vista como condição sem condição).

Mais ambígua nesse ponto, a análise de Foucault sobre o neoliberalismo supõe a convergência entre liberdades individuais e veracidade normativa mercantil, ou seja, é pelo mercado que a liberdade calculável acontece. O neoliberalismo é apresentado como esforço de ler a liberdade das pessoas e de incluir no cálculo o incalculável de seus motivos e ações. Esse incalculável não pretende ser restringido, mas estimulado através da presença de um "meio" e das interações que ali se dão. Nessa perspectiva — e retendo todo o anterior —, chega-se ao contexto em que surge com mais clareza a fórmula: *cálculo é conatus*. O cálculo aparece como modalidade da máxima imanentização da transcendência, na medida em que se reconhece a liberdade e a singularidade humana, mas esse reconhecimento a posiciona também como objeto de um complexo cálculo de cada uma de suas ações e motivações.

A liberdade é aquilo que a racionalidade neoliberal reconhece como base de seu cálculo. Vamos esclarecer: a liberdade não é neoliberal; neoliberal é pôr essa liberdade como base do calculável. Ou, dito de outro modo: incluir o incalculável como estímulo de uma racionalidade calculadora. A partir daí, conquistam seu lugar não só nos mercados, mas também em novos modos de governo (governamentalidade) que preservam e custodiam a produtividade propriamente capitalista dessa liberdade, ao ponto que, seguindo Deleuze no artigo "Post-Scriptum sobre as Sociedades de Controle", as pessoas imanentizam o cálculo como razão que organiza a vida e, agora sim, anima o *conatus*. Contudo, nesse esquema, trata-se de um *conatus* histórico, de um *conatus* promovido por certa ordem social hábil e permeável de modo inédito.

A fórmula que trato de enunciar (*cálculo é conatus*) repousa no momento exato em que a ambiguidade do presente se mostra ativa e de modo mais exasperante: o cálculo pode ser tomado ao mesmo tempo em sua face essencialmente neoliberal (isto é: reconhecimento da liberdade como tentativa ampliada de cálculo, exposição da operação subjetiva-coletiva com vistas à exploração e ao governo como governamentalidade) e como momento de um *conatus* ("vitalismo da vida", "saúde", "querer viver") que produz realidade não previamente calculada, que dá lugar a novos modos de organização, de sociabilidade, a novas táticas de intercâmbios, à criação de linguagem, de pontos de vista, enfim, de valor num sentido amplo.

Mas é importante assinalar que esse vitalismo da vida não é meramente coextensivo ao campo do cálculo neoliberal, uma vez que ele é reconhecido em seus signos a partir do rechaço. Se o *conatus* é termo variável e sujeito a novas composições, o cálculo parece desdobrar-se em dois ao mesmo tempo (promiscuidade): adaptação à regra do controle — ou da *normação*, da lógica da "segurança" — e produção em desmesura em relação à medida dada, *plus*, excesso. Esse excesso, no entanto, não é puro esbanjamento. Está numa *relação de promiscuidade e não de antagonismo excludente com a medida*.

ii) Vamos à sua gramática política. *Cálculo é conatus* quer dizer que se rouba, se trabalha, se fazem vínculos vicinais e migra-se para viver. Não se aceita morrer, ou ver a vida reduzida ao mínimo de suas possibilidades. A aceitação das regras do cálculo vem intimamente emparelhada a um movimento de produção de subjetividade, de "querer". São os verbos: "empreender", "se virar", "se salvar". Talvez nesse ponto seja preciso abrir, dividir, o *conatus*.

O *conatus*, em Spinoza, vem ligado à experiência e à produção de conhecimento sobre si mesmo e sobre o mundo. O *conatus* está submetido às paixões, e nesse submeter-se encontra (ou não) pontos de desenvolvimento do desejar-saber-criar. Creio que a pergunta fundamental, a pergunta política, seria: como se traduz-expressa essa experiência variável do *conatus* nas modalidades do cálculo? Seguindo essa linha, outra hipótese fundamental seria: as variáveis do *conatus* dão lugar à nova realidade, a um novo mundo (redes, instituições, territórios). Como varia o cálculo na conquista desses territórios? Finalmente: nesses novos "territórios" (que redefinem o comunitário sem perdê-lo nem recuperá-lo como essência originária), como se vão sucedendo os modos de poder, de governo, de saber?

Nesse extremo, o *conatus* que se apodera do cálculo inverte o motivo neoliberal (neoliberal como modo político de domínio para a exploração, fundado num modo de ser calculante no sentido heideggeriano) e leva o próprio cálculo em direção a operações cujo fundamento já não é a medida, mas o autodesenvolvimento do *conatus* coletivo. Isso sim: um desenvolvimento que o racionalismo marxista não chega a prever, aceitar nem valorizar.

Financeirização da vida popular

As finanças podem ser pensadas como um sistema oportunista de leitura desses intercâmbios produtivos vindos de baixo. O que essas finanças leem e tentam capturar é a dinâmica de sujeitos ligados à estruturação de novas formas de trabalho, empreendedoras, autogestionárias, que surgem nos setores pobres em paralelo à sua condenação como populações sobrantes ou excedentes. As finanças também são reduzidas.

Se a proliferação do neoliberalismo vindo de baixo se fortalece com o fluxo monetário que organiza todo um sistema de finanças populares, é preciso pensar também certas distinções no interior desses fluxos. Por um lado, as finanças que circulam por baixo e que nutrem um sistema monetário capaz de resolver certas iniciativas e, por outro, a financeirização impulsionada de cima para baixo através de determinados organismos estatais, bancários e financeiros não bancários. O que nos interessa é justamente a lógica conflitiva de ensamblagem que ambas as dinâmicas desenvolvem, porque nela emerge a pergunta pela produção das subjetividades, como terreno de disputas, que o capital tenta impor como relação social (Mezzadra & Neilson, 2013).

Vamos primeiro às finanças que circulam por baixo. Se sustentamos a tese de que a financeirização impulsionada de cima opera como um modo de ler, apropriar-se e reinterpretar formas populares que estavam ligadas a certas práticas de autonomia produtiva e reprodutiva, temos como hipótese que sua penetração e seu auge atual na vida popular na Argentina deve ser relacionada a dois antecedentes básicos ligados à crise de 2001: as práticas econômicas fortemente conectadas a uma determinada economia migrante da última década e as iniciativas de autogestão em plena crise do emprego produzidas pelo movimento organizado de desempregados.

Considerar como antecedentes essas invenções e instituições econômicas que construíram, antes e durante a crise, uma rede sólida de ajudas e de formas de cooperar imediatamente produtivas, e que foram capazes de canalizar um fluxo de dinheiro (então escasso), prestações, favores e solidariedades, articuladas com uma multiplicidade de transações da economia informal, dando garantia a todo um circuito de crédito e investimento, de bens, serviços e empreendimentos, sem necessidade de requerimentos formais-legais nem de intermediação bancário-financeira, nos permite assinalar a *anterioridade* desses fluxos.

Essas práticas, que foram — e são — parte de uma trama material que, no caso da economia migrante, torna possível aos recém-chegados a um país estrangeiro ter acesso a recursos para se estabelecer, investir e produzir, funcionaram como recurso material e garantia social de uma racionalidade produtiva popular que, anos depois, o próprio estado e uma série de instituições financeiras bancárias e não bancárias reconhecem e reinterpretam de maneira diversa. De um modo similar, pode-se assinalar a resolução — no sentido de gestão, não de desaparecimento — por baixo da crise do emprego, graças à capacidade organizativa do movimento de desempregados de arrancar recursos do estado e fomentar uma série de atividades produtivas de um valor social decisivo no momento da crise, que mais tarde foi levada em conta tanto pelo estado como pelos mercados financeiros que chegam aos bairros. *Destacar sua anterioridade tem um objetivo duplo: assinalar que essas iniciativas produziram jurisprudência*, no sentido de que habilitaram a criação de direitos e uma nova discussão do alcance da inclusão cidadã, e *mostrar que no momento da crise essa produtividade social era desconhecida, temida ou reprimida, tanto pelas instituições estatais como bancárias* (ainda que estas despertassem um desejo precoce de conexão).

A penetração financeira nas *villas*, nos assentamentos e em muitos bairros da periferia é produzida numa paisagem pós-industrial marcada pelo ritmo do consumo plebeu, sustentado numa multiplicidade de fontes de renda que agrupam numa mesma economia subsídios, biscates, trabalhos de caráter e intermitência diversos, combinados a rendas provenientes de economias informais, com uma ampla zona difusa de ilegalismos. O ano de 2003 foi marcado por ser o quinto ano de queda consecutiva do PIB na Argentina; desde então, foi registrado um aumento de renda das classes médias, incremento do emprego e políticas redistributivas que, para os setores populares, se concentram na transferência de dinheiro por meio de subsídios. Esses fatores são os que possibilitaram o aumento do consumo em geral e o que abriu a possibilidade de crédito para setores de baixos recursos (Feldman, 2013). Ser beneficiário de um subsídio — destinado pelo governo nacional ou estadual — se converteu em garantia para tomar empréstimos e contrair dívidas, já que essas subvenções, ao serem realizadas por meios bancários, "substituem ou complementam a tradicional acreditação dos papéis do trabalhador formal" e permitem que as "entidades financeiras e não financeiras cobrem suas parcelas diretamente, seja através de um desconto mediante o CBU [Clave Bancaria Uniforme][95] ou mediante a retenção do cartão" (Feldman, 2013, p. 19).

A bancarização compulsiva dos subsídios ao desemprego individualizou uma relação que desde o início havia implicado fortes coordenações coletivas, tanto na recepção do dinheiro como em sua distribuição — de fato, foi uma das tarefas primordiais das organizações de trabalhadores desempregados e um campo de forte disputa com os

---

[95] Na Argentina, CBU é uma sequência de 22 números necessária para realizar e receber transferências bancárias e programar pagamentos em débito automático. Cada conta bancária possui um CBU, que é único. [N.E.]

punteros[96] dos partidos políticos e os prefeitos. Essa mutação é aproveitada por instrumentos bancários e financeiros não bancários para converter o setor da população subsidiada em sujeitos de crédito. Por outro lado, essas mesmas ferramentas captam e capturam a disciplina migrante de laboriosidade, poupança e investimento em setores de expansão nos últimos anos: a economia têxtil e feirante.[97]

A articulação é, então, produzida do seguinte modo: o sistema de microfinanças por baixo, que funcionou como recurso na crise proveniente da economia migrante e da rede de microempreendimentos organizados pelos movimentos de desempregados nesse mesmo período, arma de maneira paralela, mas confluente, uma trama produtiva não assalariada, em cujo interior as formas de contratação são variadas e incluem o salário informal. No entanto, no caso da Argentina, esses sistemas complexos de microfinanças por baixo não diminuíram com o fim da crise — pelo contrário, se expandiram. Há duas razões para isso. Como assinalamos, as políticas governamentais de subsídios buscaram unir-se a essas economias para torná-las parte do impulso geral ao consumo. Elas também impulsionaram a reativação de certos setores tradicionais, desmantelados nos anos 1990 pela abertura de importações, como é o caso da indústria têxtil.

Nessa dinâmica, os planos sociais deixaram de ser concebidos e promovidos como paliativo temporal da desocupação, e foram reconvertidos em subsídios a novas formas de emprego, assumindo que as formas cooperativas e autogeridas criadas no auge da crise tinham o saber e a astúcia de procedimentos produtivos

---

96 *Punteros* são lideranças de bairros populares que, em geral, operam como extensões do estado com relação ao poder territorial e de clientelismo político. [N.E.]

97 Para ver um caso paradigmático como o da microfinanceira Gran Poder, ver Gago (2013).

tramados nos territórios dos quais a formalidade assalariada tinha se retirado havia tempo. Ao mesmo tempo, foi uma forma de impor a bancarização compulsiva como forma de controle desse dinheiro proveniente do estado, o qual havia sido um ponto-chave da disputa dos movimentos sociais organizados na época da crise. Esse controle é sobretudo uma forma de captura de renda dos beneficiários desses subsídios, já que a bancarização constitui uma condição técnica indispensável no endividamento — coração da exploração financeira.

Por outro lado, a consolidação da economia informal, em suas diversas modalidades, com um forte componente feirante-migrante, estendida a enormes setores médios baixos da Argentina, atraiu alguns bancos grandes, distintas entidades bancárias e financeiras não bancárias para operar sobre uma faixa específica da população: migrante, informal, produtiva e descapitalizada. Voltaram-se para esse público depois que o estado se dedicou de maneira progressiva a financiar a chamada economia social.

Por isso, para além do crescimento da economia popular por meio do salário formal, a multiplicação de formas de renda é o que explica essa ampliação da capacidade de consumo em setores que, até há alguns anos, abrigavam os excluídos, e é essa multiplicidade de fontes de renda o que rearma o mapa do trabalho por fora do mundo assalariado-sindical, que já não pode ser concebido em termos transitórios ou exclusivos ao momento da crise. A disputa propõe uma novidade com respeito às velhas formas de entender a relação entre inclusão, dinheiro e bairros periféricos. Porque é necessário ressaltar que as finanças dedicadas a explorar a produtividade dos setores populares aparecem, na Argentina, no momento de crise da legitimidade neoliberal, como política de ajuste e de forte participação do estado no financiamento dessa faixa da população, sob uma retórica oposta à austeridade.

O que fica claro é que essas economias, antes consideradas como insignificantes e meramente subsidiárias, se converteram em territórios dinâmicos e atrativos para o capital, expandindo as fronteiras de sua valorização, unindo, desta vez, algo que parecia incompatível do ponto de vista do capital, ainda que já fosse realidade do ponto de vista dos setores populares: finanças, bairros periféricos e setores não formalmente assalariados.

Cidadania por consumo: uma nova relação entre estado e capital?

À diferença do debate sobre a cidadania social do século xx vinculada ao tipo de inclusão fordista, definida especialmente por Thomas Humphrey Marshall no contexto do pós-guerra, propomos aqui revisar a questão da cidadania pensando sua atual "constituição material", para usar a fórmula de Balibar (2013), a partir da financeirização dos setores populares.

O financiamento para o consumo na Argentina entre 2003 e 2012 ascendeu em termos absolutos: passaram de 4,54 milhões de pesos, em janeiro de 2003, a 106,3 milhões de pesos, em abril de 2012, o que supõe um aumento de 23 vezes em nove anos (Wilkis, 2013). Esse modelo também foi diversificado através de cartões bancários e não bancários, agências financeiras, mutuais e cooperativas, comércios varejistas e cadeias de eletrodomésticos ou de indumentária e hipermercados. Essa multiplicação de instrumentos impulsionou nessa faixa da população a aquisição de eletrodomésticos e, especialmente, motos e celulares.

O informe da Procuraduría de Criminalidad Económica y Lavado de Activos (Procelac) não deixa dúvidas sobre a penetração do sistema financeiro na economia dos setores populares, através dos empréstimos de dinheiro em espécie ou por emissão de cartões de crédito, nem sobre o fato de que "a generalização desses instrumentos financeiros, longe de terem um caráter integrador ou democratizador, reproduziram as diferenças sociais que operam em outros âmbitos da sociedade" (Feldman, 2013, p. 9). Segundo sua caracterização, o endividamento em que os setores populares se envolveram é "vulnerável", pois complica a situação de subsistência dos endividados. "Dessa maneira, opera uma situação paradoxal, que, por ser sabida, não diminui sua iniquidade: as pessoas com menor fonte de renda pagam mais pelas compras dos mesmos produtos. Os setores populares, então, são objeto de uma violência econômica sem paralelo em outras camadas da população, o que gera um dano social cujas consequências repercutem tanto nas famílias concretas quanto, potencialmente, na economia nacional em seu conjunto" (*Ibidem*, p. 40).

A partir do governo, com o impulso ao consumo em massa, dá-se uma dupla operação. Por um lado, se reconhece a impossibilidade do horizonte do pleno emprego — imagem persistente no imaginário nacional; por outro, tenta-se ligar democratização com acesso ao consumo. A cidadania, como exercício de direitos, deixa de estar ligada, como diz Balibar, à "universalização da categoria antropológica do 'trabalho' enquanto caráter específico do humano" (Balibar, 2013, p. 82), para deslocar-se ao consumo como forma de garantia da inclusão social. Só que esse consumo já não é apenas efeito da renda salarial, mas também do dinheiro que o estado transfere aos bairros periféricos a título de subsídios — sobretudo, como já assinalamos, de múltiplas modalidades de fontes de renda a título de laboriosidades também múltiplas. Por isso, o consumo é uma mediação e um incentivo que, junto ao dispositivo da dívida, impulsiona novas modalidades de criação de valor. Que categoria antropológica estaria na base dessa generalização do consumo? No pós-fordismo, presenciamos a emergência de uma mutação de conotações antropológicas das forças produtivas, que se pode rastrear tanto na acentuada mediação do consumo, como na constituição e desenvolvimento dos dispositivos de poder abstratos do capital financeiro. Trata-se de um dinamismo de desmultiplicação com respeito à universalidade antropológica postulada por Balibar: a heterogeneização das figuras trabalhistas homogêneas e universalistas em benefício daquelas caracterizadas por Virno (2003a) como uma "Exposição Universal" das distintas formas históricas do trabalho que requerem articulações e ensamblagens cada vez mais complexas.

Eduardo Viveiros de Castro (2014) assinala, para o caso do Brasil, duas questões-chave para confrontar a ideia da democratização pelo consumo, que sustentou a legitimidade dos governos chamados progressistas da região. O consumo dos setores populares, ao se dar por meio de acesso ao crédito, implica, por um lado, o deslocamento da obrigação do estado com relação ao fornecimento de serviços públicos e gratuitos a favor do endividamento e, por outro, a diferença classista que se renova por meio de sua conversão em credores, sempre em desvantagem com respeito às outras faixas da população.

O que as economias informais dos setores populares põem em discussão são as novas formas de inclusão e de construção de cidadania que desafiam o esquema republicanista liberal, porque já não se espera que a participação aconteça pela via institucional-formal nem pela via salarial-fordista, já que, como vimos, o salário contratual não constitui mediação universal suficiente. O mais curioso, no entanto, é o modo pelo qual desafiam os parâmetros do populismo — e aqui diferimos de Balibar (2013) —, que deposita na agência estatal a completa capacidade de decodificar demandas e promover direitos. É justamente a identificação do populismo como razão estatal o que desconhece formas de fazer populares, na medida em que as enclausura em termos de demandas, aposta em sua coagulação numa identidade unitária e na ratificação de uma autoridade soberana, por sua vez enclausurada no interior dos parâmetros estatal-nacionais. A partir do estado, a cidadania por consumo propõe-se como *paliativo* ou *reparação* fornecida contra o neoliberalismo, referendando a ideia de um estado não neoliberal na medida em que subsidia os pobres (Gago *et al.*, 2012). Nesse sentido, o populismo como razão estatal tenta monopolizar a "inversão democrática", na medida em que se posiciona como ator privilegiado das conquistas de direitos. E aqui, sim, como argumenta Balibar (2013, p. 64), ocorre a substituição da "ideia de invenção pela ideia de uma *conservação* da democracia", identificada como regime político do estado.[98]

A partir de outro ponto de vista — que enfatiza a radicalidade das práticas populares autônomas sem deixar de lado sua radical ambivalência —, a cidadania por consumo pode ser projetada como uma pragmática de conquistas ambivalente, e não como uma simples relação de vítimas que obtém uma reparação. Em termos da filosofia política colocada em jogo, pode-se dizer que essa perspectiva confia no plano de imanência, no qual os setores populares — ou os "governados", para usar a linguagem de Chatterjee (2004) — fazem política, para além dos estados, o que implica aproveitar pragmaticamente os recursos do estado sem inscrever-se na cena simbólica com que são acompanhados vindos de cima. E, sobretudo, implica confiar nos modos políticos não "clássicos" com que desafiam seu *status* de "governados". Dessa maneira, a governamentalidade neoliberal adquire um rumo *irreversível* ao mesmo tempo que é submetida à *variação* imposta às lutas e dinâmicas territoriais que não se deixam necessariamente ler com base na oposição republicanismo *versus* populismo.

---

[98] Os resultados da discussão sobre a noção do destituinte/constituinte de potência dos movimentos em 2001, na Argentina, à sua conversão em ameaça ao estado e à institucionalidade democrática, são paradigmáticas desses deslocamentos do eixo — da invenção à conservação —, cuja operação se deve à perspectiva do populismo como razão estatal.

Rumo a um conceito ampliado de extrativismo na América Latina

É necessário ampliar o conceito de extrativismo para além da referência à reprimarização das economias latino-americanas como exportadoras de matérias-primas, para entender o papel que cumprem especialmente os territórios das periferias urbanas nesse novo momento de acumulação. De outro modo, esses territórios ficam na periferia da trama produtiva ao se pensar a economia apenas vinculada às matérias-primas e ao campo.

Além disso, a relação que os governos progressistas da região propõem entre essas populações e os recursos naturais é politicamente complexa: a equação é que as *commodities* são uma fonte de financiamento dos subsídios sociais. A exploração a cargo das transnacionais do agronegócio é assim legitimada graças à mediação discursiva estatal que enfatiza a função de integração social alcançada a partir da captura de uma porção dessa renda extraordinária. Frente a isso, as tentativas de politização vindas de baixo — das resistências contra essas empresas — são por vezes *infantilizadas* ou tratadas como irrelevantes por aqueles que estão fora delas, pretendendo desqualificar sua força crítica ao discurso neodesenvolvimentista da região. O que se observa é o mecanismo de interrupção da comunicação fluida entre antagonismo social e governamentalidade. De fato, o que fica bloqueado nessa denegação estatal da legitimidade das demandas que surgem do modo de acumulação é precisamente a dinâmica de reconhecimento democratizador que caracteriza uma democracia que faz dos pontos de antagonismo o mapa de suas práticas constituintes.

No mais, a partir dessa ótica, quem se opõe a esse modo extrativista acaba se opondo a uma forma de financiamento dessas populações *pobres*. O mais importante, nos parece, é assinalar até que ponto essas populações urbanas são parte de uma dinâmica extrativista e não meramente subsidiária. Ou melhor: como se articulam ambas e qual papel tem o estado nessa articulação.

A forma de extração de valor dominante é neoextrativa na medida em que por ela passa a relação entre território e mercado mundial. Do êxito dessa inserção depende a circulação interna de dinheiro e mercadorias. Assim, a capacidade de mediação estatal — extração de renda para financiar políticas sociais e de subsídios à produção — se insere num conjunto de ensamblagens institucionais mais amplas. Os dispositivos de inserção, mediação e legitimação voltados para a governamentalização do estado produzem o efeito intervencionista e não neoliberal no processo político em curso.

A partir dessa perspectiva — da governamentalização do estado — é possível detectar ao menos duas grandes rodas girando sobre um mesmo eixo: uma delas faz girar os negócios vinculados aos recursos naturais (*commodities*), e em torno da outra se desenvolve uma variedade de negócios baseados na circulação interna de capital, dinheiro e mercadorias. A narrativa que tenta separar e opor essas dinâmicas impede que se compreendam os níveis de articulação interna e a influência de ambas na produção de modos de vida nos territórios.

Essa governamentalização transborda toda teoria centrada nos atributos soberanos do estado — com o corolário da forte desnacionalização de segmentos-chave de sua composição, como assinala Sassen (2010) —, na medida em que a potência de intervenção público-estatal depende de dinâmicas que lhe são apresentadas como contingentes ou puramente exteriores, como é o efeito da especulação financeira na determinação de preços internacionais das *commodities*, ou da capacidade de articulação dos atores econômicos para criar negócios de envergadura global que envolvem total ou parcialmente o território nacional. São esses negócios (primeira rodada) os que aceitam e oferecem o protótipo a uma infinidade de negócios de escala variada espalhados pelo território.

O interessante é que em ambas as esferas se formula o problema da geração de uma logística das finanças capaz de efetivar dinâmicas de valorização, problematizando a imagem de uma separação radical entre altas e baixas finanças — e dos fluxos financeiros como algo puramente abstrato. A logística das finanças se reinventa de maneira permanente, como um sistema conflitivo em seu próprio interior, que procura captar ativos produzidos tanto nas altas como nas baixas finanças.

A articulação de ambas as esferas supõe, então, a instauração de vias de comunicação entre logística global — da qual depende a inserção de um território no mercado mundial — e uma pluralidade de infraestruturas *ad hoc*, que traduzem e multiplicam as dinâmicas de valorização nos territórios, de novo em escalas diversas.

Se na América Latina, em particular, o negócio financeiro global toma a forma de extrativismo (valor-território por valor-dinheiro), seu êxito faz com que o modo de acumulação tome como protótipo a renda financeira. Mas esse sistema de intercâmbios não se desenvolve sem a produção simultânea de uma estabilidade capaz de determinar parcialmente esses processos. No nível dos microprocessos, essa dinâmica se traduz em protótipos proliferantes em torno dos quais se reorganiza a própria trama da sociedade.

Um componente triplo simultâneo que combina neointervencionismo estatal, relançamento da acumulação por operações de extração e penetração dessa modalidade por cima e por baixo, enlaçando escalas e territórios diversos, é o necessário para *escalonar* o próprio conceito de extrativismo.

Além disso, a operação extrativa, para usar o termo de Mezzadra & Neilson (2013), se diferencia da exploração fabril no fato de que não se desenvolve a partir da capacidade organizativa da produção de valor a partir do próprio interior do processo. Contra a aparência — fenomenologicamente verdadeira — segundo a qual a exploração de *commodities* é menos determinante para a produção de modos de vida que esses microprocessos — que repetem o protótipo de modo contingente, variável e generalizado —, creio que se pode afirmar justamente o oposto: é a conexão essencial global, ajudada pela gestão estatal, que determina a possibilidade e a intensidade da reorganização "oportunista" e "cínica" (Virno, 2003a) dos modos de vida, sem que apareça, por fora dos artífices da conexão global (modos de saber-fazer), outra classe social capaz de organizar a produção. Assim, se retroalimenta uma tradução apropriadora, versátil e conflitiva da atividade social em um código financeiro, ao mesmo tempo que esse código financeiro se desenvolve e se desdobra graças a essa atividade social.

No entanto, a retórica estatal expressa uma consideração muito mais restrita (e simples) dos mecanismos de reprodução do capital, ao pensá-los a partir de parâmetros ligados a um contratualismo laboral — supostamente um modelo tradicional das clássicas definições nacionais de cidadania. Dessa maneira, o estado trabalha narrativamente em função de desconhecer uma parte do fazer popular que se dá por fora dessa relação de valorização, ainda que se reproduza o protótipo da inserção global desse estado no mercado mundial. Mas, ao mesmo tempo que parece desconhecer essas outras formas, é cada vez mais obrigado a negociar com elas, produzindo uma espécie de "segunda realidade" do próprio estado, muito necessária para seu próprio financiamento por vias não estritamente formais e legais (Segato, 2013).

Vemos, então, um deslocamento do conceito de extrativismo em vias de ampliação. Primeiro, em termos extensivos: do campo e das *commodities* à cidade e às populações periféricas. Depois, um giro intensivo: enquanto a inserção dos territórios no mercado mundial difunde um protótipo que funciona em escalas e territórios distintos.

A compulsão por valorizar (montar um "*bisnesito*", versão em castelhano de *little business*) se expande como modalidade de relação, e é isso que põe a logística como imperativo. Desenvolver a logística implica fazer crescer o rizoma das finanças. A dívida é um dos mecanismos internos desse processo, mas não é o único.

O consumo como mediação e o financeiro como figura de comando colocam todo o mundo para trabalhar sem precisar repor a figura homogênea do trabalho. Explora-se essa difusão do imperativo de autoempresarialidade que impulsiona a invenção de novas formas de produzir valor, para além dos confins do emprego assalariado e dos parâmetros de sua legalidade.

A exterioridade da forma extrativista nesse esquema está dada, porque se prescreve a valorização, mas não se prescreve o modo — como sucede com o poder industrial. Daí provém sua "amplitude".

Saques: a exasperação do consumo

Na perspectiva dos discursos do sistema político, a expansão do crédito se apresenta como uma contraimagem se olhamos para os saques a estabelecimentos comerciais, recorrentes na Argentina diante das crises inflacionárias, permitindo uma forma de evolução desenvolvimentista que vai da condenação do saque à reivindicação do cumprimento da dívida por aqueles que menos têm.

No entanto, a onda de saques que em dezembro de 2013 se difundiu em pontos distintos da Argentina obriga a desfazer a ideia que coloca a constituição das classes baixas como sujeitos de crédito como antídoto à apropriação desregulada do saque. Ambos os fenômenos poderiam, antes, ser colocados em continuidade. Naquela ocaisão, os saques se concentraram em eletrodomésticos e alimentos, mas não necessariamente em artigos de "primeira necessidade". Essa imagem redobrou a investida moralista. A opinião pública e midiática se concentrou num ponto: os pobres saqueiam, mas não por "necessidade" ou por "fome", mas para se apropriarem de produtos eletrônicos, quase de luxo, considerados "supérfluos" na perspectiva das necessidades. À inflação de preços parece preceder uma outra: a "inflação" das necessidades de pobres acostumados ao consumo, graças aos subsídios estatais e ao crédito fácil e caro.

A relação interna entre saque e consumo é de exasperação, de atravessamento de fronteiras: o consumo em massa por fora do paradigma fordista se nutre de fontes de renda que têm limites difusos e amplos com a ilegalidade. Portanto, há um acesso informal/ilegal ao consumo que é, simultaneamente, a maneira de legalizar rendas à pequena e média escala. No caso dos setores pobres, o consumo é sustentado a partir de cima pela ideia de paliativo, e impulsionado para baixo por um dinamismo informal, capaz de agenciar modalidades de trabalho heterogêneas (pirataria do asfalto e narcotráfico, empreendimentos feirantes e vendas ambulantes, *cuentapropismo* informal e oficinas clandestinas). As forças policiais fazem a regulação dessa fronteira entre o formal e informal (Verbitsky & Bohoslavsky, 2012), e foram essas forças as protagonistas das greves que antecederam e habilitaram simbolicamente os saques de dezembro 2013.

Os saques põem em primeiro plano tanto o problema do consumo como sua ameaça de restrição devido à inflação. Também levam à cena urbana uma certa impossibilidade de "ajuste" ou de política de austeridade. E, o mais importante, habilitam uma modalidade de "paritárias de rua"[99] para todos aqueles que não têm a possibilidade

---

[99] Com a fórmula "paritárias de rua" me refiro ao modo de ação direta sob o qual se pressiona pelo aumento do montante de subsídios e dos salários informais através de marchas, manifestações e, inclusive, saques. Como mecanismo, passa do clássico espaço de negociação sindical à desregulada ação de rua. Isso se dá no contexto de um esquema monetário sob pressão daqueles que controlam o mercado de divisas, o que se traduz em inflação, em greve policial como demanda também salarial dessa força e no estouro de "escândalos midiáticos e financeiros" entre setores policiais e a economia do narcotráfico.

institucional de acesso a esse mecanismo — porque, justamente, são parte dos trabalhadores que não estão "formalizados".

O contexto e a tradição inflacionária argentinas convertem a dívida num modo de entesouramento de valor de uma moeda que se desvaloriza a ritmo acelerado. A experiência inflacionária tem um efeito de dessacralização do dinheiro. Pensando na Bolívia, Silvia Rivera Cusicanqui (2010a) diz: "nós brincamos com o dinheiro, então. Num momento vendemos dinheiro (na Feira das Alasitas). Sabemos que é uma convenção acordada pela sociedade. E isso tem a ver com o fato de que na Bolívia vivemos a maior inflação depois da que houve pré-Hitler". A Argentina também é rica em experiência inflacionária e multiplicação de moedas, de índices de vivências da crise e de comoção da medida de valor.

A subjetividade de homens e mulheres endividados poderia ser pensada como figuras subjetivas em variação. Em situações de relativa abundância de dinheiro, são aqueles que se constituem como microempresários; em situação de restrição de dinheiro, têm capacidade de desestabilização política. Essa variação das figuras permite detectar também o estaticismo — e não só a passivização — que podem implicar as dívidas. Nesse sentido argumenta Federici (2012, p. 173), quando diz: "A partir desse ponto de vista, a financerização de todos os aspectos da vida cotidiana mediante o uso dos cartões de crédito, empréstimos, endividamento, especialmente nos Estados Unidos, deve ser questionada como uma resposta à diminuição dos salários e a um rechaço à austeridade imposta por essa redução, mais que simplesmente um produto da manipulação financeira".

A forma não controlada do consumo convoca, para voltar a Foucault (2006), a um *remake* do poder pastoral na disputa pela orientação e condução das multidões, especialmente de jovens. A espiritualidade religiosa, ao mesmo tempo, compete e se complementa com a promessa das finanças vindas de baixo. O disciplinamento do plebeu se vincula ao que formulamos como monstruosidade do cálculo, ao modo em que a noção de cálculo fica aparentada à do *conatus*. A monstruosidade do cálculo está também em levar a fundo essa massificação do consumo, que no saque se desprende de sua dependência — e equilíbrio — com as fontes de renda, mas também com uma suposta racionalidade das "necessidades" e sua segmentação classista. A pretensão estatal de que o consumo de massas se contrapõe ao saque se revela justamente contrária: o saque é a continuidade do consumo por outros meios.

Mapear o neoliberalismo

Mapear as economias populares é uma forma de mapear o neoliberalismo como campo de batalha. Elas são o espaço-tempo de economias situadas que se tornam essenciais para pensar o modo em que o capital, através da diversificação das formas financeiras, tenta incorporar novos territórios. São esses territórios que nos permitem conectar as formas em que o neoliberalismo é simultaneamente deslegitimado como política macroestrutural de ajuste e, ao mesmo tempo, incorporado em formas de saber-fazer popular que lidam com as consequências dessas reformas estruturais já ocorridas.

Não se trata, desse modo, de fazer uma escolha entre etnografias localistas e enunciados estruturais. Como assinala Peck (2013, p. 18), a pergunta sobre "como o neoliberalismo se singulariza numa variada paisagem de formas institucionais, econômicas e políticas" põe a ênfase em seu traço "polimórfico" e em "interdependência mútua e multiescalar de formações locais profundamente articuladas de modo "horizontal" e "hierárquico" (*Ibidem*, p. 18). O neoliberalismo é, assim, posto em variação, dando conta do caráter ao mesmo tempo estrutural e situado da dinâmica diferencial que o caracteriza.

A perspectiva que propomos a partir da ideia de "neoliberalismo vindo de baixo" tem, no entanto, o objetivo de pôr em relevo a disputa com a própria ideia de cálculo praticado pelas economias populares.

Sobre esse terreno ancoramos a proliferação de operações financeiras nos setores populares. Porque também ali se ancoram as "operações de capital" em sua fase de novas conquistas. Se as "logísticas, as finanças e a extração não são só atividades econômicas", mas formas de captação de trabalho que produzem espaço e políticas concretas (Mezzadra & Neilson, 2012), podemos argumentar que as populações dos bairros periféricos tornam-se sujeitos-chave dessa nova exploração, na medida em que não são simplesmente marginalizadas como populações subsidiadas, mas alvo de novas modalidades de exploração, sob uma qualidade neoextrativista.

Nesse sentido, o neoliberalismo vindo de baixo é um campo de ambiguidade e de batalha que não dá por realizada a hegemonia do neoliberalismo, no sentido de que não aceita sua hegemonia plena, mas tampouco outorga às políticas neodesenvolvimentistas e estatistas a aptidão para substituí-la. É uma perspectiva, em contrapartida, que olha para "baixo" para encontrar aquilo que antagoniza, que arruína, malogra ou confronta essa pretendida hegemonia.

Quando me refiro à "ambiguidade" do neoliberalismo vindo de baixo, penso num "oportunismo de massas" na linha da reflexão de Virno (2003a), para quem "oportunismo e cinismo" constituem a "tonalidade emotiva da multidão", isto é, um modo ambivalente de ser que corresponde aos processos de socialização da força de trabalho que se torna imediatamente metrópole. Voltamos à imagem de um tecido "promíscuo" (Colectivo Situaciones, 2009), onde convivem — de um modo não indiferenciado — elementos de natureza heterogênea para além das lógicas a que pertenceram esses elementos no passado. Minha hipótese é que o neoliberalismo vindo de baixo consiste na convergência da ação e da racionalidade dos *conatus* populares e da aptidão das finanças para operar mediações concretas nesse tecido.

Não se trata apenas de compreender ou de retratar as mutações na vida popular sul-americana e as inovações à inserção capitalista, mas de nos aproximar de perguntas políticas fundamentais, que surgem de um quadro tenso na atual conjuntura, na qual a práxis que se desenvolve fora do estado se encontra frente ao dilema de convergir para uma nova apresentação das políticas neoliberais das elites capitalistas, ou para criar elementos institucionais e políticos à altura de uma reforma da teoria do estado.

5.

entre a cidadania pós-nacional e o gueto:

a cidade *abigarrada*

A cidade que vem

A *villa* 1-11-14 parece levar para Buenos Aires um pedaço da Bolívia — ou, mais precisamente, de El Alto, a multitudinária cidade que rodeia, como um anel, a capital La Paz. A 1-11-14 replica aquelas construções nas alturas, com tijolos sem reboco, que tingem a paisagem de um vermelho alaranjado. Esse material — o tijolo sem reboco — mudou na última década a fisionomia da *villa*. Na Argentina, essas construções foram levantadas tradicionalmente como assentamentos de chapa e papelão; há alguns anos, a migração boliviana e paraguaia (mão de obra majoritária no ramo da construção) impulsionou e transformou a técnica e os materiais. Agora as moradias são de tijolo, o que permite uma nova possibilidade: o crescimento vertical. Assim, a *villa* do Bajo Flores se eleva, se desenvolve nas alturas, desafiando os terrenos baixos — antigos pântanos — que adjetivam o bairro como baixo [*bajo*].[100] Delimitadas suas possibilidades de expansão horizontais (está rodeada de prédios que pertencem à Polícia Federal), as moradias proliferam para cima e se sobrepõe umas às outras, com um piso sobre outro. Hoje, encontram-se construções de até cinco andares.

Beatriz Sarlo, em seu livro *A cidade vista: mercadorias e cultura urbana*, emite um juízo estético-urbano sobre essa mesma questão: "Tudo exibe, cruamente, com o ar confiante do natural em expansão, uma espécie de monstruosidade precária destinada a permanecer, já que a construção é de alvenaria e está ali para ficar" (Sarlo, 2009, p. 73). Sarlo fala da *villa* como um bairro que destila uma "inconclusão definitiva", agravada agora pelo contraste de materiais entre as velhas e as novas *villas*: "Dão essa impressão todas as constru-

---

[100] Sobre a dinâmica de inversão entre o baixo e o alto em uma cidade, ver Colectivo Situaciones (2005).

ções precárias, de chapa, madeira, papelão, plástico. Mas, quando o inconcluso é de tijolo, a qualidade do não terminado contradiz as propriedades dos materiais sólidos que entram em sua composição (*Ibidem*, p. 73). Comprova, assim, que o tijolo das construções desmente a ilusão que ainda é possível manter quando se vê as moradias precárias feitas de materiais menos definitivos: constata que estão aí para ficar. São parte não momentânea nem transitória da cidade. Há algo do que Sarlo julga como "precária monstruosidade" que *já* é constitutiva da cidade, e não uma edificação passageira, sujeita a ser desmontada de acordo com a volatilidade das políticas públicas e das demandas de mão de obra. Ainda que não fossem tão voláteis, o que se lê em suas análises é sobretudo uma apreciação: essas construções, para ela "arquiteturas monstruosas" (Gago, 2009), *são* a cidade do presente, sua parte mais chamativa. Mesmo se incluídas como sua parte baixa, estão aí para "ficar", o que significa que remodelam definitivamente o urbano e inserem Buenos Aires nessa lógica do inacabado para sempre. Trata-se, além disso, de uma monstruosidade que não tem limites fixos, não se restringe à *villa*: se espalha para além de suas fronteiras com os vendedores ambulantes, que vivem majoritariamente em bairros construídos dessa forma. O monstruoso constrói a cidade: "a cidade dos pobres".

Nessa cidade entram em discussão, para Sarlo, dois binarismos básicos: as distinções entre o público e o privado, e entre o humano e a natureza. "O subúrbio passa por cima da intimidade privada para pôr em cena a intimidade pública. Há uma noção diferente do que pode ser visto, do que é permitido ver. Corpos humanos e matérias da natureza entram numa simbiose peculiar no subúrbio: entre a vitalidade e a deterioração, como se os processos fossem sempre incontroláveis" (*Ibidem*, p. 79). A cidade atual põe em jogo, ou em xeque, duas distinções, que sua análise já vê como ultrapassadas. Por um lado: o privado *versus* o público; por outro, a natureza *versus* o humano. São duas regras de distinção: a primeira se refere à pólis, isto é, às regras da cidade ao estilo dos ilustres atenienses, onde público e privado definiam os âmbitos do político e do doméstico de modo excludente e hierárquico; a segunda é a própria norma da *civilização* entendida em termos de um classicismo moderno capaz de discernir e discriminar o natural do humano. Para Sarlo, a cidade vista revela, à contraluz, *a cidade perdida*, aquela em que a fronteira entre o humano (civilidade) e o doméstico (natureza) se materializa como rumo civilizatório.[101] Tal ponto de vista mostra, sobretudo, o que já não é nem anuncia ser uma cidade. Um certo encerramento do que alguns intelectuais, em plena transição democrática e de expectativas modernizadoras, pensaram como *cidade futura*.

A *villa* como espaço inclusivo

Se a *villa* não é pensada como resto não moderno ou como encrave monstruoso no sentido plenamente depreciativo da palavra, emerge outra economia visual: uma que é capaz de visibilizá-la como espaço produtivo para pequenas empresas, empreendimentos familiares e economias informais, através das quais, nos dizeres de Saskia Sassen (2010a), "antigas economias materiais podem prosperar". No entanto, mesmo que à primeira vista essas economias pareçam ser anacrônicas (em suas tecnologias e formas de trabalho), Sassen se encarrega de esclarecer que a articulação que têm com os setores econômicos avançados é o que tinge o espaço da cidade de um caráter "global": "As paisagens crescentemente homogêneas e os entornos construídos das zonas de glamour tendem a obscurecer o fato de que o florescimento urbano atual

---

[101] María Carman (2006; 2011) trabalha de maneira formidável essa contraposição entre natureza e cultura como divisão de legitimidades na cidade.

das economias avançadas está frequentemente alimentado por uma história econômica urbana anterior que lhes outorga vantagens especializadas particulares".

A arquitetura econômica, estrutural e social da *villa* torna-se, assim, vantagem comparativa para certas economias. A têxtil-feirante é uma delas. Da feira La Salada à oficina têxtil, constrói-se uma sequência que inclui a *villa* como terceiro espaço que completa a ensamblagem: na *villa*, a oficina têxtil clandestina "submerge" para aproveitá-la enquanto espaço de recursos comunitários, de proteções e favores e de força de trabalho. E isso porque, na *villa*, a população migrante se renova permanentemente, e ela é lugar de produção de uma multiplicidade de situações de trabalho que vão do autoempreendimento à pequena empresa, passando pelo trabalho doméstico e comunitário, e em relação de dependência. Da *villa* à oficina têxtil e da oficina à La Salada, participa, portanto uma genealogia que revela uma lógica de mútua contaminação, de permanentes reenvios, de complementariedades e contradições. As trajetórias e temporalidades que se tecem entre a *villa*, a oficina têxtil e a dinâmica feirante permitem mostrar uma articulação complexa, diante dos modos como uma se imiscui na outra. E, ao mesmo tempo, permitem vislumbrar esse corredor em suas múltiplas conexões com outras razões e temporalidades transacionais.

Dispersão e aglomeração

A *villa* é uma cidade dentro da cidade? A *villa* é parte constitutiva da cidade, ao mesmo tempo que é posta como seu exterior radical. Posicionada literalmente no centro do mapa de Buenos Aires, a 1-11-14 desenvolve uma economia própria, ao mesmo tempo que ensambla com uma economia mais ampla que se refere não só à metrópole que a rodeia, mas também a um conjunto mais extenso e denso de transações transfronteiriças. Seu ritmo de crescimento está associado a essa vitalidade econômica. Crescem os empreendimentos, negócios e trânsitos, para dentro, e de dentro para fora.

Por um lado, constitui-se como assentamento de certa infraestrutura invisibilizada de serviços para a cidade, especialmente serviços domésticos de limpeza e cuidado, mão de obra na construção civil e pessoal para equipes de manutenção. Por outro, produz uma infraestrutura visível de serviços voltados para a população que vive ali: que toma café da manhã correndo na calçada enquanto vai trabalhar, que almoça e janta quando regressa do trabalho (muitos habitantes são inquilinos e, portanto, não têm espaço para cozinhar na casa onde estão hospedados, ou simplesmente não têm tempo de preparar suas refeições), serviços para cuidar das crianças das mães que trabalham "fora", restaurantes populares, serviços médicos, de comunicações, financeiros etc.

Uma perspectiva que leva em conta a ecologia (Davis, 2007) dessa cidade-dentro-de-outra poderia projetá-la ao mesmo tempo como uma cidade aglomerada e uma cidade dispersa: concentra, por sobreposição, camadas de construção, serviços, gerações e experiências de autogestão de serviços, ao mesmo tempo que se espalha no resto da cidade por meio de seus componentes móveis: especialmente aqueles vinculados à "produção de circulação", já que por meio da proliferação de feiras e de vendedores ambulantes se espalha e multiplica, por dispersão, essa composição social.

Duas composições até agora. Por um lado, a maioria dos migrantes que povoa a *villa* (e as *villas*) em Buenos Aires; por outro, as economias múltiplas com que se articulam não só como mão de obra, mas também como microempresários, empreendedores, comerciantes, trabalhadores e trabalhadoras sociais. Essa economia tem uma dupla escala: "tanto no nível macro dos mercados de trabalho globais como no nível micro das estratégias de sobrevivência translocais dos lares" (Sassen, 2003). Dois níveis que, por sua vez, devem ser analisados levando-se em conta seus modos de relação íntima. A *villa* torna-se espaço de uma nova economia política transnacional.

1-11-14

Segundo informação oficial, aproximadamente duzentas mil pessoas moram em *villas* e assentamentos na cidade de Buenos Aires.[102] A 1-11-14 do Bajo Flores é uma das mais populares. As cifras governamentais são desmentidas pelos referentes do bairro, que têm suas próprias formas de medição e dão conta da dinâmica de velocidade e crescimento populacional que as pesquisas oficiais não chegam a registrar. Elas falam de cerca de oitenta mil pessoas só nessa *villa*, em 2013, duplicando o número oficial.

Lugar de chegada desde meados do século passado para migrantes do interior e de países limítrofes, foi várias vezes ocupada, desalojada e povoada novamente, até conquistar os 31 quarteirões que exibe hoje. Durante a última ditadura, sofreu o embate mais feroz para tentar erradicá-la.[103] Por um lado, as escavadoras destruíram casas e aplanaram parte do terreno; por outro, foram repatriados obrigatoriamente centenas de bolivianas e bolivianos por um convênio com o ditador Hugo Banzer, como parte da coordenação regional de expatriação forçada que se deu simultaneamente à operação repressiva do Plano Condor. Algumas de suas ruas foram utilizadas

---

[102] Dado fornecido em 2007 pela Sindicatura General de la Ciudad, depois de recensear condições de vida em catorze *villas*, 57 assentamentos precários e dezesseis bairros municipais ou complexos habitacionais.

[103] Para uma história das tentativas sucessivas de erradicação durante a ditadura, ver Blausten (2001).

para fuzilar militantes e, desde então, vários de seus moradores estão desaparecidos. Nessa época, restaram apenas uns 25 moradores, mas, depois de 1983, com o retorno da democracia, a *villa* voltou a crescer. Daí que seu nome tenha somado números, compilando a história e as denominações das diferentes épocas. Hoje é conhecida por essa sequência numérica: 1-11-14.

Desde o começo dos anos 1990, com a paridade cambiária do peso argentino com o dólar, a Argentina se transformou num destino massivo para migrantes dos países vizinhos, e a *villa* recebeu milhares de novos habitantes que chegavam para poder enviar a seus países de origem quantias altas de remessas em dólar. A crise de 2001-2003 implicou também o fim da "convertibilidade" peso-dólar. No entanto, a maioria dos migrantes não regressou a seus países como se especulava; pelo contrário, a *villa* do Bajo Flores em particular continuou sendo um lugar de pessoas chegando em busca de uma vida melhor e oportunidades de trabalho. Desde 2005, com a reativação econômica do país, o número de jovens aumentou, impulsionando uma renovação geracional da migração.[104]

A *villa* como âmbito de um internacionalismo forçoso

Se contamos a população da *villa* com base em suas origens, percebe-se que a maioria de seus habitantes é estrangeira. Isso é atestado por dados do governo local referentes às maiores *villas* (31 e 31 bis e 1-11-14) da cidade de Buenos Aires. Além disso, são os que em

---

[104] Ainda segundo a Sindicatura General de la Ciudad, "se observamos a faixa etária dos 20 aos 29 anos, vê-se que 85% são estrangeiros, dado que confirma a hipótese dessa mudança nas migrações na Argentina, já que se trata de recém-chegados".

sua maioria recebem subsídios sociais.[105] A composição social com maioria migrante — peruanos, bolivianos, paraguaios e, em menor número, chilenos — marcou na história recente da *villa* 1-11-14 uma das experiências políticas mais inovadoras e menos conhecidas: a constituição de um corpo plurinacional de delegados que conseguiu conquistas importantíssimas para o território e seus habitantes, e que consolidou uma forma de autogestão de bairro. O corpo único de delegados foi reconhecido como mecanismo de autoridade legítima pelo parlamento municipal através da Lei 403, sancionada em de 8 de junho de 2000. Com isso, a *villa* 1-11-14 obteve uma normativa própria para implementar o Programa de Planejamento e Gestão Participativa, que manda incluir na Mesa de execução "Cinco (5) representantes da atual Comissão de Delegados da Vizinhança da *Villa* 1-11-14". Desse modo, deixa de lado, *só para a 1-11-14*, a normativa anterior, Lei 148, que previa "um representante por *villa*" na hora de participar nas discussões sobre as intervenções no bairro. O corpo único de delegados da 1-11-14 expressa uma anomalia com respeito às formas organizacionais do resto das *villas* — tanto pela pluralização representativa que implementa, quanto pela capacidade de pressão e negociação para o reconhecimento desse novo mecanismo de autoridade do bairro.

[105] Mais de 140 mil migrantes assentados nas *villas* portenhas recebem subsídios sociais dos principais programas de assistência do Ministerio de Desarrollo Social de la Ciudad. Isso implica que os estrangeiros são 46% dos beneficiários do plano Ciudadanía, e são cerca de 120 mil os que obtêm um cartão de compra social para alimentos da cesta básica ou utensílios escolares, com um montante individual que varia entre duzentos e mil pesos. Os estrangeiros também representam 70% (cerca de 20 mil dos 26 mil subsidiados) dos beneficiários dos *tickets* sociais que são entregues às mães de lares em situação de pobreza, e que consistem em um talão de cheques de 150 pesos para a compra de alimentos. Esses programas assistenciais são compatíveis com outras ajudas entregues pelo governo nacional a essas mesmas pessoas. Todos esses dados estão reunidos em Gallo (2010).

Além disso, há um espaço para além da norma: não apenas ultrapassa, na prática, o contingente de cinco delegados para estender-se a 31 (um por quarteirão), como a explícita exclusão dos partidos políticos no corpo coletivo também marca uma diferença substancial em relação ao mecanismo unipessoal anterior, muito mais permeável, a ser usufruído pelos partidos e seus sistemas assistencialistas de inserção territorial.

A Lei 403 expressa um momento de conquista de uma experiência popular de autogestão, ousada em sua dimensão organizacional e resolutiva e inovadora em seu caráter plurinacional. No entanto, a força da lei não é imutável[106] — o que assinala uma interessante relação entre criação de direito e capacidade de inovação social. Dito de outro modo: é a capacidade social de inovação que leva à criação de novos direitos, à ampliação de suas fronteiras e, portanto, ao aprofundamento democrático. Nesse sentido, a jurisdição formulada pelas inovações sociais é imediatamente política, com efeitos sobre o direito e sobre o repertório de lutas populares legítimas. De qualquer maneira, mesmo quando o plano legal parece cristalizar no tempo um conjunto de conquistas, também é passível de retrocessos quando a capacidade social de manter sua efetividade é decomposta.

Um corpo comum: o surgimento do corpo de delegados

A emergência de uma nova forma política é também a emergência de um povo novo, de certas formas de fazer coletivas protagonizadas por pessoas que criam algo distinto a partir de sua composição com outros grupos. Nesse sentido, analisar as práticas e as infraestruturas

---

[106] A Lei 403, como outras leis de urbanização de *villas*, está vigente, mas seus prazos, vencidos. A falta de resposta política do Executivo derivou em processos judiciais que tampouco resultaram em avanços materiais.

sociais de gestão de um espaço permitem assinalar a dimensão material dessa constituição coletiva. A partir dessa perspectiva, falamos de uma composição e recomposição de um corpo comum na *villa*, como um conceito que — originado em Marx e depois retomado pela tradição do operaísmo italiano — permite pensar o *status* ontológico das formas sociais (Karakayali & Yaka, 2013).

Desse modo, a *villa*, como âmbito de um internacionalismo forçoso, tornou-se possibilidade de inovação política popular, desafio às formas organizacionais existentes e criou, durante vários anos (1999-2004), meios de participação, disputa e negociação, misturando estratégias, discursos, tradições e trajetórias de origens diversas. A novidade em suas práticas opera ao menos num duplo sentido: promove uma reconfiguração da cultura político-nacional e da tradição de luta *villera* argentina, e também desenvolve uma reinvenção das culturas políticas dos países de "origem". Isso quer dizer que produz uma novidade em termos de repertório de recursos organizacionais que resulta em um maior desenvolvimento na capacidade social de autogoverno.

O caráter transnacional desse território torna-o laboratório de novas formas organizacionais que buscam transformar as condições de vida por meio de reivindicações e conquistas, a maioria das vezes ligadas ao lugar.[107] Ao mesmo tempo, redefinem a noção de cidadania na medida em que levam à formação de novos direitos ou, pelo menos, à tensão dos direitos existentes.

"No início, quando a gente fez greve de fome para reivindicar o reconhecimento da Legislatura, os deputados diziam: 'Esses bolivianos de merda vão vir para atrapalhar?'. Queríamos transparência

---

[107] Para uma história do movimento *villero*, ver Dávalos *et al.* (1987). Para um desenvolvimento detalhado e atualizado da história das organizações *villeras*, ver Cravino (2006, pp. 62-80).

e queríamos que nos respeitassem como organização. Apesar de sermos estrangeiros, queríamos que nos reconhecessem. Nós não éramos apenas bolivianos. Havia argentinos. Panchito Aragón, argentino, foi um dos que nos defendeu, que aguentou o tranco. Por ser argentino, a gente o empurrava e ficávamos atrás. Apesar disso, ao ver a multidão de *cabecitas negras*,[108] caras morenas, a discriminação era muito aberta. E nós dizíamos em voz alta: 'Por que vocês nos discriminam? Nossos filhos são argentinos. Também vocês e seus pais foram migrantes um dia. Nós também queremos ser reconhecidos de igual para igual'", rememora um ex-delegado.[109]

A *villa*, através da experiência de seu corpo de delegados, cria um espaço do qual extrair novas forças para redefinir esse território e receber uma heterogeneidade crescente de trajetórias, histórias, relações. Primeiro bloquearam ruas, como um modo socialmente instalado de chamar a atenção: Avenida Perito Moreno, Avenida Cruz, Rua Florencio Varela. Reivindicavam o reconhecimento da nova formação de autoridades e a entrega de moradias já prometidas e construídas. "Essas eram nossas reivindicações, simples e fáceis. Mas não foi recebido dessa forma. Não foi simples nem fácil", recorda uma das protagonistas. A criação de um novo mecanismo de autoridade: um corpo coletivo único, consagrado por eleição direta, apelava à ação de rua como modo de instalar uma interlocução institucional. Também se propunha combinar a pluralização

---

[108] *Cabecita negra* é o nome pejorativo que começou a ser usado na década de 1940, na Argentina, para referir-se à migração interna, especialmente do norte do país, rumo a Buenos Aires. A questão racista fica evidente, já que se ressalta sobretudo a cor escura do cabelo e da pele.

[109] Todos os testemunhos textuais citados neste capítulo são parte de um livro que reúne entrevistas com os ex-delegados da *villa* 1-11-14, ainda não publicado. As entrevistas foram realizadas por Frida Rojas, Hernán Fernández, Diego Sztulwark e Verónica Gago.

representativa com a forma de um corpo coletivo único para gerir um problema que aparecia como o mais urgente: a questão habitacional e espacial dos moradores da *villa*. Questão esta que não foi, e tampouco continua sendo, nem simples nem fácil.

Direito de ser usuário

A *villa* é por definição um conjunto de prédios que foi alvo de uma sucessão de ocupações, vendas e revendas de modo paralegal, e que se conforma como um espaço sem serviços básicos. Conseguir cada serviço desses foi uma conquista política. O corpo de delegados pôde visibilizar a população da *villa* como coletivo singular e negociar seu direito aos serviços, tanto com as autoridades estatais (municipais) quanto com as privadas (as empresas prestadoras de serviços).

É a partir da resolução prática e da negociação direta que os delegados começam a disputar a representatividade da *villa* e a estender as conquistas a todos os quarteirões. Desafiam assim a autoridade existente e vigente, mas não a verdadeira. Eles foram diretamente às empresas privadas de eletricidade — Edesur e Edenor — pressionar os gerentes. A ameaça de bloqueios de vias e mobilizações e o uso da imprensa surtiram efeito. Conseguiram negociar a fiação, mas eles mesmos tiveram que pagar pelos postes de luz. São esses fios e postes que ainda iluminam a *villa* 1-11-14.

A disputa com as empresas privadas encontra, no corpo de delegados, uma resistência não tradicional à própria ideia de privatização. Não se pede a reestatização dessas empresas (como modo de recuperar um benefício que já foi usufruído e ligado à propriedade estatal do serviço), mas que esse serviço não seja excludente a determinados bairros. Trata-se de reivindicar um direito ao uso, a serem usuários, para além do estatuto dos proprietários do serviço. Isso não é incompatível com a proliferação das conexões clandestinas que convivem com a demanda de instalação elétrica legal e a discussão sobre que tipo de "tarifa social" deve ser aplicada à *villa*. As conexões precárias, à medida que a *villa* cresce, chegam a um limite: tanto por questões de segurança (os incêndios multiplicam-se), quanto por aumento de consumo (em quantidade e intensidade) e por necessidade de inscrição social (por exemplo: ter um telefone residencial para dar como referência no trabalho ou na escola). Ao mesmo tempo, continuam existindo, porque é o modo de obter serviços grátis — isto é, uma infraestrutura mínima — para muitos dos recém-chegados. O tipo de negociação que foi aberto pelos delegados rompeu com a ideia implícita de que o modo de vida na *villa* não estava em condições de receber os serviços presentes no resto da cidade. Os delegados rechaçaram tal posição da Telefónica quando a empresa catalogou a *villa* como "zona vermelha" e, portanto, não apta para receber o serviço de instalações telefônicas.

As empresas e o governo negociam diante dessa situação. Negociam tarifas, formas de cofinanciamento e a instalação, assim como conseguem tirar de si a responsabilidade pela manutenção e inspeção. Essa *excepcionalidade* é vivida como "injustiça" pelos vizinhos-cidadãos de Buenos Aires, que argumentam que os habitantes da *villa*, em geral, e os migrantes, em particular, continuam chegando ao país e à *villa* porque vivem "de graça".

Oculta-se o fato de que a excepcionalidade do território da *villa* é percebida simultaneamente como vantajosa e desvantajosa: pretende-se conservá-la, na medida em que dela se extraem recursos baratos e, por isso mesmo, se sustenta seu confinamento geográfico, ao mesmo tempo que é alvo de denúncia, já que essa excepcionalidade traz supostas vantagens comparativas para seus habitantes: um lugar paralegal que não é regido pelas mesmas normativas urbanas do resto da cidade, assim como nos âmbitos contratuais, de serviços, de segurança, de custos.

O governo local (e nacional) deve ao mesmo tempo apresentar uma justificação desse tratamento excepcional diante dos próprios vizinhos da *villa* e dos vizinhos do resto da cidade. Mas essa é uma distinção também reproduzida entre os habitantes de dentro da *villa*: entre os argentinos e estrangeiros, entre os que vivem lá há décadas e os que são recém-chegados, entre aqueles que têm filhos ou filhas argentinos e aqueles que não, entre aqueles que trabalham e aqueles que não, entre os que moram no bairro imediatamente ao lado (Rivadavia e Illia) e a *villa* em si. A análise de um delegado adverte que é replicada em Buenos Aires a lógica da discriminação interna que marcou os intensos conflitos pela autonomia na chamada região da Media Luna boliviana em 2008: "Mas o que chama a atenção, no bairro Rivadavia, é que basicamente também é formado por famílias bolivianas, talvez de segunda ou terceira geração, onde os filhos vêm dessas raízes. E chama a atenção o fato de que há um certo racismo dessas famílias, que têm essas raízes. É como se estivéssemos vivendo o momento de uma migração interna na Bolívia dos *collas*,[110] como são chamados esses migrantes, para Santa Cruz de la Sierra, e a segunda e terceira gerações apresentam um grau alarmante de racismo. É um caso semelhante".

A importância do espaço territorial promove e articula demandas e se traduz em dinâmica organizacional. Uma *política de lugar* (Escobar, 2005) reconhece a força de uma posição concreta na hora de projetar discursos, reunir forças e compor coletivos políticos. Nesse sentido, o espaço material da *villa* é, ao mesmo tempo, um lugar de enunciação, um modo de marcar ou contornar um território, e de projetar a cidade como forma de resistir ao confinamento.

---

[110] Atualmente, a palavra *colla* é usada na Bolívia para se denominar pejorativamente as populações nascidas na porção ocidental do país — Altiplano —, que possuem características físicas indígenas mais marcantes. O termo *colla* costuma ser justaposto a *camba*, que faz referência à população do oriente boliviano — a chamada Media Luna —, mais "embranquecidas". [N.E.]

"Muita gente fica incomodada que alguém, um estrangeiro, esteja lutando pelas coisas. Eles [os políticos e funcionários] pensam que nós estamos lutando apenas por nossos conterrâneos, o que não é bem assim. Nós lutamos 'em geral', a luta é geral".

A *villa*: uma cidade de negócios

Um dos delegados questiona o fato de os moradores da *villa* não pagarem pelos serviços básicos como o resto da cidade. Ele argumenta que esse pagamento comprova uma condição cidadã — para si mesmos e, sobretudo, para os outros habitantes da cidade —, enquanto que a condição de "subsidiados" referenda o estatuto excepcional da população da *villa*. Trata-se de que a "cidadania" — isto é, o resto da cidade — deixe de vê-los como população subsidiada.[111] O modo de reverter esse diferencial negativo é pagar pelos serviços, "como" faz o "restante" da cidade. Por outro lado, o que aqui aparece é a constatação de que a população da *villa* não é exatamente "pobre", mas desenvolve uma economia que, em certa medida, é capaz de pagar serviços como qualquer outro bairro.

---

[111] "Pediu-se à Legislatura que se fizesse e aprovasse um projeto de lei para que na 1-11-14 se começasse a pagar pela luz, pela água e pelo esgoto. Ou seja, pedimos, como organização, como corpo de delegados, solicitamos isso, porque era uma forma de o governo penetrar nos problemas sociais da 1-11-14. Mesmo assim, o governo não tomou providências nesse caso. Não sei por que razão atualmente o governo ainda tem essa visão de subvencionar todos esses custos, algo que a cidadania hoje nega, sinto que nega porque paga seus impostos, paga todas as suas obrigações, e esse dinheiro pode perfeitamente ser utilizado em outros benefícios mais concretos. Porque vimos que a 1-11-14 tem condições de poder cumprir com essas obrigações". A cada ano, a questão dos subsídios ao consumo de serviços retorna ao debate público, mas o que se percebe é que as classes mais abastadas são também generosamente subsidiadas.

"As *villas* portenhas, com mais de 163 mil habitantes, são *iluminadas na clandestinidade*: com conexões precárias e arriscadas, a eletricidade chega a cada moradia dos bairros marginais apoiada pelo governo da cidade que, em 2010, desembolsou uns 23 milhões de pesos por esse conceito. Segundo fontes oficiais, o consumo de uma moradia numa *villa* é até quatro vezes maior que uma propriedade média num bairro urbanizado como Palermo, Villa del Parque ou Belgrano" (Tomino, 2011).

O uso da metáfora que aparece no trecho acima, retirado de uma reportagem do jornal *La Nación*, é revelador: a clandestinidade, associada tradicionalmente ao obscuro e ao escondido, é agora uma forma de vida que consome mais luz que os lares de bairros brancos e urbanizados. Levado ao extremo, o contraponto diz: "As autoridades asseguram que verificaram que uma casa da *villa* 31 consumiu 196% a mais que um apartamento no tradicional edifício Kavanagh, ambos em Retiro".

A linha argumentativa do artigo é igual e inversa à proposta feita pelos delegados vários anos antes. A segregação da população *villera* como população subsidiada traduz-se no confinamento de um espaço de exceção dado por uma equação irracional para a lógica cidadã: excesso de uso diante da falta de tarifa privada que limite o consumo: "Existe uma ausência de racionalização do consumo, precisamente porque seus habitantes sabem que estão isentos de pagar por esse tipo de serviço", explica a reportagem de *La Nación*. A ideia de "desequilíbrio" entre partes da cidade replica a imagem-preconceito de um absurdo: *como os que menos têm são os que mais consomem?* Justamente seu caráter de não cidadãos permite esse tipo de "irracionalidade" — que o governo, segundo a denúncia do jornal, favorece ao subsidiá-los. "Hoje, as *villas* portenhas contam com transformadores que têm medidores comunitários. No entanto, dentro delas a fiação continua ao gosto dos vizinhos, sem controle nem do estado nem das empresas que garantiriam uma conexão segura. Atualmente, a cidade se responsabiliza pelo custo total que implica esse consumo" (*Idem*).

A *fórmula comunitária* (nos medidores, por exemplo) é a outra face da individualização cidadã. Ou, dito de outra maneira, o individualismo possessivo que garante a cidadania encontra sua sabotagem nas formas comunitárias de gasto desmedido, de irracionalidade de consumo. Na 1-11-14, segundo os dados revelados pela matéria, se consome o dobro que no bairro de Caballito. No entanto, para as companhias de eletricidade, as *villas* equivalem a *terrenos baldios* (*Idem*). Chama-se de "terreno baldio" um dos espaços urbanos mais densamente povoados. Segundo o dicionário da Real Academia Española de la Lengua, *baldío* significa: "Diz-se de um terreno particular: que sobra, que não se trabalha. Vão, sem motivo nem fundamento. Vagabundo, perdido, sem ocupação nem ofício". *A villa, na imaginação da cidade, aparece como espaço de vagabundagem, de ociosidade, de vida gratuita.*

A percepção de seus habitantes é completamente oposta: "A *villa* 1-11-14 é uma pequena cidade, onde se gera dinheiro. Não somente com o narcotráfico, tem gente que sai para trabalhar. E essa gente que sai para trabalhar leva a família ao trabalho. A partir das seis da manhã, coisas já são vendidas, como comida, por exemplo. Depois, quando saem do trabalho, também existe comércio vendendo comida, tudo isso. Isso é 24 horas, todos os dias. Portanto, é uma pequena cidade que trabalha noite e dia. E mais as oficinas que existem, os armazéns começam a crescer da noite para o dia. As oficinas, por exemplo: em cada quarteirão, haverá pelo menos mais de cem oficinas têxteis", diz outro dos ex-delegados.

O monstruoso como o não moderno

Por que o governo não quer oferecer uma titularização, isto é, uma normalização dos serviços na *villa*? De onde surgem as dificuldades para reconhecer a capacidade tributária de seus habitantes? Por que o estado admite uma norma tributária paralela, um regime de propriedade também paralelo e, vinculado a isso, um sistema de segurança do território que também é paralegal? Parece que opera uma consideração subjacente da *villa*, que a cataloga e preserva como espaço *monstruoso*. O que significa atribuir um caráter monstruoso à *villa*? Em que termos isso acontece?

Constatamos três. Por um lado: a proliferação crescente de economias sustentadas na força de trabalho da população *villera* e sua caracterização monstruosa diante do ideário (neodesenvolvimentista) nacional. Por outro: a consideração de que são essas atividades que imprimem *monstruosidade* à cidade, através de espacializações consideradas anômalas: feiras, *villas* e toda arquitetura que, por uma precariedade que se difunde e é sustentada ao longo do tempo, torna-se sintoma de deformação e depreciação urbana. Um último ponto: a *monstruosidade* da fala daqueles que habitam esses espaços e se dedicam a essas economias. Essa mistura de línguas não nacionais e jargões de atividades informais-ilegais põe em cena políticas da língua que desafiam a norma.

Atribuir um caráter monstruoso à *villa*, às suas economias, a seus modos de fala e à sua arquitetura é uma maneira de despolitizar e invisibilizar sua população. Ao mesmo tempo, é uma forma de reconhecê-la, enquadrá-la como o outro monstruoso da cidade, sua parte obscura. Essa mesma questão é decisiva numa discussão interna dos habitantes da *villa*: é preferível exigir instituições estatais (escolas, jardins, postos de saúde) dentro da *villa* ou propor que seus habitantes sejam atendidos "fora"? Para alguns, pedir a presença do estado dentro da *villa* é aprofundar o confinamento e admitir um nível de degradação dos serviços, porque são justamente "para a *villa*" — portanto, quase serviços para um gueto: os professores que se dirigem para escolas nessas regiões veem essa situação como uma "punição" ou como "militância", e o mesmo vale para os profissionais da saúde. Os que defendem essa posição preferem interagir com a cidade e atravessá-la e, em todo caso, exigir do estado a presença de meios de transporte para assegurar a mobilidade dos moradores da *villa*. Nessa visão, isso faz parte do direito à cidade, parafraseando o título do célebre livro de Henri Lefebvre contra as políticas de guetificação. "Se constroem as escolas para nós, assim como refeitórios, jardins, serviços do setor terciário, tudo aqui dentro, não há uma inter-relação de nossos filhos com o entorno, é uma forma de fechar a gente aqui. O critério de sair serve precisamente para que nossos filhos se inter-relacionem e interajam com o lado de fora, para que possam desenvolver outras capacidades, para que possam aprender e ensinar outras coisas. Discutimos muitas vezes o tema dos refeitórios e do assistencialismo. É uma discussão constante se queremos ou não as escolas ou os refeitórios aqui dentro, porque isso faz com que nossos filhos não vejam outras coisas". Outra delegada explicita a questão do espaço em disputa: "Se fazem uma pracinha ou um campinho dentro da *villa*, ficamos confinados, enquanto que eles [os de fora da *villa*] saem e têm uma visão diferente do espaço. Por isso, não quero que sejam feitas essas coisas aqui dentro, porque os meninos são parte da sociedade e, em algum momento, vão desenvolver capacidades e atividades fora da *villa*". Por outro lado, aqueles que pedem instituições para a *villa* pedem seu reconhecimento como mais um bairro, onde devem ser instaladas, portanto, instituições próprias a esse tipo de circunscrição.

O monstruoso como excepcionalidade paralegal, como território de excluídos, é um ponto decisivo na hora de pensar uma comunidade. Essas se dividem entre aquelas que vinculam eugenicamente "origem" e "comando" e as que apostam na "criatividade monstruosa do *viver comum*" (Negri, 1997). Em todo caso, o imaginário monstruoso insiste como desdobramento de uma cidade dentro da outra. A *villa* costuma ser tratada como essa dobra urbana dentro da cidade, ao mesmo tempo interna e estranha. Numa perspectiva similar para analisar a favela brasileira, Mailhe (2010) vincula o território do sertão, paisagem da emblemática revolta de Canudos, no século XIX, com a favela atual, como se aquele espaço insubmisso e afastado da urbe tivesse sido replicado e transladado ao próprio centro das metrópoles nos bairros pobres: "No limite, a favela é o 'sertão longe da cidade' dentro da cidade, mas ali 'tinha-se [...] a impressão lida diante da entrada no assentamento de Canudos, ou na grotesca ideia de um vasto galinheiro multiforme".

O que é o monstruoso senão aquilo denominado puramente como excluído? Haveria no monstruoso uma potência política capaz de reapropriar-se disso que pejorativamente se considera deformação, diferença negativa, anormalidade? Nesse sentido, o monstruoso pode ser pensado para além da dicotomia moderno/não moderno. Ou melhor, como aquela lógica que contamina, se expande e contagia traços que põem em crise essa distinção binária. No caso da *villa*, sua declaração como espaço excepcional ou anômalo com relação à cidade desconhece seu caráter produtivo de cidade e, sobretudo, sua imbricação profunda com o desenvolvimento pós-moderno de uma cidade crescentemente heterogênea.

A *villa* como efeito do progresso

Contra a imagem compartilhada de que a *villa* é um lugar transitório e que cresce em momentos de crise, as cifras dizem o oposto: a população nas *villas* cresceu, em 2010, 52% com relação a 2001. "A cidade de Buenos Aires não cresce, exceto pelos movimentos populacionais. *As únicas que crescem são as villas*. Voltamos ao volume do ano de 1989", declarou aos meios de comunicação

Victoria Mazzeo, chefe do Departamento de Análisis Demográfico da cidade de Buenos Aires (Rocha, 2011).

Após vários anos de crescimento econômico, as *villas* continuam aumentando. Desmistificam, assim, a ideia de que sua erradicação depende do aumento do emprego e da atividade econômica, e revelam o oposto: o progresso produz mais *villas*. Com essa constatação, o discurso moderno da inclusão progressiva a um modelo majoritário de emprego, moradia e serviços sociais se revela, no mínimo, insuficiente.

Outra informação que podemos tirar do Censo 2010 é a ratificação de um crescimento *intensivo* da *villa*, empurrado pela falta de espaço: "Apesar do aumento da população das *villas*, a superfície que ocupam não cresceu substancialmente. Em 1962, ocupavam 146,5 hectares; em 1980, 246,5 hectares; em 2001, 292,7 hectares, e em 2010, 259,9 hectares." "'Nos últimos trinta anos não cresceu em superfície, e sim em altura. Não há mais terrenos, exceto quando se faz uma ocupação ilegal à margem das vias férreas, por exemplo', indicou Nora Zuloaga, subdiretora geral de Estadística Sociodemográfica" (*Idem*).

Analisando a mesma informação, Ismael Bermúdez (2011) assinala que o crescimento nas *villas* portenhas contrasta, segundo os dados do censo já citados, com o baixo crescimento da cidade de Buenos Aires em geral: "Assim, nesses bairros carentes, o ritmo de crescimento populacional é muito similar, e muitas vezes superior, ao de boa parte da Grande Buenos Aires. Por essa razão, alguns especialistas assinalam que há uma 'conurbação portenha', estabelecendo quase uma unidade sociogeográfica, já que muitos desses bairros são contíguos aos municípios da Grande Buenos Aires".

Fica clara, nesse comentário, uma preocupação sutil pelo que implica a contaminação metropolitana para o âmbito portenho. A conurbação, como uma intrusa, se intromete e se sobrepõe à "cidade", deslocando seus limites e reproduzindo-se no próprio interior da "capital". Isso supõe uma imagem de colonização inversa: são os bairros periféricos que tomam partes do centro, tingindo-o com sua lógica de crescimento. Nesse movimento, criam-se zonas supostamente "metropolitanas" ou "suburbanas" no meio da urbe.

Viver bem

A nacionalidade argentina dos filhos desses migrantes é um ponto de tensão na maioria dos relatos sobre o *status* de cidadão daqueles que vivem em *villas*. É, ao mesmo tempo, a exibição e a insuficiência da nacionalidade argentina como estatuto de atribuição de direitos. O tipo de reconhecimento que merecem aqueles que cantam o hino nas escolas não é efetivado, apesar da demonstração sentimental do canto. Essa nacionalidade argentina, vista da perspectiva dos pais, tenta assegurar um modo de inclusão cidadão-legal para seus filhos que, no entanto, não se realiza, ao mesmo tempo que mostra sua impossibilidade como um problema estritamente político.

Poderia se tratar, como na cena relatada por Judith Butler, dos migrantes latinos cantando o hino estadunidense na rua, de um desafio à língua nacional, de sua sabotagem interna? Não é com uma questão de tradução estritamente idiomática que os filhos de migrantes na Argentina precisam lidar, mas sim de tons: de voz e de pele; de desacato às instituições que os discriminam (escola, hospital, polícia) e, ao mesmo tempo, de alteração da letra, do grito sagrado, que organiza emblematicamente a nação. Quando eles e elas cantam o hino, o que faz suspeitar que não sejam a*rgentinos ou argentinas*? A cor da pele e certas inflexões internas do espanhol, uma pronúncia que modifica ligeiramente a língua. E, depois, atribuições estereotipadas "do caráter" dos estrangeiros associados a introspecção ou timidez (laboralmente traduzido como "mansidão").

O que significa querer cantar o hino? Não é uma simples adesão. É um tom de desafio, um modo de descolar palavra e imagem, desmontar o estereótipo daqueles que *deveriam ser* os que entoam emotivamente esse canto, os que põem a voz num território delimitado. Tradicionalmente, o hino nacional foi o modo apregoado pelas instituições que sustentam o estado-nação e fixam sua pertinência.

Há outros modos de construir uma territorialidade sonora? "Canto e caminho são em *qhechumara* [mistura de quéchua e aymara] heterônimos pareados: *taki-thaki*. Aludem a uma territorialidade sonora, que se desloca pelo espaço-tempo (Rivera Cusicanqui, 2009). Essa imagem, que emparelha a voz do canto e o movimento do caminho, talvez dê conta de uma voz que canta abrindo o território, inclusive o mais hermeticamente fincado no pertencimento nacional. O canto-caminho poderia opor-se ao canto-público-estatal — como uma voz que perfura, com seu movimento, a língua da pátria.

A língua da pátria

Judith Butler vê Hanna Arendt como "uma das primeiras teóricas políticas do século xx a argumentar veementemente a favor de um discurso performativo, discurso que funda ou 'institui' no contexto do estado uma nova possibilidade para a vida social e política" (Butler & Spivak, 2009, p. 62). A constituição de um "nós", diz Arendt, é requisito de uma vida política. Butler lê isso como "um tipo de argumento ontológico que constitui ao mesmo tempo uma aspiração política" (*Ibidem*, p. 83). E se refere à questão do *canto* — embora confesse que não imagina Arendt cantando. Os migrantes latinos cantando em espanhol o hino estadunidense, diz Butler, desbaratam o requisito monolinguístico da nação e instalam a "tarefa da tradução no coração da nação".

Gostaria de sugerir que nem Agamben nem Arendt podem de fato teorizar esse ato particular de cantar e que ainda temos de desenvolver a linguagem que precisamos para tal. Isso envolveria também repensar certas noções de democracia sensata, de articulação estética na esfera política e a relação entre música e o que se chama de público. Certamente, esse cantar acontece na rua, mas a rua também está exposta como um lugar onde aqueles que não são livres para se reunir podem fazê-lo livremente. Na minha opinião, é exatamente esse tipo de contradição performativa que conduz não ao *impasse*, mas a formas de insurgência, pois a questão não é simplesmente situar a música na rua, mas expor a rua como o local para a livre congregação. Nesse estágio, a música pode ser entendida não apenas como a expressão da liberdade ou o anseio pela emancipação — embora seja, evidentemente, ambas as coisas —, mas também como a reconfiguração na rua como palco, encenando a liberdade de congregação exatamente onde, e quando, ela é explicitamente proibida por lei. Trata-se de um tipo de política performativa, com certeza, em que fazer a reivindicação para se tornar ilegal é exatamente o que é ilegal, e ela é feita mesmo assim e exatamente como um desafio à lei pela qual se exige o reconhecimento. (*Ibidem*, pp. 86-7)

Sua preocupação é a relação entre linguagem, performatividade e política, e Butler explica por que uma posição política pode se basear perfeitamente numa "contradição performativa", para imediatamente depois expor a tese de modo direto: "não pode haver nenhuma política radical de mudança sem contradição performativa", ou seja, a liberdade e a igualdade, argumenta, se afirmam em relação a uma autoridade que busca excluí-las, depreciá-las. Lançá-las e articulá-las para além de um modo de existência determinado exige uma prática política de criação. A relação dessa preocupação com a clássica formulação de Spivak — pode o subalterno falar? —, com quem Butler dialoga neste caso, assume uma nova torção.

Democracia sensível

"Íamos cantando. Eram as famosas peregrinações dos vizinhos na 1-11-14. Talvez nem tivéssemos ideia de que estávamos fazendo uma nova forma de luta", recorda-se durante uma conversa em um quarteirão da *villa*. As virgens de Copacabana e de Luján acompanhavam essas "assembleias caminhantes", como são lembradas agora no bairro.

Conseguiram, com essa fórmula, camuflar-se na festa e desorientar a repressão policial, além de converter essas celebrações religiosas em momentos de convergência, de montagem impura de tradições, nacionalidades, calendários e rituais: a sobreposição de festividades de Caacupé, entre o Señor de los Milagros peruano e a Virgen de Luján. Pela Avenida Perito Moreno, a imagem era um tanto confusa: "aparentava ser uma festa religiosa, mas com um certo ar de movimento onde se sentiam claramente as necessidades da 1-11-14". O papel dos padres católicos que passaram pela *villa* foi um elemento central nesse sincretismo político-religioso. Os relatos mencionam o padre Ernesto Narcisi, por exemplo, como um dos impulsionadores da organização por quarteirão. Sua figura, anos mais tarde, conviverá com a foto das virgens bolivianas em algumas festividades. Um exercício similar de mistura se dá com a língua: uma conjunção de vocábulos novos convoca um ritmo polifônico no próprio castelhano, que passa a incorporar palavras quéchua e guarani, misturando-as também ao jargão carcerário para ser expandido à fala de toda a cidade. É uma língua que viaja de táxi, pulula nas feiras, se consagra nos rogos e orações, sobrevoa receitas e se reinventa na música.

A marcha-festa. A procissão-piquete. E, no meio, a festa. A migração da festa supõe uma capacidade de transformismo, renovação e adaptação que, em boa medida, explica sua longa duração, sua persistência.[112] É ao mesmo tempo um modo de fixação num novo espaço e réplica de um anterior. A paisagem então se altera, absorve novas músicas e movimentos. A Villa Celina é conhecida como Pequeña Cochabamba, e, nos domingos de feira, o Bajo Flores, com suas lonas azuis e suas casas de tijolo laranja, se assemelha a uma cópia portenha de El Alto. As festas vão respaldando novas formas de apropriação do espaço e, enquanto tal, enchem esses espaços de dinâmicas antiquíssimas e inovadoras.[113] A festa é, nesses casos, festim antropofágico: não ritualiza sem devorar novidade, não celebra sem convidar tudo que a rodeia, não persiste sem tornar-se cada vez mais promíscua. Como assinala Viveiros de Castro (2011) a propósito das lógicas predatórias narradas por Lévi-Strauss, uma sociedade só é ela mesma nos momentos em que está fora de si. E a festa é um dos momentos diletos e mais propícios para encontrar esse exterior.

A festa vive de uma economia prolífica e crescente: a da oficina têxtil. É também ocasião e prolongação da feira. Não deixa de tramar-se com a política na medida em que se joga — se passam, se legitimam, se conservam — certas titularidades e posições de poder, assim como uma forma de exposição e abertura, de renovação e consolidação. É um modo coletivo de fazer trânsitos, passagens, de lançar-se e proteger-se, de rememorar e esperar, de celebrar os percursos e de acompanhar um calendário que nos inscreve num diagrama maior de forças.

---

[112] Para um panorama de várias questões metodológicas e teóricas sobre essas mudanças, ver "Las fiestas en el ámbito urbano", em García Canclini (2005).

[113] Outro ponto a ser levado em conta é o modo como essas festividades foram sendo reconhecidas pelos governos nacional e municipal, como foram levadas ao centro da cidade (Avenida de Mayo) e os modos de interlocução e organização a que deram lugar.

A *villa* transnacional

A política que se faz na *villa* 1-11-14 tem simultaneamente uma ligação com a política boliviana e paraguaia, ajusta contas com certa tradição guerrilheira do Peru, relança a discussão urbana em Buenos Aires, e nos informa sobre dinâmicas de trabalho que se estendem a cidades como São Paulo ou Pequim. Como pensar essa espécie de conectividade e ressonância, que faz desse espaço concreto e circunscrito uma complexa ensamblagem de territorialidades, tempos e problemas? Constituiria a experiência de um "eixo tempo/espaço instantaneamente transnacional" (Sassen, 2010a)?

O território, como ensamblagem, é também a casa e o corpo. A perspectiva feminista insiste nessa sobreposição no momento de desentranhar os posicionamentos a partir dos quais se fala, se faz, se vive. O território, a partir desse referencial, se escalona, se abre, se multiplica. Nessa linha, a política de bairro não pode desligar-se de uma política vinculada ao trabalho doméstico, às políticas sociais, ao modo como os corpos produzem a cidade e, inclusive, aos modos de imaginar e projetar uma região como a sul-americana.

Como pensar um conceito de multiescala vinculado à política de bairro que já não se restringe, justamente, à referência ao bairro, mas que traça linhas de convergência e conexão transnacionais? A construção do lugar como materialidade afetivo-coletiva implica o espaço concreto a partir de onde se produzem enunciados, formas organizacionais e momentos de comunidade. Ali se envolve com múltiplas trajetórias de movimento, de descontinuidade e de percursos que fazem da dinâmica temporal (temporalizante) um eixo fundamental de tal constituição territorial. Nessa sequência, uma política do lugar produz combinações que não respondem a mapas anteriores nem, portanto, a escalas pré-estabelecidas.

Em que sentido uma política como a do corpo de delegados da *villa* permite analisar a multiescalaridade posta em jogo como momento tático, como fonte de identidades múltiplas e de dinâmicas que não se restringem a uma ideia do local como aquilo que é fundamentalmente limitado? A ideia, pelo contrário, é comprovar até que ponto a localização é superfície de projeção e ampliação da capacidade de interlocução política. E, portanto, capacidade de re-escalar, de saltar escalas e vinculá-las (Swyngedouw, 1997), de um modo que desafia a partilha globalizada entre o local e o global, assim como a geometria nacional.

Mapear o território

A primeira tarefa que assume o corpo de delegados é a de uma produção demográfica e cartográfica sobre a *villa*. "Esse era nosso trabalho: fazer revelações, fazer planos, demarcar a abertura de ruas, fazer uma infinidade de coisas, censos. Os do quarteirão dez nos conheciam, ficávamos em cima dos tetos medindo; éramos topógrafos, éramos agrimensores, engenheiros, éramos de um tudo, os delegados". Numa síntese de polipragmatismo que Rancière reivindica como verdadeira liberação operária diante de seu histórico enclausuramento especializado — indefectivelmente manual —, os delegados experimentam a prática de múltiplos ofícios e saberes.

O coletivo constata que as autoridades não sabem quem são nem quantos são, não havendo averiguação confiável. De modo que a primeira ação é realizar um autorrecenseamento, produzir informação sobre si mesmo com o fim de construir uma imagem realista, atualizada da população singular da *villa*. Sabe que sem essa informação as negociações não têm base de sustentação. As mercadorias são calculadas sempre de maneira insuficiente, nunca se dimensiona a complexidade e a velocidade de crescimento pela chegada permanente de migrantes, nem se tem conhecimento dos problemas habitacionais, sanitários, educativos, familiares etc. No entanto, propõem o local de construção de espaços recreativos, quais terrenos podem ter sua oferta habitacional ampliada, e detalham a composição concreta da diversidade da população. O censo dos delegados e delegadas é capaz de mapear o bairro, chegar onde os funcionários do governo não têm acesso, e planejar demandas e projetos que depois serão objeto de negociação com as autoridades e buscarão se reverter em algum tipo de política pública.

Os delegados e delegadas parecem os *únicos capazes de medir e traduzir essa complexidade barroca que mistura bonança econômica, crescimento populacional, proliferação de moradias nas alturas e novos negócios*. Nesse ponto, são os que têm a imaginação urbana capaz de desenhar, planejar e propor a postergada urbanização. "Para apresentar um pedido de pavimentação de 8 por 150 metros da rua Bolívar, fiz as plantas, fiz um modelo de como podem ser as ruas, onde estão as tampas velhas, os corredores e os números das casas. Como delegada do meu quarteirão, conheço perfeitamente os 1.600 metros quadrados, os 58 por 28 metros, e entendo como vivem as milhares de pessoas daqui", explica uma das delegadas-cartógrafas.

A selva e a pólis

"Nós acreditávamos que na *villa* não existissem leis, uma vez que são terrenos fiscais do governo... pensamos que aqui era como uma selva. Quando cheguei, até o ano em que foi formado o corpo de delegados, havia brigas e todos diziam: 'sim, isso é a *villa*!'; se havia alegria e festejo na rua, também se dizia: 'sim, isso é a *villa*!'. Essa sempre foi a resposta, até que um dia nos organizamos". A imagem da selva não é circunstancial. Cena dileta da teoria política moderna e síntese do estado pré-civil, supõe um estado de natureza sem regra, montado sobre o domínio dos mais fortes. A imagem impregna.

A *villa* como espaço sem lei ou paralegal e, portanto, de não cidadãos, só se rompe com a organização comunitária capaz de apresentar um corpo comum, organizado, sujeito de direitos concretos. A articulação com o estado não é imediata nem tem o *a priori* da cidadania. Esse corpo auto-organizado necessita inventar e impor uma forma de interlocução e obrigar o estado a mecanismos de negociação direta. A discriminação como experiência dos habitantes da *villa*, seja por sua origem estrangeira, seja por viver lá — e o modo com que ambas se reforçam no estereótipo que as marginaliza —, leva à invenção de uma comunidade de ação.

Só que a prática comunitária é também, especialmente na migração boliviana, um saber-fazer, um acervo experiencial, que se tem à mão. Por isso há uma *dupla vertente da figura comunitária como recurso organizado*. Por um lado, é o modo de conjunção dessa heterogeneidade vital, plurinacional, que povoa a *villa* e que obriga convivências múltiplas; por outro, é um repertório prático materializado na construção mesma da *villa* que transborda sua "origem" boliviana para difundir-se por meio de procedimentos comuns: a partir do modo comunitário de edificação das casas, das instituições de empréstimos e poupança solidárias, passando pelas economias de cuidado e reciprocidade que conformam o tecido de produção/reprodução vital daqueles que vivem na *villa*. São figuras comunitárias que vão inovando e mudando por sua própria circulação e reapropriação.

A formação do corpo de delegados expressa um momento em que esses saberes alcançam um nível de articulação de força e criam, por sua vez, um espaço do qual extrair novas ferramentas de negociação. A interação entre saberes comunitários implica e impõe aqui um modo de flexibilização específico. O corpo de delegados enquanto organização exibe uma enorme capacidade para flexibilizar o pertencimento comunal no sentido que os repertórios de ação se tornam recursos de organização e construção social fora de seus lugares de origem e referência. Trata-se de uma reterritorialização que *faz do translado um novo risco*: a constituição de um território que é simultaneamente efeito de um deslocamento e evocação de uma territorialidade ausente.

A clássica noção de comunidade como indissociável de um espaço territorial é refeita como efeito do movimento migrante, e é esse movimento que mobiliza o próprio pertencimento comunitário e seus recursos, que é capaz de construir uma territorialidade de novo tipo. Conectar comunidade e migração implica então abrir o problema da comunidade em movimento, a comunidade deslocada de sua estabilidade e, no entanto, persistente.

As fronteiras da política

Cruzar uma fronteira. Sair do bairro. Entrar na Legislatura portenha e enchê-la de barro. É também sair do confinamento e da estrangeiridade. E só é possível com um acúmulo prévio de forças, que se constrói entre quarteirão e quarteirão, que se abriga no corpo coletivo: "Nesse momento, quando comecei a ser delegada, não me senti estrangeira. Era mais uma habitante, com uma necessidade a mais, e foi o momento em que eu, na Argentina, não me senti discriminada. Quando entramos num organismo grande como a Legislatura, as portas foram abertas para nós, e, com nossos sapatos com barro, tínhamos que caminhar sobre os tapetes. A verdade é que muitas vezes limpei meus pés sobre os tapetes para mostrar a eles que nós tínhamos barro, porque eles não faziam o que tinham que fazer. E, bem, foi lindo".

O estado administra a *villa* a partir de políticas cuja base está em calcular a iminência de transbordamento. Um transbordamento que está à espreita e que faz fracassar muitas das políticas que são regidas por uma ideia de ordenamento. Essa espécie de pragmática que calcula o transbordamento como iminência é usufruída por governantes e governados na hora de negociar.

Nesse sentido, o corpo de delegados expressa um modo organizacional que é mais amplo. Na medida em que se assenta sobre uma acumulação de saberes sociais, de gestão de bairro, de resolução micropolítica de conflitos, ele é inseparável de uma rede de organizações com as que se articula e das quais se nutre: restaurantes populares, refeitórios, oficinas de capacitação, empreendimentos, organizadores de festas etc. Sua eficácia e sua publicidade são obtidas através de uma difusão transversal (piadas, comentários, rumores etc.), que contagiam todos os quarteirões com a fórmula delegativa nessa escala graças à base fornecida para o desenvolvimento da rede de instituições populares. Foram o saber-fazer do corpo de delegados, as conquistas concretas e sua capacidade de negociação com as autoridades que construíram um capital de confiança entre vizinhos e vizinhas.

Agora, como converter esse saber-fazer em capital político diante das autoridades? Sintetiza um ex-delegado: "O governo te dá funções, mas não soluções". A dimensão da "solução" recai sobre os próprios delegados, sobre aqueles que têm conhecimento e inserção territorial. Assumir tais funções — por exemplo, entregar caixas de alimentos de programas governamentais ou distribuir materiais de construção (chapas, tijolos, membranas) entre os pedidos mais urgentes — implica um desgaste grande quando não se tem a proteção do papel de funcionário, uma vez que a figura comunitária do delegado é colocada em risco e em exposição: "Levavam o conflito para qualquer delegado. Era da Promoción Social, do governo, que davam essas instruções à *villa*. Diziam aos vizinhos: 'Por que não pedem a seus delegados?'. Um delegado não é Deus, para estar multiplicando as coisas".

A descarga do conflito sobre os delegados os posiciona numa função de mediação que usufrui de legitimidade popular e eficácia resolutiva, ao mesmo tempo que faz recair sobre eles suspeitas com relação à gestão de políticas deficitárias por definição. Nesse sentido, sobre os delegados recaiu também a inadequação sistemática do cálculo do governo, da responsabilidade de gerir a escassez de recursos e de se mostrar como não arbitrários, com base na confiança pessoal do delegado, nos critérios com que distribuíam ou outorgavam materiais de construção ou apartamentos: "O governo, inteligentemente, transferiu todo esse trabalho como um trabalho obrigatório do delegado, em que o delegado tinha que inclusive dar nome, sobrenome, DNI [Documento Nacional de Identidade], tudo, quem vai ou não aos apartamentos. Por isso é que se criam os conflitos nos quarteirões".

O corpo de delegados funcionaria como um tipo de mediação para que o governo possa chegar ao território? "Mais que mediadores, creio que o corpo de delegados foi utilizado como equipe do governo da cidade de Buenos Aires, sem sequer receber um salário, mas isso foi uma parte obrigatória, digamos, ou um requisito para que o próprio governo os reconhecesse como delegados. Eles foram se formando dessa forma. [...] Esse foi o trabalho do governo, e foi o ponto de divisão e ruptura do corpo de delegados. Esse foi o trabalho vil, preciso do governo".

Os delegados e delegadas trabalham nessa tensão com o governo: produzem informação da população da *villa* para precisar suas exigências e, ao mesmo tempo, resistem ser instrumentalizados como mediadores de uma política de distribuição que se sabe exígua, ineficaz. No entanto, o corpo de delegados, em seus momentos de fortaleza, é capaz de construir critérios e avaliar as políticas estatais sem acabar sendo definido por elas, nem subordinado como seu mero executor. O governo oferece arrendar alguns delegados e delegadas, o que descompõe internamente o corpo de delegados, instrumentalizando seu capital de legitimidade. Por um lado, por quebrar a confiança de uma tarefa que surge "pela honra" e, por outro, porque a seleção e escolha de quem vai receber a renda (ou o posto governamental) é unilateral do governo. "Especulam com as legítimas necessidades de muitos companheiros que estão desempregados", comenta um delegado. Com o oferecimento de posto ou renda pela militância de bairro, o governo usufrui do nó problemático desse trabalho social não pago, não reconhecido em termos salariais, mas sob a forma de uma subordinação política. Por outro, destituem a decisão coletiva como mecanismo para designar, em todo caso, aqueles que podem receber algum tipo de ajuda econômica por sua disponibilidade de tempo e trabalho para o bairro.[114]

A economia da inclusão/exclusão

Despolitizar a vida, argumenta Judith Butler (2007), implica apagar do campo do político "a questão do gênero, da mão de obra não qualificada e da reprodução". São modos de exclusão produzidos como tal, conservados politicamente sob esse estatuto excepcional. O confinamento de uma parte da população supõe uma economia de sua exclusão.

Butler, discutindo novamente com Arendt, reenquadra os "sem--estado" — "esses humanos espectrais, desprovidos de peso ontológico e reprovados nos testes de inteligibilidade social exigidos para reconhecimento mínimo, incluem aqueles cuja idade, gênero, raça,

---

[114] Os empreendimentos paralelos dos delegados também são vistos com desconfiança. Por exemplo, o caso de uma delegada que tem como negócio próprio uma empresa de construção.

nacionalidade e situação trabalhista não apenas os desqualificam para a cidadania, mas também os 'qualificam' ativamente para a condição de sem-estado" (Butler & Spivak, 2009, p. 53) — como uma categoria populacional não simplesmente excluída, deixada de lado, mas *produzida* em sua exclusão. Não há despojo, esclarece Butler, sem a produção das condições em que a espoliação — de direitos, de cidadania, de nome — se desenvolve, ocupa um lugar. Por elevação, trata-se de uma crítica à ideia de soberania como limite ou fronteira, como aquela que demarcaria um *fora* "como um estado metafísico por fora da política" (*Ibidem*, p. 51).

De novo contra Arendt: como é possível que sua geometria política deixe de *fora* justamente o que é *parte* constituinte — ainda mais e sobretudo em sua invisibilização, anulação ou espoliação — da própria definição de política, entendida essa como projeção da esfera pública tornada cidade? Se Arendt faz do público o espaço político por excelência, seguindo o modelo da cidade ateniense, e desterra à "obscuridade" do privado-doméstico aqueles que, justamente, não pertenceriam ao campo da política assim definido — a saber: escravos, mulheres e estrangeiros —, Butler denuncia a operação demasiadamente cristalina do dentro-fora: "De diferentes maneiras, eles, significativamente, se encontram circunscritos dentro da pólis como seu exterior interiorizado. A descrição de Arendt em *A condição humana* passa ao largo dessa economia específica, na qual o público (e a própria esfera da política) depende essencialmente do não político, ou melhor, do explicitamente despolitizado [...]" (*Ibidem*, p. 54, grifos da autora).

Essa ênfase na produção da espoliação permite uma análise de seu lado efetivo, produtivo. Mas também é preciso vê-la em sua face dupla: se essa espoliação ou exclusão necessita ser produzida, é porque precisa opor-se e competir com uma produtividade política própria daquilo mesmo que se quer excluir.

Essa produtividade política própria dos que ao mesmo tempo são produzidos-como-despossuídos será, parece advertir-nos Butler, reconhecida e negada por meio de caracterizações pejorativas, desvalorizantes, passivas, *inclusive e especialmente* quando essa produtividade entra em cena. Ativa-se, mobiliza-se ou se pronuncia: fala-se, então, do pré-político, protopolítico, apolítico, antipolítico, ou, diretamente, o não político ou o despolitizante.[115] Esses modos de valorização reativa serão usados para desqualificar ou, melhor, "qualificar ativamente" a ação política dos "despossuídos".

O que estamos comentando como método em Butler, além de seguir a premissa foucaultiana de uma positividade do poder que não simplesmente o caracteriza em sua fase repressiva e excludente, nos conduz a um pensamento dos dispositivos de governo. Vejamos em que sentido.

Butler, ao construir uma definição de estado que procura suprimir a letra maiúscula da palavra, permite deslocar e interrogar todos os significados, inclusive em sua literalidade, da própria palavra. "Estado" como "o estado em que estamos" — esclarece Butler: quase como um "estado de ânimo" — e "estado" como "estruturas legais e institucionais que delimitam certo território (embora nem todas essas estruturas pertençam ao aparato do estado)". Uma tensão os *vincula*. Mais precisamente: o estado será a capacidade vinculante *e* des-vinculante entre estado como *estados* de ânimo (uma certa "dimensão dispositiva da vida") e estado como "complexos jurídicos e militares que definem como e onde podemos nos movimentar, nos associar, trabalhar e falar". O estado, ao mesmo tempo que unifica

---

[115] Esse tipo de nominações é encontrado, por exemplo, na perspectiva sociológica de G. Mauger ao analisar as revoltas dos jovens dos subúrbios parisienses, assim como em diversas interpretações dos movimentos sociais na Argentina. Um elemento em comum talvez seja a matriz bourdieusiana dessas análises.

em nome da nação, também "pode definir a fonte de não pertencimento, inclusive produzir o não pertencimento como um estado quase-permanente".

Voltemos à questão dos dispositivos de governo a partir de uma pergunta de Butler: "E o que significa estar excluído ou separado do estado, senão estar nas mãos de outras formas de poder que podem ter traços estatais ou não?". A condição de "sem-estado", sob essa luz da polêmica entre Arendt e Butler, nos oferece a possibilidade de transferi-la a outra imagem: à de populações governadas, situadas num estado aquém da cidadania — e não além, como queria Arendt, naquele fora político metafísico —, que é *interior* à própria cidadania, cada vez mais visível em seu modo desdobrado de funcionamento como síntese que inclui excluindo, e exclui incluindo.[116]

Não há fora delimitado pela soberania nessa forma de formular a questão, mas ampliação dos espaços de poder não fundados na soberania. Uma sequência desmorona: se o espaço soberano não é o que define estritamente o espaço político enquanto tal, não pode se excluir do campo político os sem-direito e aqueles que realizam "trabalho não pago". Ou, dito de outra maneira: a política deixa de estar confinada ao espaço soberano que, como dissemos, exclui incluindo e inclui excluindo aqueles que são considerados sujeitos não políticos.

O estreitamento do político a estatal-soberano requer — e o fundamentou *ex post* — uma espécie de preeminência do político diante do econômico. Estamos diante de uma defesa de autonomia do político como esfera propriamente *ativa* do humano diante dos automatismos da racionalidade econômica. No entanto, um novo elo da crítica de Butler é fundamental para desfazer essa separação

---

[116] De outro modo, essa ideia foi desenvolvida com relação ao movimento de desempregados em Colectivo Situaciones & MTD Solano (2002).

de esferas (política *versus* economia)[117] que organiza o pensamento arendtiano: "a eliminação ou a marginalização do econômico ou, inclusive, sua demonização como ameaça à política, limita seriamente o esforço de repensar os termos de uma ação conjunta assim como a condição dos sem-estado" (*Ibidem*, p. 62). Por quê?

A demarcação precisa do político se afirma mediante uma lógica excludente: o que é assinalado como não pertencente a esse campo é o politizado. O que acontece quando a vida, na fala de Butler, "entrou dentro do campo político de maneira claramente irreversível?". Vida e política enlaçadas, indiscerníveis, com relação ao poder e à resistência. Nessa situação, "qualquer esforço para estabelecer essa lógica excludente depende da despolitização da vida e, uma vez mais, apaga do político as questões *de gênero, o trabalho servil e a reprodução do campo*" (*Ibidem*, p. 70, grifos da autora.)

A extensão do poder como biopoder e o terreno da política estendido à vida como biopolítica expõem justamente a politização daquilo que, no modelo político arendtiano — e em suas posteriores conjugações politicistas —, ficava relegado ao não político. *O gênero, a mão de obra não qualificada e a reprodução, para retomar a enumeração butleriana, funciona em tal perspectiva como o fora* interiorizado *da pólis*: *sua economia* obscura. Esse fora levado a cabo como ato soberano não reconhece — ou melhor, reconhece e nega — aqueles de cuja exclusão depende a própria constituição da esfera pública como superfície luminosa da "ação política", em contraponto com seus recursos sem-palavra, sem-estado, sem-atribuição. Assim entendemos a marginalização da

---

[117] Desse debate dependem também as prerrogativas que são atribuídas ao estado: numa linha gramsciana e ao redor do debate Miliband–Poulantzas [discussão teórica ocorrida entre Ralph Miliband e Nicos Poulantzas no final dos anos 1960] se constrói a argumentação politicista da "autonomia relativa do estado", que se confronta com as perspectivas do marxismo autonomista e do chamado marxismo aberto (*open marxism*) desde os anos 1970.

economia na análise política arendtiana: sua invisibilidade opera como fundamento material da separação de esferas.

É o relevo dessa economia que obriga o transbordamento dos limites do pensamento político organizado pela soberania estatal-nacional para analisar os dispositivos de governamentalidade que intervêm diretamente sobre *o gênero, a mão de obra não qualificada e a reprodução* como políticas da vida.

Ir além do pensamento sobre a soberania, inclusive das formas que o fazem sobreviver em seus modos excepcionais, como ensaia Agamben,[118] supõe a necessidade de "encontrar formas pós-nacionais de oposição política que possam abordar o problema [massivo dos sem-estado] com eficácia". Nesse sentido, privilegiar o vocabulário político da soberania tem o risco de tornar impensáveis certas vidas.

Espaço urbano e acumulação

A *villa* é um lugar que concentra dinâmicas que têm a ver com toda a cidade. Os conflitos habitacionais, raciais e de direitos que tensionam permanentemente seu cotidiano projetam um conflito mais amplo: a rivalidade, a cooperação e a concorrência entre técnicas de governo urbano e formas de autogoverno assumidas por seus habitantes no marco de uma lógica neoliberal. Nesse sentido, a *villa* funciona como cenário onde se tenta espetacularizar uma política de "segurança" (a *villa* é permanentemente assinalada como espaço

---

[118] Nesse sentido vão as críticas de Butler à noção de vida nua de Agamben: por um lado, porque salva a categoria de soberania — a vida nua como ditame último do soberano — e, por outro, porque sustenta que a vida abandonada, "é uma vida saturada de poder justamente desde o momento em que ficou privada de cidadania: não está despida, mas imersa em formas de poder de modo irreversível", e agrega: "Não há instâncias indiferenciadas de vida nua, mas estados de espoliação altamente judicializados".

de moradia e reprodução da delinquência para o resto da cidade) que a converte — para os meios e os políticos em campanha — em cenografia dileta do medo e de suas retóricas em relação à segurança. Mas a *villa* também é espaço de experimentação de formas de luta que buscam modos de justiça urbana (Nichols & Beaumont, 2004) e que lida permanentemente — isto é, negocia, combate, resiste e intervém — por diversos dispositivos de governamentalidade.

Um modo de governo da *villa* é declará-la território excepcional, ao mesmo tempo fora e dentro da cidade. Por meio das lutas concretas de seus vizinhos, essa categoria — a de um território em estado de exceção — é permanentemente questionada, confrontada e visibilizada como problemática, em nome de um "direito à cidade"[119] que, paradoxalmente, atinge mais força de enunciação na medida em que é reivindicada por aqueles que, por sua condição migrante, têm menos direitos.

É nessa trama que o conceito de urbanização está em permanente disputa. E pode situar-se ali uma das origens do corpo de delegados, como modo de produção de uma autoridade política capaz de lidar com essa indefinição problemática do espaço. Na política habitacional da *villa*, joga-se uma redeterminação permanente do urbano, na medida em que, ao mesmo tempo que a *villa* se pretende como lugar de confinamento para pobres, torna-se evidente a força de uma economia em crescimento que expande a *villa* e a conecta de modos diversos com a cidade, inclusive além das fronteiras nacionais, com fluxos migratórios, comerciais e laborais.

A construção de edifícios monoblocos à margem da *villa* — como modo também de colocar um limite à sua expansão horizontal — pretende circunscrever o espaço e *postula um ideal de conversão: da villa ao bairro*. Ideal envelhecido, que funciona com a imagem do

---

[119] Para uma discussão sobre esse tema na Argentina, ver Oszlak (1991; 1983).

antigo "bairro operário", de construções regulares, atribuições periódicas, estabilizações familiares. No entanto, a *villa* não se parece em nada como velho bairro operário: a composição de seus habitantes, os modos de vida, as economias que nela se articulam, as dinâmicas de construção de autoridade, sua velocidade de expansão e mudança e seu estatuto paralegal, em muitas dimensões, afastam radicalmente esses espaços vitais. Nesse sentido, o espaço "local" da *villa* concentra uma redefinição urbana maior e abriga uma dinâmica habitacional, familiar, social, produtiva e monetária que exibe os traços de um território fortemente heterogêneo, localizado no centro da cidade e, ao mesmo tempo, gerido como zona periférica e marginal. Em todo caso, é um espaço para pensar fisionomias de novas economias proletárias.

As lógicas de propriedade também não são estáveis ou estabilizantes. Muitas casas "sociais" foram vendidas por seus beneficiários. São parte de um mercado imobiliário informal veloz. Os delegados se tornam conscientes da impossibilidade de governo de uma dinâmica que supera todo cálculo oficial: os inquilinatos que verticalizam as construções, as oficinas têxteis clandestinas que se instalam na *villa* e usufruem de todas as conquistas sociais de serviços como infraestrutura gratuita, a multiplicação de microempreendimentos comerciais, as flutuações entre economia informal, ilegal, legal, comunitária e social que sabotam permanentemente a possibilidade de uma classificação linear da população. Esse cenário os coloca — em seu papel simultâneo de cartógrafo, recenseador, planejador e agrimensor — à beira do colapso.

Essa função dos delegados, no centro da política urbana da *villa*, será a projeção de sua figura como chave de compreensão de uma nova realidade desse local, assim como do núcleo de seus problemas e origem de seu declínio. Encarregar-se da responsabilidade de definição de critérios de uma política habitacional completamente insuficiente faz recair sobre eles a gestão de uma escassez, ao mesmo tempo que é evidência de uma abundância. Eles são os responsáveis pelos conflitos de uma política habitacional que está no centro da tensão da *villa*, porque nela se expressa a dinâmica da velocidade de seu crescimento sem pausa. E, mais concretamente: a tensão entre a urbanização como regulamentação/normalização urbana e manutenção do espaço da *villa* como espaço excepcional — onde, por exemplo, a polícia não entra em função de controle e segurança, e onde certas economias encontram seu ponto de encerramento.

Um dos pedidos do corpo de delegados era a entrega por parte do governo de materiais para desenvolver uma política de autoconstrução, e não de preservação das casas precárias. Isso já existia de fato, mas requisitava-se que os recursos governamentais estivessem no interior dessa política de construção popular já efetiva — não é paradoxal a reiterada discussão sobre se as *villas* são construções seguras ou, como se insiste, inseguras, quando seus produtores são os operários da área da construção civil de toda a cidade? O dever de fiscalização dessas políticas habitacionais (planos, materiais, orçamento, forma de construção etc.) é reivindicada pelos delegados como um direito próprio. Nesse ponto, os delegados são usados como dispositivos de controle diante das empresas contratadas pelo governo; intervêm, assim, sobre uma política diante da qual não são receptores passivos, mas seres ativos, "donos" exigentes e especialistas no tema, o que lhes permite denunciar, por exemplo, que as empresas construtoras pegam os rodapés de gesso. Para gesseiros versados, como muitos dos pedreiros-delegados, isso é uma aberração.

A arquitetura e a confecção, diz Spivak, são artes e âmbitos privilegiados de inscrição da natureza dentro da cultura. A *villa* tem entre seus principais ramos trabalhadores de ambas as especialidades. Mesmo assim, continua sendo percebida mais próxima da selva que da pólis, mais espaço de natureza que de cultura.

El Alto: os inquilinatos

Os inquilinatos correspondem ao momento de expansão vertical e intensiva da *villa*, a um ponto de aceleração do "mercado imobiliário informal" (Cravino, 2006). Já não há espaço extensivo para ocupar, mas as pessoas continuam chegando. Impulsionada por certa reativação econômica trazida pelas oficinas têxteis como setor preferido dos migrantes, surge toda uma economia habitacional e uma camada populacional nova: *o inquilinato*. Já há torres de até cinco andares incentivadas pelo negócio de arrendar quartos diante da falta de terrenos.

Isso gera, por sua vez, um novo setor de proprietários entre os habitantes da *villa* (os primeiros ocupantes dos terrenos), que passam a ter uma renda extra obtida com o aluguel de quartos ou camas. O sistema comunitário *anticrético* (ver mais adiante) torna-se fundamental para essa expansão imobiliária, cujas construções também foram realizadas pelas iniciativas comunitárias na última década. Alguns delegados denunciam que a *villa* se converte numa "cidade-dormitório" ligada à indústria das oficinas que funcionam tanto dentro quanto fora de seus limites.

Como cidade-dormitório, crescem nela serviços voltados para aqueles que alugam uma habitação ou uma cama e não podem cozinhar nessas moradias; o mesmo acontece com as creches clandestinas (não autorizadas) para meninos e meninas: todo um sistema de infraestrutura ao mesmo tempo visível e invisível.

Assim como a migração impulsiona o desenvolvimento de uma tecnologia do fluxo de notícias, de dinheiro e de pessoas (locutórios, agências de remessa e correios e agências de viagens), há também toda uma tecnologia de serviços internos domésticos e de cuidado (comida, enfermaria e medicina, creche, segurança etc.), que se multiplica com o fluxo de entrada de pessoas. Para elas, essa tecnologia da fixação corresponde à construção de um lugar novo, especialmente vinculada às tarefas de reprodução. Um quarteirão, que no ano 2000 abrigava 115 casas e 180 famílias, oito anos depois já apresentava setecentas famílias e muito mais casas: a mesma casa, no mesmo endereço, agora tem três ou quatro andares.

Nos últimos anos, o espaço habitacional da *villa* foi mudando. Os ocupantes históricos dos quarteirões ainda estão lá, mas existem agora os apartamentos "sociais" e os inquilinatos, ocupados por inquilinos e por seus donos. Como um delegado faz para representar essas modificações distintas? Como essa ampliação e diversificação da população influiu na representação? Uma das delegadas situa num tempo anterior, quando havia uma outra população, a possibilidade de uma construção integrada de cidadania e comunidade. O inquilinato complica e torna ainda mais heterogênea a composição da *villa*.

A tensão entre a urbanização e a erradicação

A velocidade com que se povoa a *villa* não pode ser contida. Uma delegada que se instalou no início dos anos 1980, quando o prédio era uma "selva" — pela quantidade de vegetação e água —, afirmou que, no setor onde vivia, não havia mais do que quinze casas, mas, em poucos meses, essa área foi povoada. A diferença é que nunca imaginou que seria com o ritmo atual. Ainda hoje se surpreende ao ver chegar de madrugada táxis que vêm direto do Aeroporto de Ezeiza com cerca de vinte pessoas. Todas as vezes que os vê descarregando as malas logo que amanhece, sempre se pergunta: onde vão caber?

Da perspectiva da planificação governamental, a urbanização supõe um traçado de ruas e um tipo de fiscalização das moradias que assume, ao menos teoricamente, a erradicação da *villa*. Isto é, sua substituição por outro tipo de traçado urbano. A imagem é a de uma passagem: da *villa* ao bairro de apartamentos. A lógica oficial pretende esvaziar as casas construídas pelas sucessivas ocupações — e todo o mercado imobiliário paralegal posterior — e reposicionar seus habitantes em monoblocos. No entanto, o ritmo de crescimento da *villa* impede a substituição. Enchem-se os apartamentos, e as construções na *villa* não se esvaziam — aumentam até. Mais que substituição, o que ocorre é uma dinâmica de crescimento por sobreposição.

Quem é beneficiado às vezes deixa suas construções na *villa*, outras vezes as vende ou as troca com familiares ou desconhecidos, e, em outras, aluga esses imóveis de modo informal, já que não está autorizado a ter uma moradia dupla. A ideia de que a urbanização implicará um progressivo "desalojamento" da *villa* é recebida com resistência e sabotagem permanentes. Uma dinâmica imobiliária poderosa quadricula esses 31 quarteirões que se tornam mais densos, se elevam e ficam mais caros.

Amadurece, além do mais, o temor pela *transitoriedade do conseguido*: os delegados sabem que essas conquistas não são garantidas, pois é só haver alguma mudança de governo, ou até mesmo de funcionários públicos, para esse quadro se reverter. O que é conseguido nunca parece irreversível. E isso se sabe, se calcula, leva-se em conta. Daí a sensação de permanecerem alertas e organizados. As conquistas são instáveis, provisórias. Por isso, uma certa paixão administrativa impulsiona os delegados a buscar formas de contrasseguros, obter papéis assinados, titularizar direitos. Ao mesmo tempo, as conquistas são também sempre *parciais*, nesse recorte que necessariamente produz um reconhecimento pelas instâncias de governo e por sempre ter um excesso comunitário irrealizável em termos de demanda. A parcialidade é, ao mesmo tempo, uma mostra de duas economias performativas diversas, e evidência do modo contingente com que a conquista é realizada.

Instituições econômicas diversas

Um conjunto de práticas econômicas comunitárias formam uma rede sólida de ajudas e formas de cooperação, e canalizam um fluxo de dinheiro, prestações de serviços, favores e solidariedades. Articuladas à economia informal, viabilizam todo um circuito de crédito e investimento sem necessidade de requerimentos formais-legais nem de intermediação estritamente bancário-financeira. São parte de uma trama material que torna possível que aqueles que chegam a um país estrangeiro consigam recursos para assentar-se, investir e produzir.

Essas instituições econômicas não são legíveis a partir de uma lógica puramente contratual. Tampouco podem ser descritas como não mercantis. Compartilham com a economia do dom, no entanto, alguns atributos: as relações que postulam não podem reduzir-se simplesmente a uma regra nem a uma lei, na medida em que envolvem um sistema mais complexo de obrigações. Se o dom é sempre interior a um ritmo, como se se tratasse de incorporar a um ciclo ou a uma dança, essas instituições requerem algo de sua *atmosfera* (Karsenti, 2009): um clima em que se torna possível tal temporalidade de obrigações recíprocas.

Tais instituições econômicas nos interessam aqui a partir de uma perspectiva específica: por seu uso na crise enquanto formas que apelam a uma riqueza que sustenta a rede de trânsitos de comunidades diversas, e na medida em que se transformam em recurso num território que excede o delimitado pela comunidade.

Há transações que são performativas porque a língua e os rituais lhe são inerentes (Weber-Duffy, 2009). O *ayni* significa reciprocidade e foi um mecanismo concreto de construção material das casas na *villa*. Difundido para além dos migrantes bolivianos, o sistema de reciprocidade possibilitou a construção coletiva das moradias, como num sistema de mutirões, de esforço mútuo e de aproveitamento de recursos e esforços. "Eu te dou, e você me devolve quando puder o que puder: funciona assim. Mas não é que te dou um saco de batatas e você vai me devolver um saco de batatas. Você vai me devolver o que eu precisar, como eu te dei o que você precisava no momento em que precisava". Assim define um ex-delegado esse tipo de relação, explicando como sua lógica se ajusta à variação de necessidades e não à equivalência de coisas ou quantidades. Como assinala Gutiérrez Aguilar (2011b), a reciprocidade, aqui, implica que "o objetivo da circulação dos bens materiais e simbólicos seja a ampliação — individual e coletiva — dos valores de uso a ser obtido" e que, "sob pautas de reciprocidade, a circulação dos bens materiais e simbólicos oscila permanentemente em torno do equilíbrio, guiando-se pela vocação sistemática rumo a um desequilíbrio curto. Por tal razão, gera uma dinâmica". Outro delegado define: "Nós os modelamos quando nos movimentamos, quando trocamos de lugar, de acordo com o local onde estamos, nós usamos de forma diferente. Na 1-11-14, fizemos parte da construção de novas moradias para uma pessoa, depois ela participava na construção da casa de outro, e assim sucessivamente. O *ayni* é dar quando necessitam e receber quando você necessita".

Também funcionou o *pasanaku*, que significa *passa entre nós*. É uma modalidade de financiamento e poupança muito difundida na Bolívia e na *villa* 1-11-14, em particular, que permite desenvolver empreendimentos de integrantes de um mesmo grupo. A partir de contribuições individuais ou familiares, junta-se uma soma em dinheiro que é sorteada uma vez por mês — ou segundo a periodicidade estipulada pelos participantes — e é dada a uma única pessoa, que deverá pagar o montante total das contribuições em pequenas parcelas. Com isso, há uma espécie de rodízio entre os contribuintes, pois todos eles devem receber a soma total em algum momento, e continuar contribuindo com pequenas quantias periodicamente. Consegue-se, assim, reunir somas de empréstimos por fora de instituições bancárias formais e, portanto, sem nenhum tipo de juros nem necessidade de demonstrar atributos de sujeitos bancarizados.

Uma variável temporal fundamental influi no *pasanaku*: os favorecidos pelo sorteio podem receber a soma total antes mesmo de haver completado suas contribuições. Nesse sentido, "joga-se" o *pasanaku*, pois mistura uma prática financeira com um elemento de causalidade que submete o benefício a uma dinâmica também lúdica. O fundamental é o compromisso e a responsabilidade dos contribuintes/jogadores, sobretudo dos primeiros beneficiados, em continuar fazendo suas contribuições até o fim, isto é, até que cada um dos participantes tenha recebido a soma total.

O critério aleatório do sorteio, no entanto, pode ser alterado por decisão coletiva. Se algum dos envolvidos demonstra alguma necessidade mais urgente ou exibe alguma circunstância digna de ser priorizada, pode-se decidir beneficiá-lo com um dos primeiros lugares. Na 1-11-14, jogam-se *pasanakus* que vão dos cem dólares aos mil dólares a cada semana, a cada mês. É a forma comunitária preferida de microfinanciamento de certos empreendimentos comerciais, de aquisição de materiais para construir ou ampliar moradias, para comprar eletrodomésticos ou maquinaria ou patrocinar festas e eventos familiares e de bairros.

O *pasanaku* tem a eficácia de uma forma de poupança e empréstimo que evita qualquer intermediação formal, que se compactua — pelo período e pela quantia — segundo as necessidades dos envolvidos, e que se sustenta numa confiança intracomunitária, no sentido de que o único respaldo para se cumprir o acordado está na confiança mútua entre aqueles que "jogam".

O método de coação para esse tipo de obrigação recai sobre o próprio grupo e requer uma disciplina de poupança autoimposta, que é simultaneamente vigiada pelo grupo. Para participar, é preciso ser convidado; portanto, quem convida deposita sua confiança em outro, e este também aposta, diante do resto dos participantes, em sua solvência futura. Entre os jogadores circula dinheiro e confiança, que é a confiança no jogo, e aposta num modo de riqueza de pequena escala e ajuda mútua. Isso não exclui situações de não cumprimento, roubo e tentativas de aproveitamento do jogo, mas cada uma dessas "irregularidades" ou "trapaças" são punidas segundo uma decisão também coletiva.

O *pasanaku* é uma instituição econômica que envolve jogo, obrigação, confiança e crédito; que articula um tempo do aleatório com a possibilidade de concretizar projetos, de combinar empresa e cooperação, e usufruir a diferença temporal que habilita o crédito sem o custo da intermediação bancária.

Há também o uso do *anticrético*, que, como política de moradia, é comum na Bolívia e se expande às formas habitacionais da 1-11-14. Consiste em adiantar ao proprietário de uma casa ou apartamento uma soma de dinheiro três ou quatro vezes maior que um aluguel correspondente a um ano completo. Depois de cumprido um ano, o contrato pode ser renovado por mais um ano, ou o dono tem a obrigação de devolver ao locatário a soma que lhe foi entregue.

Quem recebe um valor pelo *anticrético* se beneficia de contar com uma quantia alta de dinheiro em espécie e de dispor dela para outros investimentos durante o prazo de um ano, o qual supõe um tempo extenso o bastante para fazer render esse recurso. Quem consegue uma casa por *anticrético* tem que se esforçar para adiantar uma quantia maior ao que gastaria num aluguel normal mensal, mas com o benefício de que, no fim do contrato, a soma que entregou lhe será devolvida por completo. Isto é, o gasto do locatário é anulado ao recuperar o dinheiro que entregou depois de usufruir da moradia. Supõe-se que o proprietário repõe esse dinheiro, que pôde investir e multiplicar. O sistema se fortalece com o benefício mútuo e está respaldado em contratos jurídicos, ainda que muitas vezes sejam acordos informais.

Essa é uma forma muito usual que se ajusta — por ser flexível — aos prazos e às circunstâncias, às necessidades daqueles que chegam da Bolívia. É uma forma de assegurar a moradia por um período que permite se assentar, conseguir trabalho, trazer a família, e é um tipo de gasto que se recupera depois. Para aqueles que já estão na Argentina e se converteram em proprietários, é um modo de conseguir grandes somas e ampliar sua capacidade empreendedora, investidora — inclusive construindo mais moradias ou quartos para oferecer novos *anticréticos* aos que continuam chegando.

A figura da "anticrese", na definição da Real Academia Española de la Lengua, diz: "Contrato em que o devedor consente que seu credor goze dos frutos da propriedade que lhe entrega, até que seja cancelada a dívida".[120] É outro modo de apresentá-lo, mas há uma diferença fundamental: não é a noção estrita de devedor a que parece organizar o *anticrético* na 1-11-14; mais que dívida, trata-se de um *crédito*: alguém entrega uma soma para gozar da propriedade de outro, e essa soma é devolvida ao final do usufruto da propriedade. Então, o que se dá é uma *devolução*, e não um cancelamento da dívida.

A mudança dos termos é decisiva: não é um acordo entre devedor-credor, mas sim um pacto entre quem empresta e quem devolve. Mais que da dívida, a figura central é do empréstimo como adiantamento, que beneficia ao emprestador e ao emprestado de modo mais ou menos igualitário. Já vimos, no entanto, que essa trama funciona como base de um desdobramento financeiro mais complexo e muito mais veloz.

---

[120] O dicionário *Houaiss* da língua portuguesa define "anticrese" como "contrato em que o devedor entrega um imóvel ao credor, transferindo-lhe o direito de auferir os frutos e rendimentos desse mesmo imóvel para compensar a dívida; consignação de rendimento". [N.E.]

A noite dos delegados

O dom pode ser pensado como uma questão de tempo. Segundo Derrida (1995), a espetacular manobra de Marcel Mauss é tornar compatíveis as noções de dom e intercâmbio. O dom já não seria — como argumenta o próprio Derrida em um princípio — a interrupção de toda circulação. Só há dom na troca porque é a diferença temporal-temporalizante que os articula (*Ibidem*, p. 46). Onde há dom, há tempo, sintetiza Derrida. "Dar (o) tempo" tem tudo a ver com o núcleo da economia do dom, de modo que deixa de ser uma antieconomia para converter-se numa economia mais generosa e complexa que aquela que desenvolve a racionalidade do *homo economicus*.

O dom não é dom se não dá tempo e se não dá também o tempo. "É preciso que a coisa não seja restituída *nem imediatamente nem ao instante. É preciso (o) tempo, é preciso que dure, é preciso a espera sem esquecimento*". Mauss trabalha sobre essa noção do tempo, que não é outra que a do *prazo* como traço específico do dom, o qual, por sua vez, o distingue da dívida e do pagamento, como formas emblemáticas da economia ocidental.

Os objetivos da teoria maussiana assinalada por Derrida são tanto os de resguardar a especificidade originária do dom com respeito à racionalidade econômica, como dar conta da simbolicidade que atravessa a fria razão econômica e esses outros fenômenos (religiosos, poéticos, discursivos etc.) que são inseparáveis do dom e o organizam no interior do *fato social total*. Nesse sentido, o prazo — ou a *différance* suplementar — converte-se em juros da própria coisa, da coisa dada.

Não há dom sem tempo. E quem dá tempo para a organização política? Como se produz esse tempo? Vários relatos definem a função de delegado como uma ocupação *full-time* e multitarefa. No início, a falta de trabalho de muitos que se converteram em delegados tinha um papel-chave: estavam "liberados" para dar o tempo. O poder do corpo de delegado é, então, um poder coletivo que "adquire" tempo através dos desempregados. Toda uma economia do tempo, do esforço, da administração de recursos e da confiança sustenta o corpo coletivo. No entanto, a possibilidade de ampliar a participação dependeu de ocupar a noite, quando uma maior quantidade de vizinhas e vizinhos podia participar das reuniões. A organização noturna foi chave na ampliação da representatividade e no planejamento e recontagem de tarefas para aqueles que dispunham de várias horas do dia a serem dedicadas à organização.

Crise do corpo de delegados: nativos *versus* migrantes

> A divisão surgiu, em primeiro lugar, pela nacionalidade, pela cor. Os nativos dizem que, por serem daqui, têm maior autoridade. Essa era a zona sul, composta pelos quarteirões 1, 3, 5 etc. A maioria era daqui, da Capital Federal. E, na zona norte, ou seja, aqui, tem um ou outro argentino, mas a maioria é de migrantes. Resolveram entre eles de que maneira podiam seguir adiante e se dividiram. Mas, ao ver que os orçamentos diminuíram, *os nativos foram* majoritariamente *monopolizando tudo*. Como em alguns quarteirões havia dois ou três delegados e, em outros, só um, de acordo com a demanda de cada quarteirão, então os grupos se foram reagrupando e se fracionando dessa maneira. *Dentro da parte com maior população migrante, também houve divisão pelo poder econômico que foi reduzido pelo governo.* Foi sendo fracionado porque convinha ao governo. Para eles, os migrantes não valem nada, eles têm essa postura. Se você vai ao centro, te dizem que os migrantes não têm nenhum direito. (Grifos da autora)

Das entrevistas se depreendem algumas causas da crise do corpo de delegados:

i) o surgimento de uma economia de inquilinatos que foi desarticulando a relação vizinho-casa como base da representação e ação da equação vizinho-corpo de delegados. Os inquilinatos se tramam com uma próspera maquinaria de exploração. Muitas vezes hospedam as mesmas pessoas que trabalham nas oficinas. Crescimento fático e veloz, os inquilinatos costumam sobrepor--se aos planos de urbanização como realidades de fato. São caros e seus inquilinos vivem em péssimas condições;

ii) os inquilinos vão formando uma população importantíssima e crescente que fica excluída da participação. Também fica invisibilizada a problemática de sua moradia — a superprecariedade e a relação de exploração dos donos dos inquilinatos;

iii) consolida-se outra dinâmica populacional, por um lado, de maior rotatividade, e, por outro lado, o desenvolvimento de um crescimento exponencial e constante de "nova população" que distorce a estabilidade de proximidade de vínculos entre vizinhos;

iv) devido ao fato anterior, são os próprios donos dos inquilinatos que se opõem aos planos de urbanização e à própria autoridade coletiva do corpo de delegados. O inquilinato se desenvolve como complemento e parte da trama de economias ilegais que crescem na *villa*. Constitui um dos aspectos menos visíveis e mais irritantes da exploração da força de trabalho, assunto fundamental para o próprio desenvolvimento de um poder coletivo na *villa*;

v) outra causa dessa crise é a *reposição dos delegados*. A substituição de uma primeira geração de delegados — que faz a experiência de luta e primeira fase da construção — por outra que assume a representação de delegado como um privilégio, elemento de poder, ou sem um mínimo de disciplina de trabalho. A diferença de experiência, por um lado, mas também o "desdesenho" de uma dimensão mais comunitária no modo de trabalho, e uma percepção mais instrumental e imediata do poder coletivo. Tudo isso é preciso ser visto também à luz das divisões do corpo de delegados, das manobras do Instituto de Vivienda de la Ciudad (IVC) e do desprestígio, que aos olhos de muitos vizinhos é produzido pelo que alguns delegados manejaram como critério no momento de distribuir os apartamentos e cumprir o acordo de deixar suas próprias moradias;

vi) sobre os delegados terminou recaindo uma função propriamente governamental, ligada a distribuir caixas de alimentos, mercadorias, influências. Essa situação do delegado que se transforma em alguém que possui e distribui um poder ligado ao estado estabeleceu outra relação com os vizinhos e entre os próprios delegados.

Festa e confinamento

Josefina Ludmer (2010, p. 135) chama de "ilha urbana" a funcionalização de um território como chave de especulação para a imaginação pública: "Se a ilha urbana na América Latina é a ficção de um território que se pode desterritorializar, abandonar e destruir, a literatura já não é manifestação de identidade nacional. Trata-se de uma forma de territorialização que é o lugar e o cenário de outras subjetividades ou identidades e de outras políticas".

As representações do espaço da *villa* flutuam entre atribuir-lhe um vitalismo festivo, uma desordem de cheiros, sabores, libações e cores através da qual se reinventa a solidariedade popular, ou pelo menos uma forma de gozo inesperada, e projetá-la como um pequeno-grande inferno, cujas ruas estreitas duplicam as aglomerações penitenciárias — quando não é o caso de as grades internas, que bloqueiam ruas e passagens a partir de certas horas, a inserirem de vez numa lógica carcerária. Toda uma sequência de textos de ficção e não ficção exploram esse território: *Si me querés, quereme transa*, de Cristian Alarcón, e os romances *La Virgen Cabeza*, de Gabriela Cabezón Cámara, *La villa*, de César Aira, e a saga *Bolivia Construcciones y Grandeza Boliviana*, de Bruno Morales, narram um cotidiano meticuloso na *villa* como espaço deliberadamente vital e mortífero ao mesmo tempo.

Além do mais, o fluxo entre a *villa* e a cadeia é explícito nos dias de visita, quando dezenas de táxis da *villa* levam e trazem familiares — na maioria, mulheres e crianças —, provisões, dinheiro e mensagens entre o bairro e os tribunais. O *continuum villa*-confinamento tem muitas arestas. Uma delas é a da *villa*-oficina.

A festa atravessa o bairro: do momento organizacional do corpo de delegados à mudança de autoridades

A festa é, na *villa*, festa religiosa — mas de um modo que as virgens são vestidas com seus melhores trajes, pernoitam de casa em casa entre um grupo de seletos cuidadores, e habitam entre todos os crentes, abrindo caminho pelas ladeiras, sustentadas pelos fiéis que as bamboleiam por ruas estreitas e corredores, para que abençoem com seu olhar o que cada um lhe pede. O camarim ambulante dessa mulher santificada e generosa irradia confiança e semeia, a seu passo, embora provisoriamente, uma comunidade de caminhantes comprometidos.

Para o corpo de delegados da *villa* 1-11-14, as festas, em sua forma de procissão religiosa, foram como escudos para seu nascimento, no final dos anos 1990: o primeiro modo de se fazer visíveis e de fazer propaganda; de convocar mais vizinhos e de ganhar força; e, sobretudo, de se envolver numa forma organizacional legítima, capaz de disputar a circulação pelas ruas com o então "presidente" da *villa*.

Como reverso trágico, uma dessas procissões dedicada ao mulato Señor de los Milagros, em 2005, terminou com um massacre, por ter sido o momento escolhido para o enfrentamento entre diversos grupos de narcotraficantes em disputa territorial (Alarcón, 2010). O massacre ocorreu um ano depois do fim do corpo de delegados, de seu momento enquanto experimento institucional popular e plurinacional. Entre uma festa e outra — a que apresentou ao bairro o corpo de delegados, e a que terminou em acerto de contas entre narcotraficantes—, o que se dramatiza é uma cena contundente de mudança de autoridades sobre o território.

6.

entre o populismo e as políticas dos governados:

governamentalidade e autonomia

A POLÍTICA DOS GOVERNADOS É, PARA PARTHA CHATTERJEE, UM MODO de submergir a perspectiva foucaultiana da governamentalidade dentro de uma discussão sobre o que é a política popular. Sob esse movimento, tal léxico político muda seu signo em certa medida: os governados fazem política, não são simples objeto de técnicas em que são dirigidos passivamente. As teorizações de Foucault são assim colocadas em tensão a partir de outra perspectiva, interrogadas a partir da subalternidade. Nessa linha, a categoria de população, nome-chave dessa arma conceitual, opõe-se à de cidadãos, como uma forma mais afim ao que acontece nos territórios pós-coloniais — da Índia, neste caso —, mas expansível a todos aqueles lugares que não são estritamente organizados pelas imagens da política ocidental. A arte de governar denominada governamentalidade postula assim a população como contraponto à ideia de "cidadãos portadores de direitos, que compartilham a soberania popular" (Chatterjee, 2004, p. 38). A linguagem da população e dos governados abandona, assim, a constelação mais majestosa da soberania e dos direitos universais para trazer à política da mundaneidade uma série de transações cotidianas.

Nessa perspectiva, "população" torna-se um modo menos abstrato e universal de nomear os habitantes das metrópoles coloniais — menos "moral", diz o autor — em comparação à noção de cidadania. Seu caráter *descritivo e empírico* é uma vantagem para desmentir, a partir de dentro, a noção de soberania popular, solidária com o imaginário estatal-nacional pós-revolucionário que Chatterjee critica. Mas, diferentemente de Foucault, Chatterjee outorga à noção de população e a seu sinônimo, *os governados*, uma validade positiva, transformando-o em nome de uma potência popular pragmática. Desse modo, reconceitua o regime democrático a partir de uma teoria política distinta: "Governabilidade [*governance*] [...] é, sugiro, o corpo de conhecimentos e o conjunto de técnicas usadas por aqueles que governam ou em seu próprio interesse. A democracia, hoje em dia, não é o governo do povo pelo povo para o povo. Antes, deveria ser vista como a política dos governados" (*Ibidem*, p. 20).

Os governados não são o povo, sujeito ao ideal de uma soberania unitária sintetizada no estado. São aqueles que sabem lidar — apropriar-se, rechaçar, negociar — com os mecanismos de governabilidade de que são objeto. Portanto, a democracia depende da agência política daqueles a quem são dirigidos esses conhecimentos ou técnicas de governo. A democracia não pode deixar de estar determinada pela "prática da governamentalidade [*governmentality*]" (*Ibidem*, pp. 58-9) e, nesse ponto, o aprofundamento democrático pareceria ser ineludivelmente uma disputa no interior dessa governamentalidade.

Na medida em que a categoria de cidadãos, e o tipo de articulação moderna que supostamente existiria entre estado e sociedade, não é uma realidade exaustiva nos países periféricos (ou pós-coloniais), o estado se faz presente através de mecanismos de negociação direta com aqueles com quem deve negociar. O manejo de populações que supõe a governamentalidade através de políticas públicas organiza um cenário que substitui, do ponto de vista de Chatterjee, "a representação baseada na soberania cidadã" (*Ibidem*, p. 20).

Uma segunda torção com respeito às tradições políticas revolucionárias quando se fala dos governados: os setores populares — os de baixo, ao se pensar na distinção vertical comum — já não pretendem ocupar o governo. Abandonaram/perderam essa possibilidade e buscam, antes, determinar como querem ser governados. Os governados assumem o contexto da governamentalidade descrito por Foucault, mas modificam o estatuto político do que significa serem governados. Essa teorização, acreditamos, tem a virtude de ser provocadora e realista ao mesmo tempo: capta a dinâmica política popular que vai além da hipótese revolucionária da tomada do poder estatal. E, nesse sentido, dignifica uma política de conquistas concretas e locais em termos de práticas não marginais nem menores de intervenção e determinação da política pública. Desse modo, por sua vez, obriga a pensar o público num novo sentido: para além das mediações institucionais modernas. Nessa linha, desterra o idealismo tanto de certo paradigma revolucionário quanto de uma interpelação cidadã em termos estritos, formais, normativos. A perspectiva ativa — e não como conquistas de consolo — com que se teorizam essas lutas concretas elude a clássica qualificação de "reformistas", para dotá-las de uma nova qualidade: sua capacidade de apropriação política de recursos e de abertura subjetiva de um espaço que pretende, em boa medida, objetificar e passivizar esses recursos.

Por outro lado, esse realismo de leitura dos dispositivos de governo parece trazer uma divisão tênue da aceitação rasa e simples da distinção entre governantes e governados. Como sujeitos da governamentalidade, os governados abdicam da impugnação do próprio modelo. Nesse ponto, supõe-se uma concordância com o lugar que os governados ocupam enquanto tal. O que Chatterjee chama de "política dos governados" poderia ser conceituado como formas de autogoverno? Classicamente, a noção de autogoverno envolve um nível de autonomia diferente, mais ambicioso. No entanto, a política dos governados parece propor uma situação paradoxal: é possível assumir um nível de negociação permanente com os dispositivos de governo ao mesmo tempo que se avança numa reapropriação, a partir de baixo, de seus próprios recursos, formas de intervenção, linguagens etc.

É possível falar em duas hipóteses para pensar essa mesma situação: uma política dos governados (Foucault/Chatterjee) por um lado; e, por outro, um nível maior de autonomia ou de autogoverno?[121] Se

---

[121] Nessa linha, surge a hipótese de uma multidão em termos de spinozismo de Negri.

na primeira se assume que os subalternos perderam a capacidade de governar, mas "vão ganhando espaços para condicionar e definir a forma como querem ser governados", na segunda não se toma como premissa a aceitação de que seremos governados, tendo como ponto-chave a reivindicação e a problematização de uma autonomia. Haveria duas ideias de autonomia diferentes? Ou se imporia uma nova noção de autonomia conquistada no interior de dispositivos de *governance*? A hipótese de Chatterjee implicaria assumir que o princípio da multidão que tende a reclamar os direitos de titularidade do poder deve ser deixado de lado? Ou estaríamos diante de uma reinvenção das formas de conquistar direitos?

É claro que Chatterjee pretende desliberalizar e despassivizar o discurso da governamentalidade. Ele propõe que uma mera estratégia de governabilidade a partir do dogma liberal — articulação de sociedade civil e ONGs — não é percebida do mesmo modo pelos governados, para os quais pode tratar-se de um exercício prático de democracia. Nesse sentido, sustenta que as populações, ao identificarem-se como refugiadas ou camponesas sem-terra, sem-teto ou pobres, atribuem-se "categorias demográficas próprias da governamentalidade. Esse é o cimento a partir do qual os povoadores definem e articulam suas reivindicações" (*Ibidem*, p. 147). A própria linguagem da governamentalidade passa a ter outro significado na boca daqueles que se supõe que, como subalternos, não poderiam falar, a não ser quando falados pela língua do poder. Mas a língua da governamentalidade não seria, de qualquer maneira, a língua do poder?

Tomar a palavra passa a ser um modo de subverter a voz passiva dos "governados" e os nomes que os categorizam populacionalmente: sem-teto, sem-trabalho etc. Tratar-se-ia de uma confirmação de que o subalterno não pode falar senão através de categorias que não lhe são próprias?

Vejamos a ambiguidade da posição de Chatterjee até o momento. Do nosso ponto de vista, ele aceita a impregnação do neoliberalismo e toda sua tecnologia de governo como espaço da disputa política dos pobres: enquanto são governados, o autor propõe uma fase de resistência que consiste em fazer política no interior mesmo dessa racionalidade. Isso supõe, como dissemos, uma aceitação de certos limites do que seria fazer política e, ao mesmo tempo, postula o dilema de que esses limites só podem ser rompidos uma vez que se consegue levá-los para além de seu conteúdo estritamente regulatório.

Sociedade política e sociedade civil

Com esse objetivo de reconceituar a capacidade de ação popular, Chatterjee propõe pensar a sociedade política em oposição à figura liberal da sociedade civil, aquela que, nas clássicas palavras de Alexis de Tocqueville, funciona como intermediária entre os indivíduos e o estado. Denomina-a "sociedade política" para dar conta de uma conquista fragmentada de direitos, e porque se desenvolve como expressão direta da sociedade civil: não tem consistência. Além disso, há uma diferença decisiva: a sociedade política exibe a ineficácia da mediação política moderna quando a figura dos cidadãos não é operativa. A sociedade política substitui, assim, de fato, os direitos universais por demandas concretas e particulares, dando lugar à criação de uma "heterogeneidade de direitos sociais". A política dos pobres é, então, imediatamente política, principalmente ao se apropriar das categorias que os confinam como população, como sociedade não civil — leia-se: *incivilizada*. "Em países como a Índia, quando os pobres, conformados como sociedade política, conseguem influenciar a implementação de políticas públicas a seu favor, podemos (e devemos) dizer que expandiram suas liberdades por caminhos que não estavam disponíveis para eles na sociedade civil"

(*Ibidem*, p. 143). Nesse sentido, a sociedade civil e a sociedade política concebem duas imagens divergentes do sujeito político. Já que a "antinomia" que postula Chatterjee entre "o imaginário político da soberania popular e a administração real da governabilidade" supõe outra antinomia: *entre o nacional homogêneo e o social heterogêneo*.

A governamentalidade opera justamente como saber e tecnologia diante de um corpo social heterogêneo, que não concorda com o ideal de um "exercício igualitário e uniforme dos direitos, derivado da noção de cidadania" (*Ibidem*, p. 134). A possibilidade democrática, então, encontra lugar na política dos governados, sob a forma de uma sociedade política que sabe vincular-se aos procedimentos da governamentalidade. Um espaço de negociação pragmático, que lida com "processos administrativos paralegais" e assume "reivindicações coletivas que apelam a laços de solidariedade moral". Em vez de propor uma teoria subsidiária da sociedade civil, Chatterjee radicaliza as possibilidades teóricas e políticas de pensar a atuação concreta dos pobres como sujeito político completo, sem carências.

"É nas disputas sobre a propriedade — diz o autor — em que encontramos, no terreno da sociedade política, uma dinâmica de transformação das estruturas pré-capitalistas e das culturas pré-modernas dentro do estado moderno. É aqui onde podemos observar uma luta pelo reconhecimento de direitos que vai além do meramente formal" (*Ibidem*, p. 153). Duas novas torções sobre a teoria política liberal: não se parte do pressuposto da igualdade nem da equivalência cidadã, nem se apela à lógica dos direitos. No entanto, se associa essa prática política à persistência de culturas pré-capitalistas e pré-modernas. Nesse ponto, é relevante a crítica que sustenta o economista indiano Kalyan Sanyal (2007), quando marca que o fim do paradigma "telcológico" e "historicista" do desenvolvimento supõe também o fim da perspectiva que propõe a superação dos setores "tradicionais" e "informais" da economia a favor de setores "modernos e formais", e que, ao contrário, estaríamos diante de uma mudança de paradigma que organiza a coexistência heterogênea e contínua do desenvolvimento e de uma pobreza moderníssima.[122] Nossa hipótese tende a pensar que essa sociedade política, tomando provisoriamente esse nome, ganharia potência se projetada para além de uma norma capitalista sequencial e progressiva. Sua força está em lidar com dimensões capitalistas e, em todo caso, confrontá-las com dinâmicas não capitalistas.

O tempo heterogêneo

A política dos governados é uma política propícia para lidar com a heterogeneidade do social na medida em que "suas soluções são sempre estratégicas, contextuais, historicamente específicas e, inevitavelmente, provisórias" (Chatterjee, 2004, p. 84). Isso quer dizer que não aspira a políticas integradoras, estáveis e universais. Pelo contrário: Chatterjee discute com uma política melancólica, que consistiria em seguir desejando "o momento mítico de convergência entre o nacionalismo clássico e a modernidade". Como evitar "a oposição entre cosmopolitismo global e chauvinismo étnico?" (*Ibidem*, p. 85), ele pergunta.

A governamentalidade, para além disso, sabe ler a defasagem entre a dimensão utópica do tempo homogêneo do capitalismo moderno e o tempo heterogêneo. Essa tensão se desenvolve especialmente na hora de narrar a nação, e Chatterjee a rastreia nas ficções literárias produzidas pelo nacionalismo. Em contraponto, é possível ler o que

---

[122] De qualquer maneira, como assinalam Mezzadra & Roggero na introdução à edição italiana do livro de Sanyal, é complicada a noção de "economia de subsistência" que o economista teoriza ao entrecruzar a ação do movimento dos pobres e os dispositivos governamentais como espaço "externo ao capital".

Josefina Ludmer (2010) chama de ficções pós-nacionais na América Latina: o modo com que, a partir do aqui e agora do continente, a ficção constrói outro gênero de territórios, subjetividades e tempos. E, como insiste Ludmer, sobretudo, outras formas de imaginação pública.

O tempo da política se altera. As conquistas populares e sua duração têm uma precariedade temporal assumida. Além do mais, ao deixarem de ser utópicas, tornam-se *parciais*. Em que sentido? No recorte que necessariamente produz um reconhecimento pelas instâncias de governo, e porque sempre há um excesso comunitário irrealizável em termos de demanda.

Fica mais difusa ou mais diluída, porém, uma perspectiva da ingovernabilidade como espaço insubmisso. Ingovernabilidade que é capaz de reformular os próprios dispositivos de governo e, sobretudo, extravasá-los ou anulá-los. Também a partir dessa linguagem parece invisibilizar-se, em certa medida, o caráter produtivo dos governados, enquanto trabalhadores informais, sociais ou desempregados temporários. A ênfase em seu caráter de governados parece desmentir sua participação social como produtores-consumidores. Resta-nos, finalmente, uma pergunta para desenvolver mais adiante: uma elaboração popular do Bem Viver (*Buen Vivir*)[123] pode contrapor-se às técnicas de governamentalidade?

Populismo e pós-colonialismo: do povo à população?

Os que falam de subalternidade buscam reivindicar uma confiança política nos subalternos como modo de desafiar a teoria eurocêntrica

---

[123] *Buen Vivir* é uma das traduções ao castelhano da expressão quéchua *Sumak Kawsay*. Popularizou-se para dar conta de uma cosmovisão política indígena capaz de propor uma alternativa ao paradigma do "desenvolvimento", e foi discutida como princípio constitucional em alguns países da região. As controvérsias sobre seus usos fazem parte da diversidade dos modos de interpretá-la.

que privilegia um sujeito proletário que funciona como critério de adequação universal. "O populismo dos Estudos Subalternos era mais intenso e mais explícito que qualquer expressão anterior dessa perspectiva", comenta Dipesh Chakrabarty (2009, p. 155). A perspectiva populista e a pós-colonial compartilham, assim, um combate fundamental: ambas pensam o sujeito popular a partir da heterogeneidade contra a pretensão de um proletariado ideal (isto é: *europeu, masculino, branco*) e buscam explicitar a racionalidade de um movimento popular que não coincide com os contornos estritos da classe operária.

São teorias que reivindicam não ter medo das massas. Isso que Chakrabarty nota para os Estudos Subalternos também pode ser observado na perspectiva de Laclau. Daí a possibilidade de nomeá-las como modalidades do populismo.[124] Esse é um problema que nos remete a um dos mais brilhantes marxistas latino-americanos, José Aricó, que, alinhando-se com Gramsci e Mariátegui, pergunta: como postulou Marx a análise da realidade colonial para que suas proposições sejam possíveis diante da sua falta de interesse pela América Latina? O interesse dessa "incompreensão" ganha toda sua relevância na medida em que — hipotetiza Aricó — inaugura uma sequência de incompreensões que define o marxismo na América Latina como "uma expressão gramatical de uma dificuldade histórica real".[125] Uma gramática equivocada, a do marxismo com a

---

124 Chatterjee publicou *Lineages of Political Society: Studies in Postcolonial Democracy* (Nova York: Columbia University Press, 2011), que retoma em parte as polêmicas do livro que tratamos aqui, *The Politics in Most of the World*. Ali, cita em vários momentos *La razón populista*, de Ernesto Laclau, como uma linha de argumentação afim, enquanto se refere ao desenvolvimento de formas democráticas que costumam ser depreciadas — ou catalogadas como formas pervertidas — a partir das teorias modernas.

125 Desenvolvo esse "desencontro" entre Marx e a América Latina proposto por Aricó em Gago (2012).

América Latina, que atribuiu ao continente predicados que não o nomeavam — fosse pela rigidez de um sujeito inexistente, fosse pela teimosia de certas condições que nunca se completavam. Mais que o rápido rótulo de eurocentrismo, conhecido e à mão, Aricó tenta reconstruir — a partir do interior do próprio pensamento de Marx — as condições em que o alemão pensou as realidades coloniais, em particular a partir da "guinada estratégica" na análise da situação irlandesa. Especialmente porque Aricó quer demonstrar — e essa é outra das originalidades de sua investigação — que a imagem do eurocentrismo de Marx é produto da versão "oficial" da "*intelligentsia* marxista" que deixou de lado os textos marxianos relativos a Espanha, Rússia ou Irlanda por serem escritos "circunstanciais". O jogo de reenvios e reconstruções é permanente: se Marx sofre uma guinada depois da análise da situação colonial irlandesa e elabora um programa de ação (autogoverno e independência, revolução agrária e proteção aduaneira), Aricó se pergunta por que esses pontos não foram tomados nem pela ii Internacional nem pelos movimentos socialistas nos países dependentes. A tese de Aricó afasta o mote de eurocentrismo para concluir que é o caráter "essencialmente estatal" ou de construção "de cima para baixo" das nações latino-americanas o que obstruiu politicamente a compreensão de Marx pela singularidade do continente. E esse é o seu ponto cego: substituir o "movimento real" das forças sociais latino-americanas pela figura de Simón Bolívar, e não ver no caráter essencialmente estatal de suas formações nacionais uma "autonomia do político" que aparece como retrocesso em sua perspectiva.

A dinâmica de politização subalterna supõe um contraponto claro à lógica de uma politização evolutiva que costuma caracterizar o subalterno como pré-político. Essa foi a leitura do marxismo inglês — de Thompson a Hobsbawm —, que influenciou os Estudos Subalternos com uma perspectiva de baixo para cima, mas da qual estes se distanciam, já que situam o proletariado urbano como o desdobramento máximo de uma temporalidade desenvolvimentista. A origem desse ponto de vista, diz Chakrabarty ao analisar a escola indiana, é uma mistura de Mao Tsé-Tung e Gramsci: mas um Mao que elude a direção partidária e um Gramsci que não considera as críticas à espontaneidade. Esse mesmo ponto será retomado como base da Escola dos Estudos Subalternos em diálogo com a América Latina.

Que tipo de relação podemos traçar entre essa concepção de populismo e a razão populista exprimida por Ernesto Laclau (2005) para América Latina, ao conceituar a articulação equivalencial de demandas como eixo constitutivo de uma identidade popular? O paradigma da governamentalidade no interior do qual se move Chatterjee poderia ser equiparado à estrutura de demandas populares que se articulam como povo? São usos de Gramsci similares aos que estão por trás de ambas as teorias? O que diferenciaria a análise da política dos *governados* da *identidade popular* referida pela razão populista?

Os principais defensores do populismo na América Latina combatem aqueles que depositam no povo a figura da irracionalidade.[126] Nesse ponto, a ideia de uma "razão" populista não faz mais que desarmar a clássica distinção entre um povo senciente e iletrado e certas teorias das elites ilustradas de governo. Mas, neste caso, a discussão que propomos é radicalmente outra: interessa-nos problematizar e discutir a racionalidade unicista que se atribui, como necessidade de articulação identitária, à vida popular. As considerações que Laclau realizou sobre os movimentos sociais como dis-

---

[126] Duas observações a esse respeito. Neste ponto, a partir de uma perspectiva sociológica, são relevantes para a Argentina os estudos de Auyero (2011) e Merklen (2005). De uma perspectiva filosófica global, a questão dos "pobres" e da pobreza também é tratada em *Multitud* (2006) e *Commonwealth* (2009), ambos de Michael Hardt e Antonio Negri.

persão sem ponto de coordenação em clara oposição às lideranças dos chefes de estado progressistas da região é um ponto reiterado de debates e discrepâncias.

Para Laclau, a forma como emerge o heterogêneo aparece diante da pluralidade de demandas. Sua preocupação política centra-se na articulação dessa heterogeneidade, por meio da combinação, sempre contingente, de lógicas da equivalência e lógicas da diferença. Nessa composição, são decisivos dois elementos: a nominação e o afeto. O que se necessita, diz Laclau, é "um cimento social" capaz de unir os elementos heterogêneos. Na medida em que essa unidade "não é fornecida por nenhuma lógica articulatória funcionalista ou estruturalista", o *afeto* torna-se chave na constituição social (Laclau, 2005, p. 10). É esse afeto consubstancial ao populismo como "um modo de construir o político" (*Ibidem*, p. 11) o que costuma associá-lo a um "excesso perigoso". Excesso que vincula comunidade e irracionalidade. Daí também a "vagueza" dos referentes do populismo: a teoria entra em *impasse* quando lhe cabe pensar o populismo, argumenta Laclau, e evita sintomaticamente sua definição. A teoria populista propõe tomar esses traços sem preconceitos — sempre atribuídos como qualidade negativa do populismo: vagueza, indefinição, simplificação, momento de transição, centralidade da retórica etc. — e assinala como índices de uma "indeterminação da própria realidade social" (*Ibidem*, p. 32). Para propor uma hipótese: "que o populismo é a *via real* para compreender algo relativo à *constituição ontológica do político como tal*" (*Ibidem*, p. 91, grifos da autora). No entanto, o que começa como afeto em Laclau, enquanto cimento social ou equivalência, torna-se finalmente lógica da linguagem.

Laclau retoma Gustave Le Bon, que foi recuperado depois por Freud, para assinalar como a multidão é sugestionável diante de imagens com palavras, para além de seu significado. A multidão opera segundo uma lógica de perversão da linguagem. Diz Le Bon: a multidão associa arbitrariamente palavras e imagens fabricando uma série de "ilusões". "O que toma Laclau dessa descrição da *psicologia das massas*? Uma relação frágil entre palavras e imagens como precondição de qualquer operação discursiva politicamente significativa" (*Ibidem*, p. 41). Positiviza o que Le Bon acredita ser uma perversão para assinalar que as "redes associativas" são essenciais à linguagem, diferentes entre si segundo sua "performatividade". O que Le Bon quer sublinhar como fonte de toda falta de lógica e racionalidade na atuação das massas, Laclau postula como uma atuação específica e desarma suas supostas inconsistências. Por exemplo, citando Taine, explicita a ideia que subjaz na suposta irracionalidade coletiva: que "a racionalidade pertence ao indivíduo e que este perde seus atributos racionais quando participa da multidão" (*Ibidem*, p. 53).[127]

A sugestão de que fala Le Bon como parte desse sentimentalismo coletivo e como forma de contágio emotivo toma outro aspecto com Tarde e sua teorização da "ação social à distância", que, diz o francês, será a forma do laço social do futuro, chegando a substituir o contato físico direto e, portanto, substituindo o coletivo multitudinário pelo dos *públicos* — como depois argumentará Lazzarato. Para Laclau, essa ideia de Tarde inclui no interior do sujeito coletivo a pluralidade e a novidade, de um modo que se torna central para sua teorização do populismo: trata-se de uma "coletividade puramente espiritual" de indivíduos disseminados, mas capaz de uma unidade inclusive internacional graças aos meios de comunicação e de transporte aptos para expandir sua influência de modo intenso e

---

[127] A analogia entre as multidões e as mulheres é também sublinhada por Laclau, que assinala que, quanto mais medo se tinha das multidões no fim do século XIX, mais violentas eram as descrições das mulheres como seres patológicos. Nesse ponto, cabe acrescentar que elas ficam claramente excluídas da ideia de individuo (já voltaremos a isso).

duradouro.[128] Laclau introduz aqui a análise de Freud em *Psicologia das massas e a análise do Eu* (1921) acerca do modelo das identificações como chave libidinal do vínculo social e seu investimento na figura do líder para, finalmente, terminar com Gramsci e sua noção de hegemonia. Esse percurso, diz Laclau, tem como eixo "a progressiva renegociação da dualidade entre homogeneidade social — ou indiferenciação — e diferenciação social" (*Ibidem*, p. 85). Dito de outra maneira, Laclau rastreia, para cada um desses autores, o momento equivalencial capaz de funcionar como "cimento social", para usar a sua expressão. Do dualismo primeiro entre homogeneidade e diferença (massa-indivíduo), com Freud se alcança, segundo Laclau, uma relação de unificação entre ambos os termos através dos mecanismos de identificação que regulam a relação entre o líder e os membros de um grupo social.

Mas, como se pensa esse coletivo? A unidade de análise de Laclau é a demanda — que implica sempre a possibilidade de um percurso: desde um pedido, até sua conversão em reivindicação ou exigência (*request/claim*). As articulações possíveis entre demandas constituem identidades sociais com diferentes níveis de universalização de exigências. O objetivo da constituição do povo como ator histórico depende da forma de estruturação das demandas num "sistema estável de significação" (*Ibidem*, p. 99). A hipótese lacaniana é chave: o sujeito-povo sempre é sujeito da falta, "sempre emerge a partir de uma assimetria entre a plenitude (impossível) da comunidade e o particularismo dos lugares de enunciação" (*Ibidem*, p. 26).

---

[128] É necessário notar que também Lazzarato (2006), retomando as teorizações de Foucault tratadas no início deste capítulo, e em relação a Tarde, assinala os públicos como ator decisivo e trabalha sua relação com a noção de população.

Laclau adverte que a equivalência "não tenta eliminar as diferenças" (*Ibidem*, p. 107). No entanto, o populismo é o privilégio da lógica equivalencial sobre a diferença. Isso significa que a totalização será levada adiante por um elemento parcial — o povo — "que aspira, no entanto, ser concebido como a única totalidade legítima" (*Ibidem*, p. 108). O povo é a parcialidade que tem a vontade de funcionar como a totalidade de uma comunidade. O espaço comunitário, desse modo, se constitui a partir do que o autor chama de *exclusão radical*. O contraponto na análise laclausiana é a totalidade institucionalista, em que "todas as diferenças são consideradas igualmente válidas dentro de uma totalidade mais ampla" (*Idem*).

Em Laclau, o que há é uma fenomenologia da política democrática cuja sequência se inicia quando as pessoas sentem que suas demandas não são escutadas e, menos ainda, satisfeitas. Se permanece como demanda isolada, ela é denominada *demanda democrática*. Em sua pluralidade, articuladas sob uma lógica equivalencial, constituem *demandas populares*. Esse fato possui um duplo valor. Reúne e projeta uma desconformidade dos demandantes com respeito à ordem institucional, por meio da coordenação de uma série de insatisfações que se posicionam em equivalência com as demandas mais distintas. O termo de base é, então, a demanda com duas posições possíveis: satisfação e insatisfação. Esta última, no entanto, se distingue porque é o início de uma radicalização que culmina na exigência, no protesto e, se as condições amadurecem, num fenômeno populista.

Quando se debilita o povo? Quando as demandas se desagregam e passam de *demandas populares* a uma pluralidade de *demandas democráticas* específicas, o que atenua a lógica equivalencial. A dissolução do povo supõe que as demandas individuais são absorvidas pelo sistema dominante e, portanto, sua capacidade de repercussão e tradução a outras demandas se dilui. O "padrão de desintegração do povo", diz Laclau a partir da análise do cartismo inglês, deve-se a uma crise na capacidade do "povo" para totalizar, seja a identidade do inimigo, seja sua própria identidade "global" (*Ibidem*, p. 121).

Que relação, então, se postula entre o heterogêneo e o povo? O heterogêneo tem duas acepções em Laclau. Quando a demanda excede as capacidades do sistema para satisfazê-la (aqui heterogeneidade equivale ao real lacaniano: "aquele que carece de localização diferencial dentro da ordem simbólica" (*Ibidem*, p. 139). E, depois, a heterogeneidade derivada da relação entre demandas diferentes, que só compartilham o fato de exibir certo fracasso do sistema institucional. A unidade está dada, em todo caso, pela "produtividade social do nome" (*Idem*). Os nomes do povo, dirá Laclau, dão unidade ao heterogêneo, ao mesmo tempo que é difícil limitar ou prover as demandas que unificam e as que ficam excluídas.

Laclau associa sua concepção do povo à de Rancière. Cita *La mésentente: politique et philosophie* quando diz: "O povo se apropria da qualidade comum como se lhe pertencesse. O que aporta à comunidade é, estritamente falando, o litígio" (*apud* Laclau, 2005, p. 123). Como essa parcialidade é reivindicada e transformada em totalidade? A operação hegemônica implica que a "identidade popular funcione como um significante tendencialmente vazio" (*Ibidem*, p. 125). É esse vazio e nenhuma parcialidade ou conteúdo concreto o que permite sua articulação equivalencial. É, resume o autor, uma operação performativa que traça a cadeia equivalencial como tal. Essa cadeia tem sobretudo uma consistência nominal. "Um conjunto de elementos heterogêneos equivalencialmente unidos apenas mediante um nome é, no entanto, necessariamente uma *singularidade*" (*Ibidem*, p. 130).

A revolução, enquanto tal, não parece ser um problema da dinâmica populista na medida em que a lógica opera sempre no âmbito do reconhecimento, seja o vertical (que produzem ou não as instituições) ou o horizontal (que desemboca no antagonismo).

Isto é: o populismo, ao radicalizar a pressão sobre as instituições, acaba abrindo-as à cadeia equivalencial forjada na luta democrática. O processo não culmina num ponto central decisivo, já que a luta hegemônica é retomada de modo permanente.

Não se destaca, no processo hegemônico, um conteúdo de classe que poderia variar essencialmente com a resolução — ainda que parcial — do antagonismo. A categoria "governados", acreditamos, se adequa melhor a um modelo dual, como o de classes, e de uma suspensão ou detenção da dialética política que coloca os sujeitos em circulação e concorrência pelo poder. Desse ponto de vista, o modelo de Laclau é mais fluido, mesmo que ancorado num forte formalismo, e dá à ideia de democracia radical um tipo de consistência original, fundada em regras de aglutinamento e dissolução de demandas — atomismo liberal — por parte das instituições, enquanto o modelo de "governados" permanece "congelado" numa dimensão dualista rígida, destacando-se, como chave do processo constituinte, um tipo de insatisfação que promove um laço duplo e simultâneo: horizontal (entre aqueles que, como "governados", possuem "demandas comuns") e vertical, enquanto a demanda comum exige a ampliação de novos direitos. A chave desse último modelo parece consistir em um caráter comum constituinte de subjetividade antagonista, enquanto que, em Laclau, essa possibilidade se dilui em formalismo excessivamente ligeiro.

Um segundo ponto importante: o povo opera sobre a falta, como unidade sempre falida. Nesse sentido, a heterogeneidade, para Laclau, não equivale à multiplicidade, já que se define por "ser deficiente ou unicidade frustrada" (*Idem*, p. 277). Isso supõe que não há positividade na heterogeneidade, mas presença de uma ausência, o que abre espaço para a articulação e a hegemonia. A tensão de que surge o povo é a tensão entre a particularidade das demandas populares e as pretensões de totalização desse desdobramento.

Se a primeira perspectiva abandona a ideia do povo por tratar-se de um conceito associado a uma normativa cidadã ineficaz do estado-nação nos países pós-coloniais, a segunda propõe a reanimação dessa mesma noção a partir da articulação equivalencial capaz de, por operações de nominação e afetividade, produzir identidade popular. A primeira assume a politicidade como uma dimensão intrínseca à gestão cotidiana de demandas específicas, particularizadas em categorias populacionais, e deriva daí sua capacidade de criar direitos, enquanto a segunda aposta que essas demandas — quanto menos específicas, melhor — coagulem numa identidade unitária que se constitui em povo na medida em que a nominação se fundamenta num *vazio* ou num significante flutuante. Isso faz com que, para Laclau, na origem da politização, a população se perceba como detentora de direitos que não são reconhecidos. Em Chatterjee, trata-se da titularização (*entitlements*) de direitos, a partir do reconhecimento de posições de fato, para aqueles que se percebem como não possuidores deles, que não se sentem incorporados a nenhuma retórica que os nomeie e represente enquanto cidadãos ou povo. Com respeito à lógica política: enquanto, em Chatterjee, o discurso é pós-revolucionário, na medida em que os governados não têm como horizonte a tomada do poder estatal, em Laclau a exigência revolucionária está sublimada a favor da hegemonia populista condensada nos governos progressistas da região.

Resta assinalar uma compatibilidade possível entre o modelo de "governados" e o "populismo". Um argumento *ad hoc* a favor deste último explica-se desse modo. Laclau formaliza uma teoria cujo referente último é o peronismo na Argentina (Laclau, 1997). O peronismo opera como modelo de unidade de multiplicidades que não se explicam como mera dinâmica classista. Essa referência permanece implícita em Laclau, seu desenvolvimento teórico expõe modelos lógicos aplicáveis a qualquer situação, com os indicados efeitos formalistas de sua formulação. No entanto, basta recordar esse implícito peronista para destacar um último argumento excluído, por direito, de sua filosofia política: os demandantes pertencem a um ciclo histórico de cuja memória se beneficiam de modo ativo. Não se autopercebem como carentes de direitos, mas como portadores de direitos não reconhecidos. Não se dirigem ao estado como uma instância alheia e inalcançável, mas como a uma entidade cuja função é comumente reconhecida como sendo a de satisfazer suas demandas, e querem ser recebidos como titulares efetivos dessas demandas e levados em consideração. Até que ponto é legítimo atribuir a Laclau essa classe de inspiração em detrimento do modelo dos "governados", cujo exemplo seria a história da Índia, com suas castas imutáveis e seus poderes coloniais?

A única solução para esse equívoco — que termina por reduzir conceitos e imagens a meras condições históricas nacionais — é perguntar-se se basta apelar ao espaço nacional para pensar e dar conta da politização do social em curso. Julgamos necessário ler ambos os modelos em sua pretensão global: em relação aos efeitos globais (mas não por isso indiferentes à composição social de cada nação, região ou sub-região) de dinâmicas econômicas e políticas trans-pós-nacionais capazes de dar conta da fratura dentro da própria história nacional, das mutações do capitalismo mundial, dos fenômenos migratórios e dos próprios efeitos sobre as instituições que impulsionaram as resistências das últimas décadas.

Aqui desponta uma questão importante. O populismo reabilita a lógica do amigo/inimigo. É um binarismo que, nutrindo-se de Carl Schmitt (Mouffe, 2007), exibe a sociedade como agônica. Não é exatamente um antagonismo, mas é a ideia de uma sociedade que faz do conflito sua natureza, a qual se suprime num espaço de disputas pela hegemonia. No fundo, o que emerge é a *autonomia da política* como *locus* privilegiado da ação social. Mas essa autonomia da política é a lógica de produção de um sujeito hegemônico e unitário. A diversidade, em todo caso, revitaliza para Laclau a identidade nacional popular a ponto de ser capaz de reanimar a soberania nacional. A noção de governados — para além da atribuição pré-capitalista que criticamos — serve para pensar a dimensão política sem necessidade de mediações.

A partir da filosofia política colocada em jogo, pode-se dizer que a teoria de Chatterjee confia no próprio plano em que os governados fazem política, enquanto a segunda exige das lutas a projeção de uma autoridade transcendente. De imanência, Laclau acusa tanto Žižek quanto Hardt e Negri. O primeiro, pelo fato de o ator político central ser a classe, o que leva a uma "imanência lógica" (de tipo hegeliana). Os segundos, porque apostam, segundo Laclau, em um imanentismo radical, isto é, uma "universalidade espontânea e subjacente", que se opõe a uma "universalidade parcial construída politicamente" (Laclau, 2005, p. 298): a crítica ao imanentismo é que este não supõe nenhuma mediação política particular. A unidade que, para Laclau, exige uma "articulação hegemônica" supõe, para os seguidores da imanência radical (de tipo spinozista-deleuziana), "um presente do céu" (*Ibidem*, p. 299), o que significa confiar numa espécie de "*a priori* da rebelião" (*conatus*).

Como dissemos, Laclau propõe, em contrapartida, uma "transcendência frustrada": "a transcendência está presente, dentro do social, como a presença de uma ausência" (*Ibidem*, p. 303). Agora, através da necessidade de estabelecer uma mediação política, Laclau reabilita um politicismo (autonomia do político) que desloca a agência popular para o estado e para os líderes populares na medida em que são as figuras que possibilitam a totalização frustrada do povo. São essas instâncias de mediação, então, as que garantem a projeção da unidade popular. A autonomia do político torna-se o "*a priori*" de Laclau. Apesar de suas declarações, não estaríamos diante de um novo modo — sofisticado, sem dúvida — de posicionar o social, novamente, como pré-político?

Se, em Laclau, não há articulação sem mediação, em Spinoza e em Deleuze a potência coletiva é tecida num jogo dominado por uma determinação recíproca (plano de imanência) não regulada de antemão por uma lógica simbólica, mas sim desejante ou constituinte.

Finalmente, uma precisão imanentista. Segundo raciocina Spinoza no *Tratado político*, o corpo político, tal como o vemos no estado, supõe uma dimensão material, afetiva, de hábitos comuns, que determina o espaço do político-jurídico: esse movimento ou plano de composição é chamado "pré" pelas perspectivas "politicistas" que negam a produtividade do *conatus* coletivo desde sua origem. Essas perspectivas (contratualistas, convencidas de que a estrutura dinâmica do corpo coletivo pode ser substituída por um corpo moral de puros significados linguísticos) atribuem ao nível jurídico-estatal uma agência configurante do todo coletivo. Ao contrário, o esforço posterior à década de 1960 para pensar a dimensão micropolítica revela o impulso por redeterminar, num sentido materialista (no qual as palavras se articulam ao dinamismo das afecções de um corpo), essa relação produtiva entre gênese do corpo coletivo e dimensão jurídico-política.

Povo e população

O que aparece em oposição à população, diz Foucault (2006, p. 65), é o *povo*: "aquele que se comporta em relação a essa gestão da população, no próprio nível da população, como se não fizesse parte desse sujeito-objeto coletivo que é a população, como se se pusesse fora dela, e, por conseguinte, é ele que, como povo que se recusa a ser população, vai desajustar o sistema". O povo é a contrafigura da população: é "aquele que resiste à regulação da população, que tenta escapar desse dispositivo pelo qual a população existe, se mantém e subsiste num nível ótimo".

Problematizemos um pouco essa oposição. Se o povo requer um nível de homogeneidade que só era fornecido pelo amálgama nacional popular (periférico ou não) dos estados, de que outro modo poderíamos nomear a subjetividade política? Até que ponto a noção de comunidade permite hoje ir além da ideia de população e de povo? Como foi redefinida a comunidade diante da dinâmica neoliberal? O capitalismo teve como necessidade expansiva a destruição das comunidades e sua substituição pela regra estatal-nacional. Diante da crise de autoridade estatal-nacional no atual capitalismo global, reemerge a comunidade, mas de um modo novo, repleta de ambivalências e, sobretudo, de pontos de fuga.

Chatterjee sustenta que a comunidade se oferece como um espaço de agência para o subalterno. No entanto, o discurso da comunidade, diz, é apenas o "verniz moral" com que grupos de população se movem na governamentalidade. Para Chatterjee, a ação política dos governados tem o objetivo de "buscar e obter seu reconhecimento como um grupo de população singular, suscetível de converter-se, a partir do ponto de vista da governamentalidade, numa categoria empírica funcional para definir e implementar políticas públicas" (Chatterjee, 2004, p. 130). Essa autoconstrução como população singular pelos governados implica também, para o autor, a autoatribuição de um "caráter moral", próprio de uma comunidade. Para o caso analisado por Chatterjee, a comunidade constrói-se a partir do nada com metáforas vinculadas ao familiar, que não remetem a um pertencimento biológico, mas a uma "experiência compartilhada". No entanto, a comunidade também funciona como contraponto à governamentalidade, entendida como puro dispositivo de submissão: "As categorias de governamentalidade, como podemos observar, estão sendo confrontadas com as possibilidades imaginativas da comunidade, incluindo sua capacidade de inventar relações de parentesco, para produzir uma nova, ainda que titubeante, retórica de demandas políticas" (*Ibidem*, p. 134). A comunidade, no entanto, parece mais ambígua do que sugere Chatterjee. Especialmente quando emerge como experiência da crise.

A crise como *locus*

A crise é um *locus* privilegiado para pensar na existência de uma porosidade cognoscitiva, em que os conceitos se põem em movimento, as sensibilidades expressam a comoção e reorganizam os limites do que se considera possível e o modo como é enunciado. Uma das heranças envenenadas do liberalismo é a projeção do social como espaço feito de cima para baixo, sem consistência nem potência própria. Isso tem seu correlato na definição da crise: é vivida como barbárie, como estágio não civil, pré-político.

Portanto, seu estabelecimento se faz por meio de uma empresa restituinte do "político" num espaço em que o social não existe senão como sendo produzido pelo político, entendido segundo suas instituições clássicas: partidos, estado, sindicatos (núcleo duro das teorias hobbesianas e da difusão da teoria de Laclau). No entanto, a crise de 2001 na Argentina não condiz com essa imagem. Na crise, se desenvolveu uma dinâmica propriamente política de experimentação em e a partir do social — ou, dito de outro modo: pôs-se em movimento um protagonismo social. A festejada "volta da política" a partir de 2003 — início da década de governo kirchnerista — tem um risco evidente de fortalecer-se nessa cisão e congelar o social como aquilo que se gere sem muita preocupação, como território de "vida nua" e que retorna como novos conflitos sociais.

O social, lido como instância de demandas a serem satisfeitas, repartidas, emendadas, reduz tais dinâmicas coletivas a uma posição passiva, senão diretamente vitimista, negando-lhes sua dimensão imediatamente produtiva. A consolidação de uma leitura de cima para baixo (politicista) acaba falhando num duplo sentido: em primeiro lugar, porque, ao negar a politicidade elaborada de baixo para cima, perde informação, sentido de oportunidade e até rumos possíveis. Segundo: tampouco é efetiva ao criar-se a ilusão de uma consistência impossível: a imagem de um "em cima" onipotente para o estado é, sobretudo, nostalgia.

O popular, de ser uma complexidade concreta e *abigarrada*, se desloca para uma figura estritamente retórica. Só assim pode ser considerado como legitimação de um poder que repara e unifica — o que, de outro modo, é condenado por espontaneísmo e desordem multitudinária.

a razão neoliberal

O TÍTULO DESTE LIVRO FOI IMAGINADO depois de um trabalho de pesquisa que seguiu diferentes modalidades, e surgiu da edição dos originais de uma tese de doutorado, de sua reescrita como fragmentos para diversos artigos e, sobretudo, do ritmo e da força que tomam os argumentos à medida que são destilados, rearticulados e modificados no intercâmbio coletivo.

Assim, enquanto o livro foi sendo formado, ficou claro que o eixo principal era entender o neoliberalismo de uma maneira diferente de como é entendido usualmente para pensar seu ciclo na América Latina. Tentei sublinhar a complexa atualidade desse conceito, inclusive quando o debate no continente pode ser enquadrado, a partir de vários ângulos, no interior de um horizonte pós-neoliberal.

Nesse sentido, o método de escalonamento temporal, que se torna fundamental em certas argumentações que aqui se desenvolvem sobre a multiplicação do trabalho, das geografias e dos novos trajetos proletários, é fundamental também como temporalidade não linear para pensar o neoliberalismo — que é, simultaneamente, atual e combatido, reinterpretado e renovado.

A razão neoliberal, desse modo, é uma fórmula para mostrar o neoliberalismo como racionalidade, no sentido que Foucault deu ao termo: como a própria constituição da governamentalidade, assim como para contrapô-la às maneiras com que essa racionalidade é apropriada, arruinada, relançada e alterada por aqueles que, supõe-se, são apenas suas vítimas. Contudo, essa reapropriação não se dá apenas do ponto de vista de seu antagonismo direto, como se poderia supor uma geometria do conflito mais ou menos clássica, mas sim a partir de formas múltiplas pelas quais o neoliberalismo é usufruído e sofrido com base na recombinação e contaminação de outras lógicas e dinâmicas que pluralizam, inclusive, as próprias noções de racionalidade e conflito.

Partindo desse ponto de vista, tentei argumentar duas coisas: primeiro, que o neoliberalismo não vem apenas "de cima", sendo defendido por grandes atores que, além disso, compartilhariam o traço comum de serem antiestado e a favor do mercado (o que é sustentado pela teoria populista como "autonomia da política"); e, segundo, que o neoliberalismo exige ser caracterizado por sua capacidade polimórfica de "recuperar" muitos postulados libertários ao mesmo tempo que esse polimorfismo é tensionado e desafiado a partir de economias (comerciais, afetivas, produtivas), formas de fazer e calcular que usam o neoliberalismo taticamente e, em paralelo, colocam-no em crise de maneira intermitente, mas recursiva. A partir dessas tensões, formulo a noção de um "neoliberalismo de baixo para cima".

As lógicas *barrocas*, de composição heteróclita que tratei de ressaltar, são dinâmica expressiva de uma atualidade social-política-econômica que recupera memórias de longo prazo, ao mesmo tempo que se mostra despreocupadamente flexível para fazer cidade, negócios, política, e desenvolve, assim, uma disputa pela própria ideia de *progresso*, em sua acepção puramente acumulativa e linear. Essas lógicas *barrocas* são a trama material, anímica e expansiva que analiso em certas economias populares e que obrigam a reclassificação do que chamamos forças produtivas nas metrópoles latino-americanas.

Daí que, como segundo termo, a pragmática popular como pragmática vitalista se refira à exasperação de um tipo de cálculo que não coincide exatamente com o *homo economicus* fantasiado e analisado pela imaginação liberal e seus doutrinários. O cálculo se torna, de acordo com meu argumento aqui, um *conatus*: um modo de conquista de espaço-tempo em condições em que as tramas populares afrontam lógicas espoliadoras, extrativistas e expulsivas cada vez mais velozes e violentas. É nessa passagem que o cálculo como *conatus* torna-se transindividual.

A pragmática tem por objetivo contrapor-se como modo político à moralização das classes populares. A moralização (em suas versões diversas: solidária, vitimista, criminalizante ou judicializadora) propõe-se a enfrentar o dinamismo informal (no sentido estritamente *constituinte* que dou a esse termo) e plebeu. A pragmática, portanto, tenta ressaltar uma dinâmica imanente de captação de oportunidades sob relações de força marcadas pela condição (pós-)neoliberal.

Por fim, a questão de definir como funciona o comum — esse território que desponta repleto de ambivalências e, ao mesmo tempo, em extensão permanente — percorre o texto como exigência. As declinações flexíveis da comunidade tornam-se um ponto de rearticulação de saberes e tecnologias, bem como atributo de valorização das mais diversas economias. Sua força para construir infraestrutura urbana pós-estatal é notória e possibilita a vida popular nas metrópoles. Mesmo assim, o comum, como espaço que extrapola o binarismo entre público e privado, converte-se também em terreno dinâmico de lutas e conflitos.

referências bibliográficas

ABDUCA, Ricardo. "Introducción", em MAUSS, M. & HUBERT, H. *El sacrificio*. Buenos Aires: Las Cuarenta, 2010.

_____. "Igualdad y equidad: la unidad de la especie humana como proyecto de autonomía individual. Los problemas de un caso concreto. Los talleres de costura en Buenos Aires", em x Reunión de Antropología del Mercosur, Curitiba, 11-13 jul. 2011. Inédito.

ADÚRIZ, Isidro. *La Industria Textil en Argentina. Su evolución y sus condiciones de trabajo*. Buenos Aires: Inpade, 2009.

AGAMBEN, Giorgio. *Estado de excepción. Homo sacer, II, I*. Buenos Aires: Adriana Hidalgo Editora, 2004.

AGLIETTA, Michel. *Regulación y crisis del capitalismo*. México: Siglo XXI, 1999.

ALARCÓN, Cristian. *Si me querés, quereme transa*. Buenos Aires: Norma, 2010.

ALMEIDA, C. et al. "Alta na renda, no consumo e nas dívidas marca o ano das famílias", em *O Globo*, 14 dez. 2013.

ALTHUSSER, Louis. *Para un materialismo aleatorio*. Madri: Arena, 2002.

AMIN, Shahid & LINDEN, Marcel van der. "Peripheral labour: studies in the history of partial proletarianization", em *International Review of Social History*, v. 41, n. 4, 1997.

ANZALDÚA, Gloria. "Movimientos de rebeldía y las culturas que traicionan", em *Otras inapropiables: feminismos desde las fronteras*. Madri: Traficantes de Sueños, 2004.

ARANDA, Dario. "Campo fértil para la explotación laboral", em *Página 12*, 14 fev. 2011.

AUYERO, Javier. "Patients of the State: an Ethnographic Account of Poor People's Waiting", em *Latin American Research Review*, v. 46, n. 1.

AUYERO, Javier & BERTI, María Fernanda. *La violencia en los márgenes: una maestra y un sociólogo en el conurbano bonaerense*. Buenos Aires: Katz, 2013.

AZPIAZU, Daniel & SCHORR, Martín. *Hecho en Argentina: industria y economía, 1976-2007*, Buenos Aires: Siglo XXI, 2010.

BALIBAR, E. *Ciudadanía*. Buenos Aires: Adriana Hidalgo, 2013.

BALIBAR, E. & NEGRI, A. "On the Common, Universality, and Communism: A Conversation between Étienne Balibar and Antonio Negri", em *Rethinking Marxism*, v. 22, n. 3, 2010, pp. 312-28.

BALLOU, Ronald H. *Logística: admiministración de la cadena de suministro*. México: Pearson, 2004.

BARRANCOS, Dora. "Mujeres y crisis en la Argentina: de las Madres de Plaza de Mayo a las piqueteras", em RALLE, Michel (org.). *Los conflictos en los mundos ibéricos e iberoamericanos contemporáneos, de las elaboraciones sociales y políticas a las construcciones simbólicas*. Paris: Éditions Hispaniques, 2013.

BARTRA, Armando. "Dilemas históricos y actuales en las luchas populares en México", em *Bienvenidos a la selva. Diálogos a partir de la Sexta Declaración del EZLN*. Buenos Aires: Tinta Limón, 2005.

BASUALDO, Eduardo. *Concentración y centralización del capital en la Argentina durante la década del noventa: una aproximación a través de la reestructuración económica y el comportamiento de los grupos económicos y los capitales extranjeros.* Buenos Aires: UNQui; Flacso & IDEP, 2000.

_____. *Sistema político y modelo de acumulación en la Argentina.* Buenos Aires: UNQui; Flacso & IDEP, 2001.

_____. *Estudios de Historia Económica Argentina desde mediados del siglo XX hasta la actualidad.* Buenos Aires: Siglo XXI, 2006.

BATTISTINI, Osvaldo R. "Flexibilizar o utilizar mano de obra esclava: ¿alternativas para el capital?", 2011. Inédito.

BAUD, Michiel et al. *Etnicidad como estrategia en América latina y el Caribe.* Quito: Abya-Yala, 1996.

BENENCIA, Roberto. "Participación de los inmigrantes bolivianos en espacios específicos de la producción hortícola argentina", em *Política y Sociedad*, v. 49, 2012, pp. 163-78.

BENENCIA, Roberto & KARASIK, Gabriela. "Bolivianos en Buenos Aires: Aspectos de su integración laboral y cultural", em *Estudios Migratorios Latinoamericanos*, a. 9, n. 27, 1994.

BENJAMIN, Walter. *Tesis de filosofía de la historia.* Madri: Taurus, 1973.

BERMÚDEZ, Ismael. "La población en las villas creció más del 50 por ciento", em *Clarín*, 7 set. 2011.

BIALET MASSÉ, Juan. *Informe sobre el Estado de las Clases Obreras Argentinas.* Buenos Aires: Ministerio de Trabajo de la Provincia de Buenos Aires, 2010.

_____. *Tesis sobre la historia y otros fragmentos.* México: Itaca-UACM, 2008.

BLAUSTEIN, Eduardo. *Prohibido vivir aquí.* Buenos Aires: Comisión Municipal de la Vivienda, 2001.

BLOCH, Ernst. *El principio esperanza.* Madri: Trotta, 2004.

BOLTANSKI, Luc & CHIAPELLO, Éve. *El nuevo espíritu del capitalismo.* Madri: Akal, 2002.

BONEFELD, Werner & HOLLOWAY, John (orgs.). *¿Un nuevo Estado? Debate sobre la reestructuración del Estado y el Capital.* México: Cambio XXI, 1995.

BOURGOIS, Philippe. *In search of respect: selling crack in el barrio.* Nova York: University Press, 1995.

BOVÉE, L. *La estrategia del conatus.* Madri: Tierra de Nadie, 2009.

BRAIDOTTI, Rosi. *Sujetos nómades.* Buenos Aires: Paidós, 2000.

_____. *Metamorfosis: hacia una teoría materialista del devenir.* Madri: Akal, 2005.

BRAND, U. & SEKLER, N. "Postneoliberalism: Catch-all word or valuable analytical and political concept? Aims of a beginning debate", *Development Dialogue*, n. 51, 2009, pp. 5-13.

BRIGHENTI, Maura & GAGO, Verónica. "L'ipotesi del meticciato in America latina. Dal multiculturalismo neoliberale alle differenze como forme di contenzioso", em *Scienza & Politica*, v. 25, n. 49, 2013.

BUCK-MORSS, Susan. *Hegel y Haití. La dialéctica amo-esclavo: una interpretación revolucionaria*. Buenos Aires: Norma, 2005.

BUTLER, Judith. *El género en disputa*. Barcelona: Paidós, 2007.

BUTLER, Judith & SPIVAK, Gayatri Chakravarty. *¿Quién le canta al estado-nación?*. Buenos Aires: Paidós, 2009.

CAGGIANO, Sergio. *Lo que no entra en el crisol: inmigración boliviana, comunicación intercultural y procesos identitarios*. Buenos Aires: Prometeo, 2005.

CAMBIO. "Trata de personas a través de agencias de empleo en El Alto", em *Cambio*, 18 jan. 2010.

CAMPS, Sibila. "Rodeado de costureros, cartoneros y prostitutas, Bergoglio condenó la 'esclavitud'", em *Clarín*, 5 set. 2009.

CARMAN, María. *Las trampas de la naturaleza: medio ambiente y segregación en Buenos Aires*. Buenos Aires: FCE & Clacso, 2011.

_____. *Las trampas de la cultura: los intrusos y los nuevos usos del barrio de Gardel*. Buenos Aires: Paidós, 2006.

CHAKRABARTY, Dipesh. *El humanismo en la era de la globalización*. Buenos Aires & Madrid: Katz, 2009.

CHANG, Hsiao-hung. "Fake logos, fake theory, fake globalization", em *Inter-Asia Cultural Studies*, v. 5, n. 2, 2004, pp. 222-36.

CHATTERJEE, Partha (org.). *The politics of the governed: reflections on popular politics in most of the world*. Nova York: Columbia University Press, 2004.

CLASTRES, Pierre. "Libertad, desventura, innombrable", em "La Boétie et la question du politique", em LA BOÉTIE. *Le Discours de la servitude volontaire*. Paris: Payot, 1976.

CLÉMENT, C. & KRISTEVA, J. *Lo femenino y lo sagrado*. Madri: Cátedra, 2000.

COLECTIVO SIMBIOSIS & COLECTIVO SITUACIONES. *De chuequistas y overlockas: una discusión en torno a los talleres textiles*. Buenos Aires: Tinta Limón & Retazos, 2011.

COLECTIVO SITUACIONES & MTD DE SOLANO. *Hipótesis 891: más allá de los piquetes*. Buenos Aires: De mano en mano, 2002.

COLECTIVO SITUACIONES. *Mal de Altura: viaje a la Bolivia insurgente*. Buenos Aires: Tinta Limón, 2005.

_____ (org.). *Conversaciones en el impasse: dilemas políticos del presente*. Buenos Aires, Tinta Limón, 2009.

COLODENCO, Daniel. *Génesis: el origen de las diferencias*. Buenos Aires: Lilmod, 2006.

COMAROFF, Jean & COMAROFF, Jonh. *Etnicidad S.A.* Buenos Aires: Katz, 2011.

CONEJO POLAR, Antonio. *Escribir en el aire: ensayo sobre la heterogeneidad socio--cultural de las literaturas andinas*. Lima: Horizonte, 1994.

CORNIDE, Osvaldo. "La venta clandestina no es un 'emprendimiento'", em *Clarín*, 1 abr. 2009.

CRAVINO, María Cristina. *Las villas de la ciudad: mercado e informalidad urbana*. Buenos Aires: Universidad de General Sarmiento, 2006.

CREISCHER, Alice; HINDERER, Max Jorge & SIEKMANN, Andreas (orgs.). *Principio Potosí: la economía global y la producción colonial de imágenes*. Madri: Museo Reina Sofía, 2010.

DALLA COSTA, Mariarosa & JAMES, Selma. *El poder de la mujer y la subversión de la comunidad*. México: Siglo XXI, 1972.

DÁVALOS, Pablo. *Democracia disciplinaria: el proyecto posneoliberal para América Latina*. Santiago: Editorial Quimantú, 2012.

DÁVALOS, Patricia; JABBAZ, Marcela & MOLINA, Estela. *Movimiento villero y Estado, 1966-1976*. Buenos Aires: Ceal, 1987

DAVIS, Mike. *Ciudades muertas: ecología, catástrofe y revuelta*. Madri: Traficantes de Sueños, 2007.

D'ANGIOLILLO, Julián & DIMENTSTEIN, Marcelo et al. "Feria La Salada, una centralidad periférica intermitente en el Gran Buenos Aires", em GUTMAN, Margarita (org.). *Argentina: persistencia y diversificación, contrastes e imaginarios en las centralidades urbanas*. Quito: Olacchi, 2010.

DELEUZE, Gilles. "Posdata sobre las sociedades de control", em FERRER, Christian (org.). *El lenguaje literario*, v. 2, 1991.

_____. *Conversaciones*. Valencia: Pre-Textos, 1995.

DELEUZE, Gilles & GUATTARI, Félix. *Mil mesetas*. Valencia: Pre-Textos, 1988.

DE LANDA, Manuel. *A New Philosophy of Society, Assemblage Theory and Social Complexity*. Londres & Nova York: Continuum, 2006.

DERRIDA, Jacques. *Dar (el) tiempo I, La Moneda Falsa*. Buenos Aires: Paidos, 1995.

DE VITO, Christian G. "Introduzione", em *Global labour history: la storia del lavoro al tempo della "globalizzazione"*. Verona: Ombre Corte, 2012.

DIARIO HISPANO BOLIVIANO. "Por corrupción y otros delitos Evo instruye 'limpieza' del Servicio Exterior", em *Diario Hispano Boliviano*, 31 jan. 2008.

DIDI-HUBERMAN, George. *Ante el tiempo: historia del arte y anacronismo de las imágenes*. Buenos Aires: A. Hidalgo, 2006.

DONZELOT, Jaques. *La policía de las familias*. Valencia: Pre-Textos, 1990.

_____. *La invención de lo social*. Buenos Aires: Nueva Visión, 2007.

D'OVIDIO, María et al. "Quién es quién en la cadena de valor del sector de indumentaria textil». Fundación El Otro; Ministério de Relações Exteriores da Holanda; Novib & Oxfam, 2007.

DUFFY, Caroline & WEBER, Florence. *Más allá de la Gran División: sociología, economía y etnografía*. Buenos Aires: Antropofagia, 2009.

DUMONT, Louis. *Homo Aequalis*. Madri: Taurus, 1982.

ECHEVERRÍA, Bolívar. *La modernidad de lo barroco*. México: Era, 1998.

_____. "El ethos barroco y los indios", em *Sophia*, n. 2, 2001.

ESCOBAR, Arturo. "Mundos y conocimientos de otro modo: el programa de investigación de modernidad/colonialidad latinoamericano", em *Tabula Rasa*, n. 1, 2003, pp. 51-86.

_____. *Más allá del Tercer Mundo: globalidad imperial, colonialidad global y movimientos sociales antiglobalización*. Popayán: Universidad del Cauca, 2005.

ESTRADA VÁZQUEZ, Juan Carlos. *¡¡No olvidamos!!*. Buenos Aires: Retazos, 2010.

E. V. "La explotación y la promiscuidad sexual son moneda corriente", en *Página 12*, 26 out. 2005.

FARÍAS, Ignacio. "Hacia una nueva ontología de lo social. Manuel De Landa en entrevista", em *Persona y Sociedad*, v. 22, n. 1, 2008, pp. 75-85.

FEDERICI, Silvia. *Caliban and the witch: women, the body and primitive accumulation*. Nova York: Autonomedia, 2004. [Ed. bras.: *Calibã e a bruxa: mulheres, corpo e acumulação primitiva*. Trad. Coletivo Sycorax. São Paulo: Elefante, 2017.]

_____. *Revolution at Point Zero: Housework, Reproduction and Feminist Struggle*. Oakland: PM Press, 2012.

FELDMAN, G. "Créditos para el consumo. Análisis del fenómeno socioeconómico y su impacto en los sectores populares", em *Informe de la Procuraduría de Criminalidad Económica y Lavado de Activos*. Buenos Aires, Ministerio Público Fiscal, 2013.

FINK, Eugen. *La Filosofía de Nietzsche*. Madri: Alianza Editorial, 1994.

FOUCAULT, Michel. *La verdad y las formas jurídicas*. Barcelona: Gedisa, 1998.

_____. *Historia de la sexualidad*. Buenos Aires: Siglo XXI, 2000.

_____. *Seguridad, territorio, población*. Buenos Aires: FCE, 2006.

_____. *El nacimiento de la biopolítica*. Buenos Aires: FCE, 2007.

FREITAS, Décio. *Palmares: a guerra dos escravos*. Rio de Janeiro: Graal, 1990.

FREUD, Sigmund. "Psicología de las masas y análisis del yo", em *Obras Completas*, v. XVIII. Buenos Aires: Amorrortu Editores, 1999.

FUMAGALLI, A.; LUCARELLI, S.; MARAZZI, C.; NEGRI, A. & VERCELLONE, C. *La gran crisis de la economía global: mercados financieros, luchas sociales y nuevos escenarios políticos*. Madri: Traficantes de Sueños, 2009.

GAGO, Verónica. "Paradigmas y cambios", em *Página 12*, 4 nov. 2007. Disponível em <https://www.pagina12.com.ar/diario/elpais/1-94094-2007-11-04.html>.

_____. "Punto de Vista: Buenos Aires según Beatriz Sarlo", em *Página 12*, 10 abr. 2009.

_____. "El consumo como marca de época", em *Le Monde Diplomatique*, n. 172, 2013.

_____. *Controversia: una lengua del exilio*. Buenos Aires: Biblioteca Nacional, 2012.

GAGO, Verónica; MEZZADRA, Sandro; SCOLNIK, Sebastián & SZTULWARK, Diego. "Apuntes sobre el Estado en América latina", em UniNomade, 2012.

GALINDO, María. "Prólogo", em *La pobreza, un gran negocio: análisis crítico de ONGs, microfinancieras y bancas*. La Paz: Mujeres Creando, 2010.

GALLO, Daniel. "Hay mayoría de extranjeros en las villas", em *La Nación*, 6 set. 2010.

GARCÍA CANCLINI, Néstor. *La antropología urbana en México*. México: FCE, 2005.

GARCÍA LINERA, Álvaro. *Forma valor y forma comunidad*. Madri: IAEN & Traficantes de Sueños, 2015.

_____. *La potencia plebeya: acción colectiva e identidades indígenas, obreras y populares en Bolivia*. Buenos Aires: Clacso & Prometeo, 2008.

_____. "Estructuras de los movimientos sociales. Sindicato, multitud y comunidad. Movimientos sociales y formas de autonomía política en Bolivia", em *Tiempos de rebelión*. La Paz: Comuna & Muela del Diablo, 2001.

GIBSON-GRAHAM, J. K. "La construcción de economías comunitarias, las mujeres y las políticas de lugar economía", em ESCOBAR, A. & HARCOURT, W. (orgs.). *Las mujeres y las políticas del lugar*. México: Unam, 2007.

GIORGIS, Marta. *La virgen prestamista: la fiesta de la Virgen de Urkupiña en el boliviano Gran Córdoba*. Buenos Aires: Antropofagia & IDES, 2004.

GIRÓN, Nacho. *La Salada: radiografía de la feria más polémica de Latinoamérica*. Buenos Aires: Ediciones B, 2011.

GONZÁLEZ RODRÍGUEZ, Sergio. *Huesos en el desierto*. México: Anagrama, 2002.

GRAMSCI, Antonio. "Americanismo y fordismo", em *Cuadernos de la cárcel*, t. I. México: Era, 1975.

GROSSO, José Luis. "El revés de la trama: cuerpos, semiopraxis e interculturalidad en contextos poscoloniales", em *Arqueología Suramericana*, v. 3, n. 2, 2007, pp. 184-217.

GRÜNER, Eduardo. *La oscuridad y las luces*. Buenos Aires: Edhasa, 2010.

GUATTARI, Félix. *Capitalismo mundial integrado y revoluciones moleculares*. Madri: Traficantes de Sueños, 2004.

GUTIÉRREZ AGUILAR, Raquel. *Desandar el laberinto: introspección en la feminidad contemporánea*. La Paz: Muela del Diablo, 1999.

_____. *Los Ritmos del Pachakuti: movilización y levantamiento indígena-popular en Bolivia*. Buenos Aires: Tinta Limón, 2008.

_____. "Modernidades Alternativas: reciprocidad y formas comunitarias de reproducción material", 2011a. Inédito.

_____ (org.). *Palabras para tejernos, resistir y transformar*. México: Pez en el árbol, 2011b.

HACHER, Sebastián. *Sangre Salada*. Buenos Aires: Marea, 2011.

HALL, Stuart & MELLINO, Miguel. *La cultura y el poder: conversaciones sobre los Cultural Studies*. Buenos Aires: Amorrortu, 2011.

HARAWAY, Donna. *Ciencia, cyborgs y mujeres*. Madri: Cátedra, 1991.

HARDT, Michael & NEGRI, Antonio. *Commonwealth*. Cambridge: Harvard University Press, 2009.

_____. *Multitud: guerra y democracia en la era del Imperio*. Buenos Aires: Debate, 2005.

_____. *Imperio*. Buenos Aires: Paidos, 2002.

HARVEY, David. *El nuevo imperialismo*. Madri: Akal, 2003.

_____. *La condición de la posmodernidad: investigación sobre los orígenes del cambio cultural*. Buenos Aires: Amorrortu, 1998.

HEGEL, G. W. F. *Fenomenología del espíritu*. México: FCE, 1994.

HEIDEGGER, Martin. "La pregunta por la técnica", em *Conferencias y artículos*. Barcelona, Ediciones del Serbal, 1994 [1953].

HIRSCH, Joachim. *Globalización, capital, Estado*. México: UAM-Xochimilco, 1996.

HIRSCHMAN, Albert. *As paixões e os interesses: argumentos políticos a favor do capitalismo antes do seu triunfo*. Rio de Janeiro: Record, 2002.

HOOKS, bell & SANDOVAL, Chela *et al*. *Otras inapropiables: feminismos desde las fronteras*. Madri: Traficantes de Sueños, 2004.

IRIGARAY, Luce. *Espéculo de la otra mujer*. Madri: Akal, 2007.

JAGUARIBE, Beatriz. *O choque do real: estética, mídia e cultura*. Rio de Janeiro: Rocco, 2007.

JOMINI, Le Baron de. *Précis de l'Art de la Guerre: Des Principales Combinaisons de la Stratégie, de la Grande Tactique et de la Politique Militaire*. Bruxelas: Meline, Cans et Copagnie, 1838.

KARAKAYALI, S. & YAKA, Ö. "The Spirit of Gezi: recomposition of Political Subjectivies in Turkey", 2013. Inédito.

KARSENTI, Bruno & MAUSS, Marcel. *El hecho social como totalidad*. Buenos Aires: Antropofagia, 2009.

KIM, Jihye. "Looking at the Other through the Eye of a Needle, Korean Garment Businesses and Inter-Ethnic Relations in Argentina", em *Asian Journal of Latin America Studies*, v. 27, n. 1, 2014, pp. 1-19.

KLOSSOWSKI, Pierre. *La moneda viva*. Madri: Pre-Textos, 2012.

LACLAU, Ernesto. *La razón populista*. Buenos Aires: FCE, 2005.

_____. "Pensar la política (Diálogos con Ernesto Laclau)", em *El Ojo Mocho*, n. 9/10, 1997.

LAZZARATO, Mauricio. *Políticas del acontecimiento*. Buenos Aires: Tinta Limón, 2006.

LIEUTIER, Ariel. *Esclavos: los trabajadores costureros de la ciudad de Buenos Aires*. Buenos Aires: Retórica, 2010.

LIMAS HERNÁNDEZ, Alfredo. "Minorías postnacionales en la globalización, el feminicidio en Juárez del 2002. Minorización de categorías culturales, el sentido del capital multinacional", em GONZÁLEZ, Mónica (org.). *Las muchas identidades: de nacionalidades, migrantes, disidentes y géneros*. México: Quimera, 2004.

LINEBAUGH, Peter & REDIKER, Marcus. *La Hidra de la Revolución: marineros, esclavos y campesinos en la historia oculta del Atlántico*. Barcelona: Crítica, 2005.

LINS RIBEIRO, Gustavo. "El Sistema Mundial No-Hegemónico y la Globalización Popular", em *Alambre*, n. 1, 2008.

LONZI, Carla. *Escupamos sobre Hegel*. Buenos Aires: Leviatán, 1978.

LOS TIEMPOS. "100 mil bolivianos esclavos en talleres", em *Los Tiempos*, 7 set. 2009.

LUDMER, Josefina. *Aquí América Latina*. Buenos Aires: Eterna Cadencia, 2010.

MAILHE, Alejandra. "Imágenes del otro social en el Brasil de fines del siglo XIX: Canudos como espejo en ruinas", em *Prismas*, n. 14, 2010, pp. 37-56.

MARAZZI, Christian. *Capitale & linguaggio*. Roma: Derive Aproddi, 2002.

_____. *El sitio de los calcetines: el giro linguístico de la economía y sus efectos sobre la política*. Madri: Akal, 2003.
MARCUS, George. "Ethnography In/Of the World System, the Emergence of Multi-Sited Ethnography", em *Annual Review of Anthropology*, v. 24, 1995, pp. 95-117.
MARX, Karl. *Elementos fundamentales para la crítica de la economía política. Borrador 1857-1858*. México: Siglo XXI, 1971.
_____. *El capital*, t. I. México: Siglo XXI, 1975.
MATELLANES, Marcelo. *Del maltrato social*. Buenos Aires: Ediciones Cooperativas, 2003.
MAUSS, Marcel. *Ensayo sobre el don*. Buenos Aires: Katz, 2009.
MAUSS, M. & HUBERT, H. *El sacrificio*. Buenos Aires: Las Cuarenta, 2010.
MELLINO, Miguel. "Ciudadanías postcoloniales como símbolo y alegoría del capitalismo postcolonial", em *La Biblioteca*, n. 8, 2009.
MEZZADRA, Sandro. "An interview with Sandro Mezzadra", em *Environment and Planning D, Society and Space*, v. 29, 2011, pp. 584-98.
_____. "Bringing capital back in, a materialist turn in postcolonial studies?", em *Inter-Asia Cultural Studies*, v. 12, n. 1, 2011a, pp. 154-64.
_____. "En la época de lo post", em *Espai en Blanc: materiales para la subversión de la vida. El impasse de lo político*. Barcelona: Bellaterra, 2011b.
_____. *La condizione postcoloniale. Storia e politica nel presente globale*. Verona: Ombre Corte, 2008.
MEZZADRA S. & NEILSON, Brett. *Border as method or the Multiplication of Labor*. Carolina do Norte: Duke University Press, 2013.
_____. "Extraction, Logistics, Finance. Global Crisis and the Politics of Operations", em *Radical Philosophy*, n. 178, 2012, pp. 8-18.
MERKLEN, Denis. *Pobres ciudadanos: las clases populares en la era democrática (Argentina, 1983-2003)*. Buenos Aires: Gorla, 2005.
MONSIVÁIS, Carlos. *A ustedes les consta: antología de la crónica en México*. México: Era, 2006.
MORENO, María. *La comuna de Buenos Aires*. Buenos Aires: Capital Intelectual, 2011.
MOUFFE, Chantal. *En torno a lo político*. Buenos Aires: FCE, 2007.
MOULIER BOUTANG, Yann. *De la esclavitud al trabajo salariado*. Madri: Akal, 2006.
MUJERES CREANDO. "Las exiliadas del neoliberalismo", 2007.
NEGRI, Antonio. *Las verdades nómadas & general intellect*. Madri: Akal, 1997.
_____. "El monstruo político. Vida desnuda y potencia", em RODRÍGUEZ, F. & GIORGI, G. (orgs.). *Ensayos sobre biopolítica: excesos de vida*. Buenos Aires: Paidos, 2009.
NICHOLLS, W. J. & BEAUMONT, J. "The Urbanisation of Justice Movements? Possibilities and Constraints for the City as a Space of Contentious Struggle", em *Space and Polity*, v. 8, n. 2, 2004, pp. 119-35.
NIETZSCHE, Friedrich. *La gaya ciencia*. Madri: Libsa, 2000.

OLIVERA, Oscar. "La oposición en tiempos de Evo", em *Desinformémonos*, 2010.
ONG, Aihwa. *Neoliberalism as Exception, Mutations in Citizenship and Sovereignty*. Durham & Londres: Duke University Press, 2006.
OSSONA, Jorge Luis. "El Shopping de los Pobres, Anatomía y Fisionomía de La Salada". San Martín: Universidad de San Martín, 2010.
OSZLAK, Oscar. *Merecer la ciudad: los pobres y el derecho al espacio urbano*. Buenos Aires: CEDES & Hvmanitas, 1991.
_____. "Los sectores populares y el derecho al espacio urbano", em *Punto de Vista*, 1983.
PÁGINA 12. "Explotación, esa costumbre ancestral", em *Página 12*, 15 mai. 2008.
PATEMAN, Carole. *El contrato sexual*. Barcelona & México: Anthropos & UAM, 1995.
PECK, Jamie. "Explaining (with) Neoliberalism", em *Territory, Politics, Governance*, v. 1, n. 2, 2013, pp. 132-57.
PLATÃO. "Político", em PESSANHA, José Américo Motta (org.). *Diálogos*. Tradução e notas de José Cavalcante de Souza, Jorge Paleikat e João Cruz Costa. São Paulo: Nova Cultural, 1991. Os pensadores.
PRAT-GAY, Alfonso. "En defensa de La Salada y de sus emprendedores", em *Clarín*, 31 mar. 2009.
PRECARIAS A LA DERIVA. *A la deriva por los circuitos de la precariedad femenina*. Madri: Traficantes de Sueños, 2004.
RAMA, Ángel. *La ciudad letrada*. Hanover: Ediciones del Norte, 1984.
RANCIÈRE, Jaques. *El espectador emancipado*. Buenos Aires: Manantial, 2010a.
_____. *La noche de los proletarios*. Buenos Aires: Tinta Limón, 2010b.
_____. *El filósofo y sus pobres*. Buenos Aires: UNGS & INADI, 2013.
REYES, Alvaro. "Subjectivity and Visions of the Common", em *Rethinking Marxism*, v. 22, n. 3, 2010, pp. 498-506.
RICH, Adrienne. *Sangre, pan y poesía. Prosa escogida 1979-1985*. Barcelona: Icaria, 2001.
RICHARD, Nelly. "Experiencia, teoría y representación en lo femenino latinoamericano", em *Feminismo, género y diferencia(s)*. Santiago: Palinodia, 2008.
RIVERA CUSICANQUI, Silvia. *Oprimidos pero no vencidos: luchas del campesinado aymara y quechua 1900-1980*. La Paz: Aruwiyiri, 2003 [1984].
_____. *Bircholas: trabajo de mujeres, explotación capitalista y opresión colonial entre las migrantes aymaras de La Paz y El Alto*. La Paz: Mama Huaco, 1996.
_____. "La contradicción/suplementación entre Cultura y Desarrollo", em Seminário Cultura e Desenvolvimento da Fundação Prince Claus. Haia, 28 fev. 2009.
_____. *Ch'ixinakax utxiwa: una reflexión sobre prácticas y discursos descolonizadores*. Buenos Aires: Retazos & Tinta Limón, 2010a.
_____. *Potosí Reversa*, 2010b. Inédito.
_____. "Evo Morales se ha visto con su límite. Se acabó la luna de miel", em *Bartolinas*, 2011.

ROCHA, Laura. "El 6% de la población porteña se congrega en 30 asentamientos", em *La Nación*, 5 out. 2011.

RODRÍGUEZ, Carlos. "Centro clandestino, esta vez de confección", em *Página 12*, 31 mar. 2007. Disponível em <https://www.pagina12.com.ar/diario/elpais/1-82598-2007-03-31.html>.

ROLNIK, Suely. "Deleuze, esquizoanalista", em *Cult*, s/d. Disponível em <https://revistacult.uol.com.br/home/deleuze-esquizoanalista/>

ROZITCHNER, León. *Las desventuras del sujeto político*. Buenos Aires: El cielo por asalto, 1996.

_____. *La cosa y la cruz: cristianismo y capitalismo (en torno a las Confesiones de San Agustín)*. Buenos Aires: Losada, 2001.

SALAMA, Pierre & MATHIAS, Gilberto. *El Estado sobredesarrollado*. México: Era, 1986.

SAMMADAR, Ranabir. "Primitive accumulation and some aspects of work and life in India", em *Economic & Political Weekly*, v. 54, n. 18, 2009, pp. 33-42.

SANDOVAL, Chela. "Nuevas ciencias. Feminismo cyborg y metodología de los oprimidos", em *Otras inapropiables: feminismos desde las fronteras*. Madri: Traficantes de Sueños, 2004.

SANYAL, Kalyan. *Rethinking capitalist development, primitive accumulation, governmentality and post-colonial capitalism*. Nova Delhi: Routledge, 2007.

SARLO, Beatriz. *La ciudad vista*. Buenos Aires: Siglo XXI, 2009.

SASSEN, Saskia. "La Salada, The Largest Informal Market In South America", em *Forbes*, 2011.

_____. "La Tierra se mueve", em *Página 12*, 2 jul. 2010a.

_____. *Territorio, autoridad y derechos*. Buenos Aires: Katz, 2010b.

_____. *Una sociología de la globalización*. Buenos Aires: Katz, 2006.

_____. *Contrageografías de la globalización*. Madri: Traficantes de Sueños, 2003.

SCRIBANO, A. & SCHUSTER, F. "Protesta social en la Argentina de 2001, entre la normalidad y la ruptura", em *OSAL*, n. 5, 2001.

SEGATO, Rita. *La escritura en el cuerpo de las mujeres asesinadas en Ciudad Juárez*. Buenos Aires: Tinta Limón, 2013.

SMITH, Dorothy. *The everyday world as problematic: a feminist sociology*. Boston: NUP, 1987.

SPINOZA, Baruch. *Ética*. Madri: Alianza, 2008.

_____. *Ética demostrada según el orden geométrico*, v. IV, apêndice do capítulo 27. Madri: Trotta, 2009.

SPIVAK, Gayatri Chakravorty. *¿Puede hablar el subalterno?*. Buenos Aires: El cuenco de Plata, 2011.

_____. "Desconstruyendo la historiografía", em RIVERA CUSICANQUI, Silvia & BARRAGÁN, Rossan (orgs.). *Debates Post-Coloniales*. La Paz: Editorial Historias. 1997, p. 260.

SVAMPA, Maristella. "El 'laboratorio boliviano': cambios, tensiones y ambivalencias del gobierno de Evo Morales", em SVAMPA, M.; STEFANONI, P. &

FORNILLO, B. *Debatir Bolivia: perspectivas de un proyecto de decolonización*. Buenos Aires: Taurus, 2010.

SVAMPA, M. & PEREYRA, S. *Entre la ruta y el barrio: la experiencia de las organizaciones piqueteras*. Buenos Aires: Biblos, 2003.

SWYNGEDOUW, E. "Neither global nor local, 'glocalization' and the politics of scale", em COX, K. R. (org.). *Spaces of Globalization, Reasserting the Power of the Local*. Nova York: Guilford, 1997.

TAPIA, Luis. *Política Salvaje*. La Paz: Clacso; Muela del Diablo & Comuna, 2008.

TASSI, Nico et al. "El desborde económico popular en Bolivia: comerciantes aymaras en el mundo global", em *Nueva Sociedad*, n. 241, set.-out. 2012.

THOMSON, Sinclair. *Cuando sólo gobernasen los indios: la política aymara en la era de la insurgencia*. La Paz: Aruwiyiri, 2007.

TOMINO, Pablo. "Alto consumo de electricidad en las villas", em *La Nación*, 20 mar. 2011.

TORO, Graciela. *La pobreza, un gran negocio: análisis crítico de ONGS, microfinancieras y bancas*. La Paz: Mujeres Creando, 2010.

VÁRIOS AUTORES. *Otras inapropiables: feminismos desde las fronteras*. Madri: Traficantes de Sueños, 2004.

_____. *Imperio, multitud y sociedad abigarrada*. La Paz: Clacso, 2008.

VERBITSKY, H. & BOHOSLAVSKY, J. P. *Cuentas pendientes: los cómplices económicos de la ditadura*. Buenos Aires: Siglo XXI, 2012.

VEYNE, Paul. *Foucault: seu pensamento, sua pessoa*. Rio de Janeiro: Civilização Brasileira, 2011.

VICH, Víctor & ZABALA, Virginia. *Oralidad y poder: herramientas metodológicas*. Bogotá: Norma, 2004.

VIDELA, Eduardo. "Otro eslabón en la cadena de la trata", em *Página 12*, 25 mar. 2010.

VIRNO, Paolo. *Gramática de la multitud: para un análisis de las formas de vida contemporáneas*. Madri: Traficantes de Sueños, 2003a.

_____. *El recuerdo del presente: ensayo sobre el Tiempo Histórico*. Buenos Aires: Paidos, 2003b.

_____. *Ambivalencia de la multitud*. Buenos Aires: Tinta Limón, 2006.

VIVEIROS DE CASTRO, Eduardo. *Metafísicas Caníbales: líneas de antropología pos-testructural*. Buenos Aires: Katz, 2011.

_____. "El consumo no evita la queja", em *Revista Ñ*, 2014.

WILLIAMS, Eric. *Capitalism and Slavery*. Chapel Hill & Londres: University of North Carolina Press, 1994.

WILKIS, A. *Las sospechas del dinero: moral y economía en la vida popular*. Buenos Aires: Paidos, 2013.

ZAVALETA MERCADO, René. *Lo nacional-popular en Bolivia*. México: Siglo XXI, 1982.

_____. *El Estado en América latina*. La Paz & Cochabamba: Los Amigos del Libro, 1990.

ZIBECHI, Raúl. *Dispersar el poder*. Buenos Aires: Tinta Limón, 2003.

agradecimentos

MEUS AGRADECIMENTOS SÃO QUASE INFINITOS, mas alguns nomes não podem faltar. Agradeço à Raquel Gutiérrez Aguilar, por muitas coisas que começaram naquela caminhada entre a Virgen de los Deseos e um apartamento nas alturas de Sopocachi. A Frida Rojas, Aida Göttl e Ariadna Materia, minhas parteiras, porque, sem elas, nada de dentro haveria ousado sair. À Silvia Rivera Cusicanqui, pelas conversas e rituais promíscuos, em Buenos Aires e em La Paz. À Marta Malo, por como em alguns poucos quarteirões de Lavapiés me explicou o que significa o contrato sexual. À Josefina Ludmer, pelas artimanhas para as débeis. À tribo mais próxima e amorosa: Rosana Fernández, Andrea Barbieri, Alida Díaz, Lucía Scrimini e Paz Viano. À Natalia Fontana, minha irmã. Ao Ignacio e ao Juan, meus irmãos. Ao Daniel Gago pelas histórias de sereias. Ao Sandro Mezzadra, pela cumplicidade sem medida. Ao Colectivo Situaciones, pela vida em comum. Ao Juan Vázquez e à Delia Colque, do Colectivo Simbiosis, pela sabedoria. À laboriosa e persistente tarefa de Tinta Limón, que originalmente publicou este livro. Às palavras calorosas de León Rozitchner. Às leituras atentas e intensas de Pablo Esteban Rodríguez. E a María Pia López, Guillermo Korn, Diego Tatián, Cecilia Abdo Ferez, Eduardo Grüner e Osvaldo Battistini. Também aos encontros, em algum ponto no tempo e no espaço, com Marcelo Matellanes, Saskia Sassen, Julián D'Angiolillo, Hernán Fernández. Aos meus companheiros de curso da Facultad de Ciencias Sociales da Universidad de Buenos Aires: Pablo Míguez e Ariel Filadoro. Ao Consejo Nacional de Investigaciones Científicas y Técnicas (CONICET) da Argentina, pelo apoio, e à universidade pública e gratuita.

VERÓNICA GAGO nasceu em 1976, em Chivilcoy, na Argentina. É doutora em ciências sociais, professora da Universidade de Buenos Aires (UBA) e da Universidade de San Martín (Unsam) e pesquisadora do Consejo Nacional de Investigaciones Científicas y Técnicas (CONICET). É autora de *A potência feminista* (Elefante, 2020), coautora de *Uma leitura feminista da dívida* (Criação Humana, 2022) e *A casa como laboratório* (Elefante / Criação Humana, 2024) e coorganizadora de *Quem deve a quem?* (Elefante / Criação Humana, 2023). É militante feminista, membro do coletivo Ni Una Menos e da organização da Greve Internacional de Mulheres.

[cc] Elefante, 2018

Esta obra pode ser livremente compartilhada, copiada, distribuída e transmitida, desde que as autorias sejam citadas e não se faça uso comercial ou institucional não autorizado de seu conteúdo.

Título original:
La razón neoliberal: economías barrocas y pragmática popular
[cc] Verónica Gago, 2014, publicado mediante acordo com Tinta Limón

Primeira edição, novembro de 2018
Terceira reimpressão, março de 2025
São Paulo, Brasil

Dados Internacionais de Catalogação na Publicação (CIP)
Angélica Ilacqua CRB-8/7057

Gago, Verônica
A razão neoliberal: economias barrocas e pragmática
  popular / Verônica Gago ; tradução de Igor Peres.
  São Paulo: Elefante, 2018.
  368 p.

Bibliografia
ISBN 978-85-93115-20-2
Título original: La razón neoliberal

1. Neoliberalismo 2. Política e governo – Argentina
3. Economia - Argentina I. Título II. Peres, Igor

18-1971   CDD 338.982

Índices para catálogo sistemático:
1. Política e governo - Argentina

---

elefante
editoraelefante.com.br
contato@editoraelefante.com.br
fb.com/editoraelefante
@editoraelefante

tipografia Aeonik & Freight
papel Supremo 250 g/m² & Pólen Bold 70 g/m²
impressão PifferPrint